Der Allmächtige?

Oliver Mayer-Rüth

Der Allmächtige?

Die Türkei von Erdoğans Gnaden

Bibliografische Information der Deutschen Nationalbibliothek

Die Deutsche Nationalbibliothek verzeichnet
diese Publikation in der Deutschen Nationalbibliografie;
detaillierte bibliografische Daten sind im Internet
unter *http://dnb.dnb.de* abrufbar.

ISBN 978-3-8012-0656-7
Auch als E-Book erhältlich ISBN 978-3-8012-7050-6

© 2023 by
Verlag J. H. W. Dietz Nachf. GmbH
Dreizehnmorgenweg 24, 53175 Bonn

Umschlag: Petra Bähner, Köln
Umschlagfoto: © picture alliance/EPA-EFE/TOLGA BOZOGLU

Satz:
Kempken DTP-Service ⏐ Satztechnik · Druckvorstufe · Mediengestaltung,
Marburg

Druck und Verarbeitung: CPI books, Leck

Alle Rechte vorbehalten
Printed in Germany 2023

Besuchen Sie uns im Internet: *www.dietz-verlag.de*

Inhalt

EINLEITUNG

Was ist das Geheimnis der Macht des türkischen Präsidenten? Wie konnte es Erdoğan wiederholt schaffen, Mehrheiten für eine Politik zu mobilisieren, die zumindest in den letzten Jahren den Wohlstand seines Volkes nicht bedeutend vermehrt hat? Ist sein Einfluss inzwischen so gewachsen, dass er nahezu allmächtig schalten und walten kann, wie er will? Während die Inflation steil nach oben geht, steuert die Türkei seit 2016 von einer außenpolitischen Krise in die nächste. Erdoğan warnt, schimpft, verweigert, blockiert, lässt einsperren, angreifen, besetzen. Er provoziert mit Kalkül, um aus Konflikten innenpolitisches Kapital zu schlagen. Zumindest aus seiner Perspektive gibt ihm der Erfolg recht, auch wenn sein Agieren zu allerlei Kollateralschäden in der Beziehung zu anderen Ländern führt. In der EU nehmen ihn viele Bürger und Politiker aufgrund seines autoritären Führungsstils und seiner ständigen Konfrontationen als bedrohlich und unberechenbar wahr. Gleichzeitig wissen Regierungen im Westen, man kommt nicht ohne Weiteres an ihm vorbei. Er fordert Hochachtung ein und bekommt diese, insbesondere von Berlin, wo man schon unter einer Bundeskanzlerin Merkel stets darauf bedacht war, nicht zu eskalieren und offene Konflikte mit dem türkischen Präsidenten möglichst zu vermeiden. Daran hat sich mit Olaf Scholz nichts geändert. Erdoğans Wählerinnen und Wähler genießen es, dass man ihm und der Türkei Respekt zollt. Der türkische Präsident ist seit mehr als 20 Jahren an der Macht. Die Bevölkerung im Land ist jung. Alle, die bei den kommenden Wahlen zum ersten Mal ihre Stimme abgeben, haben nur ihn als Regierungschef erlebt. Man muss Erdoğan zugestehen, dass er sein Volk bestens kennt und weiß, wie er kommunizieren muss, um Mehrheiten zu organisieren. Offensichtlich ist, dass der Ton in den vergangenen sieben Jahren zunehmend nationalistischer und polarisierender wurde.

Namık Tan, ehemaliger türkischer Botschafter in Washington und Tel Aviv, hat nach dem apokalyptischen Erdbeben Anfang Februar dieses Jahres einen niederschmetternden Artikel auf dem türkischen Newsportal *Yetkin Report* geschrieben. Herrn Erdoğans AK-Partei habe wiederholt den äußeren Feind beschworen, ohne darauf zu achten, dass langfristigen Interessen der Türkei nicht damit gedient ist, jahrzehntealte Verbündete zu Gegnern zu erklären, so Tan. Über Jahre hinweg hätte die Erdoğan-Partei dafür gesorgt, dass sich die abwegige Vorstellung von fremden Mächten, die sich in türkische Angelegenheiten einmischen, auf ungesunde Weise im Bewusstsein der türkischen Öffentlichkeit verfestigt hat, klagt der frühere Diplomat.

Es gibt in der Geschichte ausreichend Belege dafür, welch verheerende Wirkung das süße Gift des Nationalismus auf einen Staat und sein Volk haben kann. Dennoch nutzen erneut weltweit Politiker die Ideologie, um Stimmen einzufangen. Ich persönlich finde diese Entwicklung beängstigend und wünsche mir stattdessen eine funktionierende multilaterale Weltordnung.

Ich habe dieses Buch geschrieben, um für Leserinnen und Leser anhand von persönlichen Erlebnissen und Beobachtungen des politischen Geschehens der vergangenen sieben Jahre in der Türkei nachvollziehbar zu machen, wie es Erdoğan geschafft hat, die Macht zu behalten und auszubauen. Ein zentrales Element seiner Politik sind analog zum Nationalismus ständige Krisen mit dem Ausland. In den folgenden Kapiteln beschreibe ich, welche Instrumente er regelmäßig einsetzt, um das Bedürfnis eines Teils der türkischen Bevölkerung nach Überlegenheit gegenüber anderen Völkern zu bedienen. Die Veröffentlichung des Buches war von vornherein für einen Zeitpunkt vor der kommenden Wahl in der Türkei geplant, in der Hoffnung, den Leserinnen und Lesern Informationen bereitzustellen, die zu einem tieferen Verständnis der Erdoğan-Politik beitragen. Ich habe dieses Buch auch geschrieben, weil Fuat Celik, mein im Jahr 2019 mit gerade mal 46 Lebensjahren leider viel zu früh verstorbener bester Freund in der Türkei, mich immer wieder aufgefordert hat, am Ende meiner Korrespondentenzeit interessante Erlebnisse, die in der aktuellen Fernsehberichterstattung keinen Niederschlag finden, zu veröffentlichen. Dankbar bin ich meinem Freund, dem Politikwissenschaftler und Sachbuchautor Dr. David Ranan, dass er mir bereits

2016 geraten hat, in einer Art Tagebuch Notizen zu machen, die dann die Grundlage für die Erzählungen in »Der Allmächtige?« waren. Außerdem hatte er die Geduld, erste Textentwürfe zu lesen und zu kritisieren, was bitter nötig war. Auch mein Freund und Kollege Dr. Markus Spieker hat mich regelmäßig aufgefordert, meine Erlebnisse als Türkei-Korrespondent in den Jahren von 2016 bis 2023 unbedingt als Buch zu veröffentlichen. Danke Markus für Deine Beharrlichkeit. Hubert Faustmann, Professor für Geschichte und internationale Beziehungen der »University of Nicosia« hat dankenswerterweise einen kritischen Blick auf das Zypern-Kapitel geworfen. Besonders danken muss ich Cemal Taşdan, der seit mehr als zwei Jahrzehnten als Producer für die ARD in Istanbul arbeitet. Cemal hat nicht nur einen Faktencheck des Buches vorgenommen, sondern mich jahrelang beraten und mein Verständnis von türkischer Politik geprägt. Bei zahlreichen im Buch geschilderten Erlebnissen war er dabei. Auch die beiden anderen Producer des ARD-Studios, Murat Yücalar und Şener Azak, und alle weiteren Studiomitarbeiter, haben maßgeblich zum Erscheinen der folgenden Kapitel durch Interviews, Übersetzungen und Ideen beigetragen. Vor der Veröffentlichung haben sich meine Schwiegereltern Christa und Wolfgang die Mühe gemacht, das Buch zu lesen. Vielen Dank, liebe Schwiegereltern. Seitdem ich im Land bin, tausche ich mich regelmäßig mit meinem Freund Ender Ciner, ehemaliger Abgeordneter des türkischen Parlaments, aus. Ender hat vieles vorausgesehen, was nach 2016 in der Türkei passiert ist. Sein kritischer Blick auf das politische Geschehen spiegelt sich an vielen Stellen des Buches wider. Besonders dankbar bin ich meiner Frau Hanna und meinen Kindern David, Joshua und Tabea. Ohne deren Einverständnis wäre ich nicht Korrespondent in der Türkei geworden. Sie sind im Sommer 2016 trotz vieler Terroranschläge und trotz des Putschversuchs hierhergekommen und bis heute geblieben.

Für dieses Buch habe ich zahlreiche Gespräche geführt. Ein bedeutender Teil der Gesprächspartnerinnen und Gesprächspartner war aufgrund der politischen Rahmenbedingungen leider nicht bereit, sich mit Namen zitieren zu lassen. Dennoch waren viele der Aussagen so wichtig, dass ich diese hier festhalten wollte.

Liebe Türkinnen und Türken. Ihnen gehört ein großartiges, reiches, bedeutendes Land. Ihre Gastfreundschaft ist zu Recht weltweit berühmt. Ich habe jedes Gespräch mit Ihnen, insbesondere politische Diskussionen, sehr genossen. Bewundernswert ist, mit welch mentaler Stärke Sie sich den Herausforderungen des Alltags entgegenstellen und nie verzagen. Ich bin überzeugt davon, dass das türkische Volk in seiner Vielfalt und Heterogenität, auch ohne überbordenden Nationalismus, eine glänzende Zukunft haben kann.

KAPITEL 1: Insignien der Macht

»The President of the Republic of Turkey«, sagt die Mitarbeiterin des Präsidialamtes bedeutungsschwer ins Mikrofon. Recep Tayyip Erdoğan betritt den Saal, gefolgt von einem Tross an Beratern, Kofferträgern, Bodyguards. 30 bis 40 internationale Journalisten erheben sich unaufgefordert von ihren Plätzen. Einen nach dem anderen begrüßt der türkische Präsident persönlich. Der Hoffotograf hält jede Begegnung fest. Erdoğan ist groß, etwa 1,85 Meter. Er hat lange Arme. Wollte er den Journalisten die Hand geben und dabei die bei einer ersten Begegnung mit einem Fremden natürliche Distanz wahren, könnte er den Arm ausstrecken. Doch selbst ein Treffen mit Pressevertretern ist eine Demonstration der Macht. Der Präsident streckt den Arm nicht aus. Er winkelt diesen an, hebt dabei leicht die Hand. Für seine Gegenüber gibt es nun zwei Möglichkeiten. Entweder sie gehen ihm einen Schritt entgegen, überschreiten damit die besagte natürliche Distanz und greifen ebenfalls mit leicht gebeugtem Arm Erdoğans Hand, oder sie halten Abstand, müssen sich dann jedoch leicht nach vorne beugen, um die Hand des Präsidenten zu erreichen. Etwa 70 Prozent der Begrüßten, einschließlich dem Autor dieser Zeilen, entscheiden sich spontan für Variante zwei. Dabei fällt die Entscheidung nicht bewusst. Jeder westliche Journalist würde lieber im Boden versinken, als sich vor Erdoğan zu verbeugen. Man kennt die Methode nicht und ist schlicht überrascht. Schließlich begegnet man nicht täglich einem Staatsführer, der seit zwei Jahrzehnten ein Land regiert und in der Zeit kontinuierlich seine Macht ausbauen konnte. Die Fotos werden nach der Pressekonferenz auf der Internetseite des Präsidialamtes veröffentlicht. Lauter sich leicht vor Erdoğan verbeugende westliche Journalisten, die aus Sicht der meisten Erdoğan-Unterstützer den lieben langen Tag nichts anderes zu tun haben, als Unwahrheiten über ihren sogenannten »Reis«, also den Chef oder Anführer, zu verbreiten.

Erdoğan-Fans dürften ihre helle Freude an den Fotos haben. Der türkische Präsident kennt die in seinem Land für sein Volk wichtigen Symbole der Macht wie kein Zweiter. Sitzt er in einem Tausend-Zimmer-Palast auf einem goldenen Thron, mag das seinem Gast, wie beispielsweise der neben ihm sitzenden ehemaligen Bundeskanzlerin Merkel, unpassend vorkommen. Erdoğan weiß jedoch, seine Anhänger lieben solche Szenerien, denn sie erinnern an die goldenen Zeiten der Osmanen, als die Vorväter der Türken über das größte und mächtigste Reich der Welt herrschten.

Natürlich gehören zu machtbewussten Auftritten entsprechende Inhalte. Immer wieder erinnert Erdoğan seine Landsleute daran, dass andere Völker die Türken ernst nehmen, ja sogar den türkischen Zorn fürchten müssen. Zwei Tage vor der Pressekonferenz am 19. Oktober 2019 ist US-Vizepräsident Mike Pence in Ankara und kann nach einer Woche heftiger türkischer Angriffe auf die Kurdenmiliz YPG in Nordsyrien eine Waffenruhe für einen Zeitraum von 120 Stunden vereinbaren, in denen sich die Miliz zurückziehen muss. Der türkische Präsident warnt Washington vor der versammelten Auslandspresse, die Vereinbarung müsse eingehalten werden. Wenn nicht, werde die Türkei noch härter zuschlagen als bisher.

Nichts bei dem Auftritt vor den Medien ist dem Zufall überlassen. Alles entspricht einer minutiös geplanten Choreografie. Die Journalisten dürfen Fragen stellen, doch kein Fernsehsender hat das Recht, diese beziehungsweise die entsprechenden Antworten aufzuzeichnen. Lediglich Erdoğans zwanzigminütige Rede zu Beginn der Veranstaltung wird von einer Kamera des Präsidialamtes festgehalten und im Anschluss den Sendern zur Verfügung gestellt. Von westlichen Journalisten unbotmäßig gestellte Fragen haben in diesem System genauso wenig eine Chance, das Licht der Öffentlichkeit zu erreichen, wie möglicherweise ungeschickt formulierte Antworten, die zu einem späteren Zeitpunkt korrigiert werden müssen. Die Symbolik der Macht wird im Nahen Osten ernst genommen. Es geht um Ehre und die Frage, wer der Stärkere ist. Saudi-Arabische Medien veröffentlichen nach einem Treffen des türkischen Präsidenten mit dem saudischen Kronprinzen ein Foto, auf dem Mohammed Bin Salman

breit grinst und Erdoğan selbst eine leicht gebückte Haltung einge-
nommen hat. Der türkische Palast veröffentlichte ein Foto, auf dem
beide aufrecht stehen. Offenbar war es dem Königssohn wichtig,
Erdoğan herabzuwürdigen, nachdem der türkische Präsident die
Staatsanwaltschaft gegen Bin Salman aufgrund des Mordes an dem
im türkischen Exil lebenden saudischen Journalisten Khashoggi ermitteln ließ.

Wenn hoher Besuch nach Ankara kommt, ist die erste Station auf
dem Weg in den Tausend-Zimmer-Palast ein mit osmanischen Orna-
menten verzierter Pavillon auf dem Gelände vor dem Eingangstor.
Dort empfängt der Präsident seinen Staatsgast, um sich die National-
hymnen der Türkei und des Gastlandes anzuhören. Im Anschluss
schreiten sie einen blauen Teppich entlang. Nicht nur Soldaten stehen
Spalier. 16 in historische Rüstungen gekleidete Schwertträger stehen
symbolisch für die von Turkvölkern gegründeten Reiche. Erdoğans
Einflusssphäre endet nicht an den Landesgrenzen, so die Botschaft.
Seine Bürger, unabhängig davon, ob sie Erdoğan-Unterstützer oder
Gegner sind, stellen den Pomp kaum infrage. Es sei die Ehrfurcht
vor dem Amt, sagt eine ältere Bewohnerin Istanbuls, die bei Wahlen
ihre Stimme der Opposition gibt, wie sie versichert.

Zum besseren Verständnis beschreibt sie den Besuch einer Hoch-
zeit, zu der auch der Präsident geladen war. Ein Verwandter sei
Abgeordneter der von Erdoğan geführten »Adalet ve Kalkınma
Partisi«, kurz AKP. Dessen Tochter habe geheiratet. Selbstverständ-
lich folge man der Einladung, denn Familie sei wichtiger als Politik.
Als der Staatschef den Saal betritt, seien alle aufgestanden und hätten
geklatscht. Sie habe mit ihrem Applaus jedoch nicht den Politiker
Erdoğan gemeint, sondern den Präsidenten ihres Landes, versucht
sie zu erklären.

Im Laufe der Jahre hat der Machthaber der Türkei einen eigenen
Stil bezüglich Körperhaltung, Bewegungsrhythmus, Gestik und
Mimik entwickelt, der die Ernsthaftigkeit des Amtes unterstreicht.
In seinem Auftritt liegt stets Strenge gepaart mit Würde. Hin und
wieder lächelt er milde. Einen in der Öffentlichkeit herzlich lachenden
Erdoğan gab es schon länger nicht mehr zu sehen. Bisweilen bewegt

er sich so langsam, dass sich Beobachter Gedanken über seine Gesundheit machen. Das Pensum seiner Auftritte in Wahlkampfzeiten ist jedoch über allen Zweifel erhaben. Drei bis vier Reden pro Tag vor großem Publikum in verschiedenen Städten sind keine Ausnahme. Zur Begrüßung legt Erdoğan nach islamischer Tradition die Hand aufs Herz. So lässt er sich gerne fotografieren und auf Bannern oder Plakaten abbilden. Eine Geste, die in der Türkei nicht nur in religiösen Kreisen gut ankommt, wo insbesondere unter Frauen und Männern das gegenseitige Handgeben verpönt ist.

Mitte Dezember 2022 erklärt Erdoğan wenig überraschend, bei der nächsten Wahl erneut antreten zu wollen. Sein Ziel ist es auch, das 100-jährige Jubiläum der Staatsgründung der Türkei im Herbst 2023 als Präsident zu feiern. Amtskollegen aus der ganzen Welt werden erwartet. Ein Kreis vom sakrosankten Staatsgründer Atatürk zu Erdoğan würde sich schließen. Weil es dem Präsidenten laut türkischer Verfassung, Artikel 101 des Grundgesetzes, nur zweimal hintereinander gestattet ist, zu kandidieren, will er die ursprünglich für den 24. Juni geplante Wahl auf den 14. Mai vorverlegen, so dass aus seiner Sicht die verfassungsrechtliche Hürde aufgrund von Neuwahlen genommen ist. Dafür muss sich das Parlament auflösen. Mit der Zustimmung der Opposition ist zu rechnen. Wie stehen die Chancen für seine Wiederwahl? Kann er erneut das islamisch-konservativ-nationalistische Lager ausreichend mobilisieren? Wie hat er es bisher geschafft, Mehrheiten zu gewinnen und die Macht in seinen Händen zu konzentrieren? Welche Spannungsfelder prägten in den vergangenen Jahren seine Politik? Wer Antworten auf diese Fragen findet, bekommt ein Gefühl dafür, wie das Votum bei der kommenden Wahl ausgehen könnte.

Die Washington Post glaubt, die weltweit wichtigsten Wahlen im Jahr 2023 fänden in der Türkei statt. Die US-Regierung, Moskau, die Länder der Europäischen Union, aber auch die Regierungen im Nahen Osten blicken mit hohem Interesse auf den Urnengang des NATO-Mitgliedslandes, das sich dem von demokratischen Prinzipien geprägten Wertekanon des Verteidigungsbündnisses verschrieben hat. Wer sich wünscht, Erdoğan möge die Wahl verlieren, könne sich gleichzeitig keineswegs klar darüber sein, was danach komme, so die Washington Post und ergänzt, politische Führer im Westen würden ihn dennoch gerne abtreten sehen. Sein autoritärer Politikstil, ständige außenpolitische Krisen, die Annäherung an Putin irritieren insbesondere die EU und die USA. Doch regiert er, wie manche glauben, gegen den Willen seines Volkes?

Erdoğan kennt die Mentalität der Türkinnen und Türken und hat es immer wieder geschafft, einen Großteil seiner Landsleute emotional zu packen und zu begeistern. Niemand in der Türkei stellt die rhetorische Begabung des ehemaligen Koranschülers infrage. In den vergangenen sieben Jahren ist es ihm gelungen, den Staat zu seinen Gunsten umzubauen und oppositionelle Kräfte in den Sicherheitsbehörden, der Justiz und der Armee zu eliminieren. Er kontrolliert das Gros der Medien, die Hohe Wahlkommission, das Verfassungsgericht. Selbst bei einer Wahlniederlage, so befürchten viele Oppositionelle hinter vorgehaltener Hand, müsste er die Zügel nicht aus der Hand geben. Bisher war ihm die Bestätigung durch den Souverän jedoch ein wichtiges Anliegen. Schließlich legitimiert sie den mit demokratisch gewählten Amtskollegen gemeinsamen Auftritt auf internationalem Parkett.

Frühjahr 2016. Erdoğan kommt für das Freitagsgebet in die »Große Moschee« des am goldenen Horn liegenden Hafenviertels Kasımpaşa. Dort ist er mit seinen Eltern Ahmet und Tenzile, drei Brüdern, einer Schwester und einem Cousin aufgewachsen. Sein Vater war Seemann bei der türkischen Küstenwache. Regelmäßig gibt der Präsident nach dem Freitagsgebet Interviews. So warten mehrere Fernsehteams vor dem Ausgang des Moscheegeländes auf das Staatsoberhaupt. Erdoğans Presseteam lädt üblicherweise die dem Palast nahestehenden großen Medienhäuser, das Staatsfernsehen TRT und die staatliche Nachrichtenagentur Anadolu ein. Das ARD-Studio Istanbul hat von türkischen Journalisten von dem Termin erfahren. Der Kameramann stellt sich in die Reihe mit den Kollegen der anderen Sender und baut sein Stativ auf. Ein Polizist fragt ihn, zu welchem Sender er gehöre und ob man eine Akkreditierung habe.

Nein, lautet die Antwort. Dann sollte man besser gehen, heißt es. Die Aufforderung des Beamten wird ignoriert. Im allgemeinen Trubel verliert er das ARD-Team aus den Augen.

Im Viertel hat sich herumgesprochen, dass Erdoğan zum Freitagsgebet in die Moschee gekommen ist. Immer mehr Bewohner Kasımpaşas warten auf den Mann, der einst hier seine Kindheit und Jugend verbrachte. Das Gebet müsste inzwischen abgeschlossen sein, sagt einer der türkischen Kollegen. Unruhe entsteht. Im Viertel ist man stolz auf den erfolgreichen Politiker aus den eigenen Reihen. Er sei stets ein guter Muslim und ein fleißiger Koranschüler gewesen, erklärt ein Anwohner. Niemand hier käme auf die Idee, Erdoğan oder dessen Politik infrage zu stellen. Der Sicherheitsdienst des Präsidialamtes hat die an der Moschee entlangführende enge Straße abgesperrt. Groß gewachsene, schwer bewaffnete Männer mit breiten Schultern und Sonnenbrille, einen kleinen Kopfhörer-Knopf im Ohr, geben den Schaulustigen zu verstehen, wo die rote Linie ist.

Eine große Menschentraube hat sich inzwischen um die Reihe der Kameramänner gebildet. Er kommt, er kommt, ruft jemand mit leicht euphorischer Stimme. Jetzt ist im Nahkampf um den optimalen Standort für die besten Bilder voller Körpereinsatz nötig. Die Polizei bemüht sich, das begeisterte Volk auf Abstand zu halten. Die Blicke erinnern an gläubige Katholiken, die auf dem Petersplatz in Rom den Heiligen Vater bestaunen. Erdoğan strahlt für seine treuesten Anhänger etwas Messianisches aus. Der große, hagere Mann schreitet auf die Kameras zu, überlegt kurz und dreht plötzlich nach rechts ab. Die für seine Sicherheit zuständigen Polizisten blicken irritiert. Was hat er vor? Kein Interview? Offensichtlich ist es eine seiner spontanen, aus dem Bauch heraus getroffenen Entscheidungen. Abgesprochen war der Richtungswechsel nicht, ansonsten würden die Polizisten koordinierter handeln. Ihre Aufgabe ist es, die Menschen auf Abstand zu halten, um einen Anschlag oder Übergriffe auf die Nummer Eins des Staates zu verhindern. Erdoğan jedoch geht direkt auf die begeisterten Bürger von Kasımpaşa zu. Er kennt hier jedes Haus, jede Gasse des eng bebauten, bunten Viertels aus seiner Kindheit. Er grüßt, spricht mit den Menschen, schüttelt Hände. Sie klatschen und rufen ihm zu, er sei der einzig wahre »Reis«. Die Zustimmung einer deutlichen Mehrheit bei Wahlen ist ihm in Kasımpaşa sicher. Die muskelbepackten Sicherheitsbeamten bemühen sich, die Kontrolle zu behalten, während Erdoğan in der Menge badet. Der Präsident biegt in eine enge Seitenstraße ab. Sein Ziel ist ein Kebap-Restaurant. Nachdem er mit einigen Getreuen das Lokal betreten hat, versperrt die Polizei den Eingang. Ganz Kasımpaşa scheint inzwischen in der Gasse zu stehen. Sich zu bewegen ist kaum noch möglich. Alles drängt und schiebt in der Hoffnung, noch einmal in sein Antlitz blicken zu dürfen. An diesem Tag ist Erdoğan der Präsident zum Anfassen. Ein Politiker, der die unmittelbare Nähe zu den Wählerinnen und Wählern nicht scheut. Schließlich blickt er vom ersten Stock herab aus dem Fenster des Restaurants hinaus auf die begeisterte und jubelnde Menge. Er winkt und wirkt glücklich. Seine Macht scheint an diesem Freitagmittag grenzenlos zu sein.

In Kasımpaşa sind sie überall zu sehen. Aufkleber auf den Heckscheiben von Pkw oder Bussen, die von Weitem einer Blüte ähnlichsehen. Es ist die sogenannte Tughra, eine Kalligrafie und auch die Signatur des Sultans, vergleichbar mit einem Sigel westlicher Feudalherrscher. Wer dieses Zeichen trägt, bekennt sich zur Herrschaft der Osmanen und zu Erdoğan, also zu einer Zeit vor der Gründung des modernen türkischen Staates durch Mustafa Kemal Atatürk. Solange die Sultane die Geschicke des Reiches bestimmten, waren Staatswesen, Sozialordnung und Kultur in hohem Maße vom Islam geprägt, so der Turkologe Matuz. Staatsgründer Atatürk hatte jedoch andere Pläne mit der Türkei. Sein Ziel war ein moderner, laizistischer, westlich orientierter Staat, ohne jegliche religiöse Prägung. Um dies durchzusetzen, wurde Frauen das Tragen des Schleiers und Männern das Tragen der Fez genannten Kopfbedeckung verboten. Verfassung und Rechtsstaat wurden europäisch ausgerichtet. Atatürk ließ die lateinische Schrift statt des arabischen Alphabets einführen. Das Militär bekam eine besonders starke Rolle im Staat und war aufgefordert, sämtliche Bestrebungen gegen das Ziel einer laizistischen Türkei gewaltsam zu unterbinden. Das Vorgehen des Staatsgründers war autoritär und nationalistisch geprägt und ließ anderen Ideologien keinen Raum. Religiöse Türkinnen und Türken wurden regelrecht unterdrückt.

Bis heute nennen sich Atatürks Anhänger Kemalisten. Auch sie haben auf der Heckscheibe ihrer Pkw ein Symbol kleben. Es ist die Unterschrift des Staatsgründers. Die Türkei ist in diese beiden Ideologien gespalten, was sich im Wahlverhalten widerspiegelt. Erdoğans Herausforderung ist es, den zwischen beiden gesellschaftlichen Gruppen verbindenden Nationalismus so zu befördern, dass sich säkulare Türken mit ihm solidarisieren können.

Wie Erdoğan, so grüßen auch heldenhafte Osmanen in detailverliebten Gewändern mit der Hand auf dem Herzen im türkischen Fernsehen. Eine edle Geste, die dem Gegenüber Respekt erweist. Und ähnlich wie der Präsident müssen die Osmanenkrieger gegen den äußeren Feind oder einen Verräter in den eigenen Reihen einen nicht enden wollenden Krieg mit vielen Opfern führen. Es handelt sich um Charaktere, mit denen sich türkische Zuschauer leicht identifizieren. Seit Jahren schreiben Autoren hierzulande routiniert Drehbücher, in denen sie die glorreichen Zeiten des osmanischen Imperiums beschwören. Die Produktionen laufen mit ansehnlichen Einschaltquoten im staatlichen Fernsehsender TRT oder in dem Palast nahestehenden Privatkanälen. Die Darstellungen durchsetzungsstarker, keiner Herausforderung aus dem Weg gehender Männer — und in Einzelfällen auch Frauen — passen zum Zeitgeist einer seit Staatsgründung nationalistisch geprägten Türkei.

Die Serie Payitaht Abdülhamid oder »The Last Emperor« bekam von Erdoğan durch öffentliche Erwähnungen eine besondere Auszeichnung. Es handelt sich um die Geschichte des von 1876 bis 1909 regierenden Sultans Abdülhamid II. Ausländische Mächte haben sich gegen ihn verschworen. Gegenspieler und Erzfeind in der Serie ist der Jude Theodor Herzl. Abdülhamids Ziel ist der Zusammenhalt des Osmanischen Reichs und der Schutz Palästinas. In der ersten Szene des Films fährt der Sultan auf einer Kutsche, begleitet von Soldaten und Leibwächtern, durch Istanbul. Am Straßenrand steht das jubelnde Volk. Ein Mann wirft eine mit einem Davidstern geprägte Münze in die Hand eines Soldaten, woraufhin dieser seine Kameraden zum Attentat gegen Abdülhamid aufruft. Sofort entstehen beim Zuschauer Assoziationen zum Putschversuch im Jahr 2016. Die Washingtoner »Foundation for Defence of Democracies« kritisiert laut Medienberichten, die Serie verbreite eine »antidemokratische, antisemitische und verschwörungstheoretische Weltsicht.« Als Payitaht Abdülhamid im Jahr 2017 bei TRT Freitagabends zur besten Sendezeit läuft, lobt Erdoğan das Programm ausdrücklich und zieht eine Linie zur heutigen Zeit. Erdoğan habe bei einer Rede in der Stadt Düzce deutlich gemacht, wie wichtig es für junge Menschen sei, die Geschichte zu kennen, so TRT. Was die Türken waren und zu was sie geworden seien, könne man in der Serie erfahren, so der Präsident. Das Land habe 18 Millionen Quadratkilometer gemessen und messe nun 780.000 Quadratkilometer, fährt er fort. Bei Payitaht Abdülhamid erlebe man türkische Geschichte. »Sie«, womit offenbar der imaginäre äußere Feind gemeint ist, wollten auch heute etwas von den 780.000 Quadratkilometern nehmen, warnt Erdoğan. Doch man werde mit Polizisten, Gendarmen, Soldaten, Hubschraubern und Panzern dagegen vorgehen.

Gemeinsam schreibt der erste Mann im Staat mit den Drehbuchautoren das Narrativ, die Türkei sei aufgrund der Angriffe fremder Mächte vom Zerfall gefährdet, was das Land Hand in Hand mit einem starken Anführer verhindern müsse. Josef Matuz, der renommierte, 1992 verstorbene Professor für Turkologie an der Universität Freiburg, beschreibt den eigentlichen Abdülhamid II. als Alleinherrscher, der das Osmanische Reich drei Jahrzehnte lang mit »Terrormaßnahmen« regierte. Aufgrund seiner misstrauischen Natur ließ Abdülhamid »alle ihm politisch verdächtig erscheinenden Personen bespitzeln«, so Matuz. »Für Druckerzeugnisse« habe der Sultan »eine scharfe Zensur« eingeführt. Allerdings sei es nicht zu einer hemmungslosen Tyrannei gekommen, denn es seien auch Reformen umgesetzt worden. In religiösen türkischen Kreisen verfängt die durch populäre Fernsehserien geförderte Erzählung, Erdoğan sei ein zweiter Abdülhamid, der sich gegen islamfeindliche ausländische, aber auch inländische Mächte zur Wehr setzen müsse. Die in den Serien vermittelten Werte und Geschlechterrollen passen zum islamisch-konservativen Weltbild der Erdoğan-Partei AKP. Gleichzeitig werden in der Türkei Netflix- oder Disney+-Produktionen, in denen homosexuelle Paare ohne jegliche Darstellung sexueller Handlungen vorkommen, indexiert. Der Präsident geht offenbar davon aus, die kulturelle Revolution hin zu einer islamisch-nationalistisch geprägten, westliche Werte ablehnenden Gesellschaft fördere und stabilisiere seine Macht.

Bei den Wahlen in den Jahren 2002, 2007 und 2011 kann Erdoğan unter anderem aufgrund wirtschaftspolitischer Erfolge, rechtsstaatlicher Reformen und einer Annäherung an die EU neben seiner religiösen Stammwählerschaft, die etwa 30 Prozent der Bevölkerung ausmacht, auch säkular-konservative Wähler ansprechen, die in den 1980er- und 1990er-Jahren die »Anavatan Partisi« des ehemaligen Staatspräsidenten Turgut Özal wählten. Mehrheiten im Parlament sind ihm sicher. In den Jahren 2014 und 2015 bemüht er sich um Friedensverhandlungen mit der als Terrororganisation eingestuften kurdischen Arbeiterpartei PKK und schlägt einen versöhnlichen Kurs gegenüber türkischen Kurden ein, den insbesondere die nationalistische Partei »Milliyetçi Hareket Partisi«, kurz MHP, ablehnt. Die prokurdische Partei »Halkların Demokratik Partisi« schafft es bei den Parlaments- und Präsidentschaftswahlen im Juni 2015, mit ihrem charismatischen Parteichef Selahattin Demirtaş über die Zehn-Prozent-Hürde zu kommen und so ins Parlament einzuziehen. Erdoğans AKP findet nach der Wahl keinen Koalitionspartner.

Die Gewalt zwischen dem türkischen Staat und der PKK nimmt zu. Ende Juli spricht Erdoğan von einem gescheiterten Friedensprozess. Die Kurdenmiliz erklärt Städte im Südosten zu Autonomiegebieten. Um dem türkischen Militär den Zugang zu versperren, werden Gräben ausgehoben. Ende August 2015 kündigt der Präsident Neuwahlen für den folgenden November an. Im Vorfeld des Votums kommt es zu einem Terroranschlag in Ankara mit 102 Toten und mehr als 500 Verletzten. Die Themen Gewalt und Sicherheit bestimmen den Wahlkampf. Daraufhin kann die AKP erneut mehr als 50 Prozent der Sitze im Parlament gewinnen. Erdoğan lässt Militäroffensiven gegen die PKK im Südosten des Landes durchführen und beschuldigt die HDP, verlängerter Arm der PKK zu sein. Die MHP unterstützt den harten Kurs. Der Wechsel zu einer polarisierenden, nationalistischeren Politik zahlt sich aus, auch wenn er viele Opfer mit sich bringt.

»Ausweise und Pressekarten«, sagt der Polizist an einer Straßensperre wenige Kilometer vor der Stadtgrenze. Monatelang waren keine Journalisten im kurdisch geprägten Cizre. Es ist Frühling im Jahr 2016. Wenige Tage zuvor soll ein französisches Fernsehteam Zugang bekommen haben. Vor der Reise in die Provinz Şırnak, am Dreiländereck Syrien, Irak und Türkei, warnt unser Producer Cemal Taşdan, es könne sein, dass die Polizei uns an den Checkpoints durchlässt. Es sei aber auch möglich, dass wir unverrichteter Dinge wieder zurück nach Istanbul reisen müssen. Kameramann, Producer und Korrespondent übergeben Ausweise und Pressekarten. Der Polizist verschwindet in einer Hütte neben der Straßensperre.

Die türkische Armee startete Mitte Dezember 2015 eine Offensive gegen die PKK in Cizre und erklärte diese im Februar 2016 als beendet. Im Anschluss erließ der Gouverneur der Provinz mehrere Wochen eine Ausgangssperre. Die Nachrichten aus der belagerten Stadt klingen grauenhaft. Mehrere Dutzend Zivilisten seien getötet worden. Die Kämpfer der als Terrororganisation eingestuften Kurdenmiliz haben sich in einem Wohngebiet verschanzt, heißt es. Das türkische Militär habe von einem Hügel aus mit Panzern auf das Stadtviertel geschossen. Bisher wurden Beiträge über die Militäroffensive mit Material der Nachrichtenagenturen oder mit von Augenzeugen in sozialen Medien verbreiteten Aufnahmen erstellt, weil der türkische Staat ausländischen Korrespondenten den Zugang in die Konfliktregion verweigerte.

Geben sie jetzt den Weg nach Cizre frei? Nach fünf Minuten kommt der mit einer Splitterschutzweste gekleidete Polizist zurück zum Auto und reicht die Pressekarten und Ausweise durch das Seitenfenster. Er habe die Daten des Teams nach Ankara weitergeleitet, sagt er. Jetzt heißt es, Geduld haben. Wer in der Hauptstadt den Vorgang prüft, ist unklar. Geheimdienst? Militär? Informationsministerium? Oder alle drei?

In einem Tal sind in einer Entfernung von etwa 2 Kilometern Dächer der Stadt zu sehen. Wie geht es den Menschen in Cizre nach der Belagerung und der Militäroperation? Wie groß ist das Ausmaß der Zerstörung? Die Hügel rund um Cizre sind karg. Viel Fels, viel braune Erde, wenig grün. Der Tigris fließt durch die Stadt und schenkt den Menschen Wasser. Nirgends in der Türkei wird es so heiß wie hier. Cizre halte mit 49 Grad Celsius im Schatten den Rekord in der Türkei, steht im Internet.

Nach 20 Minuten Warten im Auto immer noch keine Antwort aus Ankara. Aussteigen. Beine vertreten. Die Straßensperre ist gut gesichert. Die Polizisten sitzen hinter mobilen Betonmauern, die vor Explosionen oder Angriffen mit Schusswaffen schützen sollen. Die Region ist Rückzugsgebiet der Kurdenmiliz PKK. Hier überqueren deren Kämpfer die nur wenige Hundert Meter entfernte türkisch-syrische oder die etwa 20 Kilometer entfernte türkisch-irakische Grenze, um bei einer Offensive der Armee in das sichere Nachbarland zu flüchten oder von dort aus Angriffe gegen das türkische Militär durchzuführen. Wann gab es den letzten Zwischenfall mit der PKK? Das sei einige Tage her, antwortet einer der Polizisten. Nach 30 Minuten geht der Daumen hoch. Die Polizisten geben den Weg frei.

Der erste Eindruck an der Stadtgrenze: ein mehrstöckiges, wahrscheinlich von Artilleriefeuer beschädigtes Wohnhaus. Auf Cizres Hauptstraße sind nur wenige Menschen zu sehen. Die Einwohnerzahl des gesamten Landkreises beträgt in normalen Zeiten etwa 130.000. Viele sind während der Kämpfe geflohen. Südwestlich der Straße liegt das Stadtviertel »Cudi«. Gleich nach dem Abbiegen wird das ganze Ausmaß der Zerstörung sichtbar. Zwischen einzelnen intakten Wohnhäusern liegt ein zwei bis drei Fußballplätze großes Trümmerfeld. Bagger schieben den Schutt zerbombter Häuser auf die Seite. Cudi ist verwüstet und menschenleer. Fast nichts ist an einem Stück geblieben.

Das Viertel grenzt an einen Hang. Ein greiser Mann am Stock sucht sich den Weg durch die Trümmer. Von dort oben hätten die Panzer geschossen, erzählt er. Immer wieder habe es Explosionen gegeben. Tagelang ging das so. Türkischer Staat und PKK geben sich gegenseitig die Schuld für die in Cizre getöteten Zivilisten. Die Kurdenmiliz sagt, die Armee hätte hemmungslos in das Wohngebiet gefeuert. Ankara sagt, die Kurdenmiliz habe die Bewohner als Schutzschild missbraucht.

Im nordöstlich gelegenen Stadtteil »Nur« tobten ebenfalls Gefechte. Das Haus der kurdischen Familie Damri wurde durch Artilleriefeuer teilweise zerstört. Als die Armee angriff, seien sie zum Glück bei Verwandten in einer anderen Stadt gewesen, sagt Sefer Damri. Nachdem sich die Nachricht von der Offensive verbreitete, entschieden sie, erst einmal nicht nach Cizre zurückzukommen. Bei der Heimkehr viele Wochen später sei das Entsetzen groß gewesen. Das Haus halb eingestürzt und verbrannt. Inzwischen hat sich der Familienvater offenbar an den Anblick gewöhnt. »Solange wir keine Alternative haben, müssen wir hierbleiben«, erklärt er im Interview. Hierbleiben heißt, in einem löchrigen Haus zu leben, durch das der Wind in kalten Nächten pfeift, sodass die Kinder frieren. Eine Granate hat sich durch die Außenwand gebohrt. In einem Zimmer sind sämtliche Möbel nur noch Schrott und Kleinholz. In den intakten Räumen liegen Matratzen auf dem Boden. Damri sammelt im Treppenhaus leere Patronenhülsen auf. Manche haben ein Kaliber von mehr als 10 Zentimetern.

Sie seien keine PKK-Unterstützer, versichert er. Warum sein Haus zerstört worden sei, könne er nicht nachvollziehen. Er hofft auf das vor Kurzem vereinbarte Flüchtlingsabkommen zwischen der Europäischen Union und der Türkei. Darin heiße es, türkische Staatsbürger dürften bald visafrei in die EU einreisen. Sobald das möglich sei, würde er mit der Familie nach Deutschland gehen, schließlich seien sie türkische Staatsbürger, auch wenn sie der Staat zurzeit vor allem fühlen lasse, dass sie Kurden sind. Was Sefer Damri nicht weiß, Brüssel hat Bedingungen für die Visafreiheit gestellt. Zum Beispiel die Anpassung der rigiden türkischen Terrorgesetze an das EU-Recht.

Die Schwelle der hiesigen Justiz, mutmaßliche Terrorverdächtige inhaftieren zu lassen, ist deutlich niedriger als in Rechtsstaaten der Europäischen Union. Oppositionelle Kurden bekommen das immer wieder zu spüren. Auf dem Hof vor dem Haus bittet Damri darum, für seine Familie und ihn zu beten. Man würde sich in Deutschland vielleicht wiedersehen. Damals konnte er noch nicht ahnen, dass die versprochene Visafreiheit nie umgesetzt würde.

Im Frühjahr 2016 erschüttern zahlreiche Bombenanschläge Istanbul und Ankara. Die PKK und der sogenannte Islamische Staat bekennen sich zu den Attentaten. Der nicht enden wollende Terror versetzt das Land in Angst und Schrecken. Am 15. Juli rollen Panzer durch die Straßen Istanbuls und Ankaras. F-16-Kampfjets durchbrechen beim Flug über dem Bosporus die Schallmauer, so dass ein lauter Knall die Menschen der Millionenmetropole aufschrecken lässt. Soldaten sperren die Brücke über der Meerenge zwischen Europa und Asien. Ein Teil der türkischen Armee will die Regierung stürzen und die Kontrolle im Land übernehmen. Mit Staatsstreichen haben die Türken Erfahrungen. Immer wenn sich das Militär die Macht an sich gerissen hat, wurden in den Folgejahren Freiheiten brutal eingeschränkt, Menschen getötet, gefoltert, weggesperrt oder sind einfach verschwunden. Erdoğan schafft es, in der Putschnacht seine Anhänger zum Widerstand zu bewegen. Zivilisten stellen sich Panzern und Soldaten in den Weg. 265 Menschen werden getötet, fast 1.500 verletzt. Während für die Putschversuche vor den 2000er-Jahren die Kemalisten im Militär verantwortlich zeichnen, beschuldigen Erdoğan und dessen Anhänger diesmal die sektenartige Bewegung des in den USA im Exil lebenden Islampredigers Fethullah Gülen. Der bestreitet eine Beteiligung.

Erdoğan und der Islamprediger waren jahrelang Verbündete. Nachdem Erdoğan und seine Partei die Macht übernehmen konnten, förderten sich AKP und das Gülen-Netzwerk gegenseitig. Gülen-Jünger haben es mit politischer Unterstützung der AKP geschafft, in wichtige Positionen in Justiz, Militär, Polizei und Politik zu gelangen. Zur Bewegung gehörende Staatsanwälte und Richter gingen Hand in Hand mit der Polizei gegen kemalistische Militärs, Angehörige des Justizapparats und Geschäftsleute vor. Sie überziehen diese im sechseinhalb Jahre andauernden Ergenekon-Prozess mit fingierten Vorwürfen und verurteilen sie im Jahr 2013 zu hohen Haftstrafen.

Es kommt zum offenen Machtkampf zwischen Erdoğan und Gülen. Staatsanwälte und Richter, denen eine Nähe zu Gülen nachgesagt wird, ermitteln gegen Erdoğans Familie wegen Korruption. Das Netzwerk ist ein Staat im Staate, das Erdoğan noch mehr bekämpft, nachdem dieser vom Amt des Ministerpräsidenten in das des Präsidenten wechselt und die ihm eigentlich zugedachte Rolle eines repräsentativen Staatsoberhauptes ignoriert, indem er weiterhin die Fäden des Landes in der Hand hält. Aussteiger werfen der Gülen-Bewegung autoritäre Strukturen und die Existenz von nachrichtendienstlichen Einheiten zur Überwachung der Mitglieder vor. In Deutschland betreibt die Sekte Bildungsvereine und propagiert nach außen den Dialog. Deutsche Journalisten, die kritisch über das Netzwerk berichten, müssen in sozialen Medien »Shitstorms« erleben, werden verklagt und deren Redaktionen massiv unter Druck gesetzt. Nichtsdestotrotz pflegen Abgeordnete der Volksparteien des deutschen Bundestags Kontakte zu Anhängern des Islampredigers. Im Zuge des Putschversuchs fliehen türkische Militärs nach Deutschland, wo sie Asyl bekommen. Regierungskreise in Ankara vermuten, der deutsche Geheimdienst schöpfe gemeinsam mit dem US-Geheimdienst CIA Informationen geflohener Gülen-naher Offiziere über den türkischen Sicherheitsapparat ab. Erdoğan fordert vergeblich deren Auslieferung.

Bemerkenswert ist ein Interview mit der Überschrift »der Putsch war nur ein Vorwand«, das der sonst eher schweigsame Chef des Bundesnachrichtendienstes, Bruno Kahl, dem Spiegel im März 2017 gibt. Die Türkei habe auf verschiedensten Ebenen versucht, von der Schuld des Gülen-Netzwerks zu überzeugen. Das sei ihr aber nicht gelungen, so Kahl. Die Gülen-Bewegung sei eine zivile Vereinigung zur religiösen und säkularen Weiterbildung, ergänzt der BND-Chef. Die Aussage steht nicht nur im Widerspruch zur türkischen Regierung, auch hochrangige Funktionäre und Parlamentarier der türkischen Oppositionsparteien CHP und HDP halten Mitglieder des Gülen-Netzwerks in Interviews für die Drahtzieher des Putschversuchs. Ein Bericht des britischen Parlaments kommt zur Schlussfolgerung, neben anderen Akteuren hätten auch Gülen-Anhänger teilgenommen. Für die Behauptung, das Netzwerk als Ganzes stünde hinter dem vereitelten Staatsstreich, gebe es hingegen keine ausreichenden Beweise.

Das Telefon klingelt.

»Hier ist Mesut Yılmaz«, sagt die Stimme am anderen Ende der Leitung auf Deutsch mit leichtem Akzent. »Wissen Sie, wer ich bin?«, fragt der Herr.

Kurzes Zögern. Dann die ehrliche Antwort: »Nein, helfen Sie mir bitte, klären Sie mich auf«.

Yılmaz fährt fort, unser gemeinsamer Freund Ender Ciner habe ihm meine Telefonnummer gegeben. Jetzt fällt der Groschen. Mesut Yılmaz, ehemaliger Ministerpräsident der Türkei beziehungsweise Chef der »Anavatan Partisi«, übersetzt Vaterlandspartei. Zwischen 1991 und 1999 schafft er es dreimal in das Amt des Regierungschefs. Später ermittelt die Staatsanwaltschaft gegen Yılmaz ergebnislos wegen Korruption. Er war Abgeordneter der Schwarzmeerregion Rize, aus der auch Erdoğans Familie kommt. Während seiner Zeit als Parteichef richtet er die Vaterlandspartei europaorientiert und modern aus. Yılmaz war Schüler des renommierten Istanbuler Erkek-Gymnasiums, wo Lehrer aus Deutschland in deutscher Sprache unterrichten und die Lernenden auf ein deutsches Abitur vorbereiten. Was kann er wollen?

Der Ex-Regierungschef mag, ein wenig untypisch für Türken, keine Höflichkeitsfloskeln und kommt direkt zum Thema. Er habe gehört, die ARD bereite eine Dokumentation zum Putschversuch im vergangenen Sommer vor. Ob das stimme, fragt er. Das sei richtig, so die Antwort. Er würde gerne etwas zum Thema beitragen, erklärt Yılmaz mit fester Stimme. Es gehe um die auch in Deutschland diskutierte Frage, wer hinter dem Putschversuch stecke. Mehr wolle er erzählen, wenn das Fernsehteam da sei. Ok, lautet die Antwort. Eine

Garantie auf eine Veröffentlichung könne aber nicht gegeben werden. Es käme auf den Inhalt an. Darauf lässt er sich ein und fügt an, er denke, seine Aussagen hätten ausreichende Relevanz, um in der Dokumentation zu erscheinen.

Ort und Zeit werden vereinbart. Yılmaz lädt das Team zu einer Wohnung in einem Hochhaus im Istanbuler Stadtteil Şişli ein. Im geräumigen Wohnzimmer hat er eine Aussicht weit über den Bosporus. Verschiedene osmanische Kunstartefakte stehen im Raum. Während das Kamerateam aufbaut, kritisiert er Erdoğans Vorgehen gegen Oppositionelle scharf. Die Maßnahmen schössen völlig über das Ziel hinaus. Das hemmungslose Wegsperren viel zu vieler Menschen habe das Land in Angst und Schrecken versetzt. Es gehe nur noch darum, wer für oder gegen Erdoğan sei. Das politische Klima sei vergiftet.

Yılmaz ist damals 69 Jahre alt. Er trägt das graue Haar nach hinten gekämmt, im Stile Cary Grants. Für das Interview hat er sich einen blauen Blazer und ein weißes Hemd angezogen. Er raucht Slim-Zigaretten nahezu Kette. Nach seiner Kritik am Präsidenten scherzt er und philosophiert kenntnisreich über deutschen Fußball. Der Kameramann gibt das Signal zum Start des Interviews. Wer steckt hinter dem Putschversuch?

Yılmaz ist sich sicher, dass der Befehl aus Pennsylvania kam, wo Fethullah Gülen im Exil lebt. Entscheidend sei, dass die Länder der EU nach dem Putschversuch der Türkei beistünden und die von der Gülen-Sekte ausgehende Gefahr nicht herunterspielen. Und dann kommt die entscheidende Aussage. Der Chef des Bundesnachrichtendiensts, Bruno Kahl, habe in der Türkei schwere Irritationen und Ärger erzeugt, so Yılmaz. Besonders unverständlich sei dessen Einlassung gewesen, zwischen dem Putschversuch und dieser Sekte sollte es keinerlei Verbindung geben. Yılmaz galt stets als Brückenbauer zwischen Deutschland und der Türkei. Seine eindeutige Positionierung ist bemerkenswert und soll offensichtlich eine Botschaft an die Deutschen sein. Dort gibt es seit dem Putschversuch eine anhaltende Debatte darüber, wer im Hintergrund das Militär orchestrierte. Oft heißt es, Erdoğan habe alles selbst inszeniert. Grund dafür sind Aussagen des türkischen Präsidenten, wie die in der Putschnacht, als er den versuchten Staatsstreich als Gnade Gottes bezeichnete, denn dieser liefere den Grund, die Streitkräfte zu säubern. Dass Erdoğan als AKP-Chef maßgeblich zur Unterwanderung der Streitkräfte durch die Gülen-Bewegung beigetragen haben dürfte, macht Yılmaz im Interview ebenfalls deutlich. Nach dem Machtantritt der AKP habe die Blütezeit der Sekte begonnen, so der ehemalige Ministerpräsident. Diese habe fast alle wichtigen Positionen im Land erobert und sei wie ein Staat im Staate gewesen. Man habe das Parallelstaat genannt, hält Yılmaz fest. Bei den Recherchen für die Dokumentation wird deutlich, Erdoğans Geheimdienstchef Hakan Fidan und Generalstabschef Hulusi Akar wussten mit hoher Wahrscheinlichkeit schon Stunden vor dem Putschversuch, was ein Teil des Militärs vorhatte. Ob Erdoğan das Umsturzvorhaben bewusst geschehen ließ, ist ungeklärt.

Yılmaz steht auf, blickt aus dem Fenster und sagt, in der Türkei könne alles sehr schnell gehen. Heute sei man wichtiger Staatsmann, morgen sitze man im Gefängnis. So sei das seit Jahrzehnten. Auf die Frage, wie er auf diese Äußerung komme, lächelt er und schweigt. Er sei jedenfalls dankbar dafür, dass er nicht ins Gefängnis musste, obwohl ihm das viele gewünscht hätten. Dreieinhalb Jahre nach dem Interview stirbt Mesut Yılmaz im Oktober 2020 nach einem schweren Krebsleiden.

2016 ist ein dunkles Jahr für die Türkei. Der Staat geht gegen Zehntausende Beamte hart vor. Es kommt zu massenhaften Festnahmen und Entlassungen. Gleichzeitig werden Tausende verurteilte Straftäter freigelassen, um in Gefängnissen für mutmaßliche Putschunterstützer Platz zu schaffen. Aufgrund des Ausnahmezustands kann Erdoğan per Dekret regieren. Die Rechte der Opposition sind deutlich eingeschränkt. Die nationalistische MHP unterstützt den Präsidenten. Parteichef Bahçeli spricht sich für das von Erdoğan angestrebte Präsidialsystem aus. Offenbar als Gegenleistung kann er seine Gefolgschaft auf den Posten der Beamten unterbringen, die aufgrund der Festnahmen und Massenentlassungen frei werden.

Günter Seufert, Türkei-Experte der Stiftung Wissenschaft und Politik, schreibt, es sei Bahçeli darum gegangen, die Sicherungen wieder einzubauen, mit denen eine eigenständige Staatsbürokratie gefährlichen Experimenten der Regierung begegnen kann. Mit gefährlichen Experimenten sind Erdoğans Friedensverhandlungen mit den Kurden und das Bündnis mit der Gülen-Bewegung gemeint.

Die MHP schafft es, die Regierungspolitik und den Staatsapparat zunehmend nationalistisch zu prägen. Die Festnahme von Selahattin Demirtaş, Parteichef der prokurdischen HDP, im November 2016 ist eines der vielen Zeugnisse der neuen Ausrichtung. Erdoğan setzt seit dem Putschversuch, getrieben von der MHP, aber sicherlich auch aus eigenem Kalkül, zunehmend auf die nationalistische Karte. Im Dezember des Jahres 2020 schreibt Michael Thumann, Journalist für Außenpolitik in einer Kolumne für *Zeit-Online*, der türkische Staat sei auf dem Weg, ein MHP-Staat zu werden. Der Nationalismus hat das Land fest im Griff und bestimmt das politische Klima bei den folgenden Wahlen.

KAPITEL 2: Das Referendum 2017

Ihr Blick wirkt scheu und unsicher. Sicherlich hat ihr die mehrmonatige Haft übel zugesetzt. Die Kamera ist aufgebaut. Aslı Erdoğan sitzt vor einem Bücherregal. Der Kameramann drückt den Aufnahmeknopf. Erste Frage an die preisgekrönte Schriftstellerin: Was hält sie vom Vorgehen der türkischen Regierung gegen Oppositionelle? Sie antwortet, man könne die Situation in der Türkei im Januar 2017 mit Deutschland im Jahr 1936 vergleichen. Sie nennt Namen, Details, Argumente, klagt die türkische Regierung an. Nächste Frage: Ob sie Angst vor einer weiteren Verhaftung habe? Aslı Erdoğan mustert die Kamera, denkt kurz nach und stellt die Gegenfrage, ob das soeben Gesagte gefilmt wurde. Man vereinbart, das Interview noch einmal von vorne zu beginnen. Der Vergleich mit der deutschen Geschichte und die folgenden Ausführungen hätten sicherlich große Aufmerksamkeit erregt. Mit hoher Wahrscheinlichkeit hätte jedoch nach Veröffentlichung der Interviewsequenz eine Anti-Terror-Einheit der Polizei erneut vor Aslı Erdoğans Tür gestanden.

Wenige Monate zuvor, im August 2016, bringen Sicherheitskräfte die Schriftstellerin ins Frauengefängnis Bakırköy. Die Vorwürfe: Terrorpropaganda, Mitgliedschaft in einer verbotenen Organisation, Volksverhetzung. Aslı Erdoğan hatte bei der prokurdischen Zeitung *Özgür Gündem* Berichte geschrieben und ehrenamtlich die Geschäftsführung des Blattes beraten. Die Festnahme fand einen Monat nach dem Putschversuch statt. Heinrich Riethmüller, Vorsteher des Börsenvereins des Deutschen Buchhandels, liest bei der Eröffnungsrede der Frankfurter Buchmesse im Oktober eine aus dem Gefängnis geschmuggelte Grußbotschaft der Schriftstellerin vor. Sie schreibt, in ihrem Land lasse man mit unvorstellbarer Rohheit das Gewissen verkommen. Dabei werde gewohnheitsmäßig und wie blind versucht, die Wahrheit zu töten. Auch wenn sie nicht wisse wie, so habe es die Literatur aber immer geschafft, Diktatoren zu überwinden. Deutliche

Worte aus der Haftanstalt. Zwei Tage vor Silvester beginnt die Verhandlung. Aslı Erdoğan ist Tochter einer sunnitisch-türkischen Intellektuellenfamilie und gilt als Fürsprecherin der kurdischen und armenischen Minderheiten in der Türkei. Allein das macht schon verdächtig. Der Richter entscheidet ihre vorläufige Freilassung mit der Auflage, das Land nicht zu verlassen, solange der Prozess weiterläuft.

Dass sie wenige Wochen später zu einem Interview bereit ist, überrascht. Sie leidet an Asthma und Diabetes. Mehr als 130 Tage Haft waren Folter für ihren Gesundheitszustand. Der Mut der zerbrechlich wirkenden Frau ist erschütternd. Sie sagt, sie sei keine politische Figur oder Aktivistin. Ihre Festnahme sei eine Warnung an alle, dass das freie Wort nicht mehr frei sei. Ihre Inhaftierung sollte alle anderen, die auch schreiben, einschüchtern, glaubt sie. Nur wenige Wochen sind seit der Freilassung vergangen. Gefragt nach dem Vorwurf ihr gegenüber, sie sei eine Verräterin, antwortet sie, Türken verhielten sich oft wie kleine Kinder. Gehe es um die Opfer der eigenen Verbrechen, ärgern sie sich, anstatt in den Spiegel zu sehen. Das ganze Land habe es nicht gelernt, in den Spiegel zu sehen, und das sei der Grund, warum man wütend auf sie sei. Sie versuche, dem türkischen Volk den Spiegel vorzuhalten, und das Volk möge das Bild, das es sehe, nicht. Harte Worte.

Aslı Erdoğan sagt, sie sei von der Haft immer noch traumatisiert. Man habe ihr bei der Festnahme eine Maschinenpistole auf die Brust gesetzt. Wenn sie solch eine Waffe sehe, reagiere sie körperlich. Angesprochen auf das Referendum zur Verfassungsänderung, das im kommenden April, also in vier Monaten, stattfinden soll, ist sie wenig optimistisch. Die Türkei habe einen omnipotenten Führer, der in Kürze das bereits existierende Regime legalisieren und verfestigen werde. Präsident Erdoğan fälle alle Entscheidungen, von der Benennung der Universitätsdirektoren bis zu den Verfassungsrichtern. Die Macht sei in einer Hand.

Im September 2017 hebt der Richter die Ausreisesperre auf. Die Schriftstellerin reist kurz darauf nach Deutschland und hat seitdem türkischen Boden nicht mehr betreten.

Erdoğan hat es in der Vergangenheit wiederholt geschafft, bei knappen Umfrageergebnissen Wahlen zu gewinnen. Für April 2017 plant er ein Referendum, mit dem er 69 Artikel der Verfassung ändern lassen will. Diese betreffen vor allem seine Stellung als Präsident. Die Abstimmung hat allein das Ziel, die Macht in seinen Händen zu konzentrieren, und soll mitten im Ausnahmezustand stattfinden, der im Zuge des Putschversuchs vom Juli 2016 vom Parlament mit den Stimmen der Fraktionen der Erdoğan-Partei AKP und der nationalistischen MHP beschlossen wurde.

Aufgrund von Massenverhaftungen in den Monaten nach dem Putschversuch ist die Stimmung in der Türkei äußerst angespannt. Menschenrechtsaktivisten, Journalisten, Lehrer, Soldaten, Polizisten, Richter, Staatsanwälte. Die Liste der Inhaftierten scheint endlos. Beamte, die nicht auf Linie sind, verlieren ihre Arbeit. Offizielles Ziel des robusten Vorgehens ist laut Regierung die für den vereitelten Umsturz verantwortlich gemachte Gülen-Bewegung. Justiz und Sicherheitsapparat haben sich für die Bewegung den Namen »Fetö«, was für »Fetullahçı Terör Örgütü« steht, ausgedacht.

Schnell wird klar, es geht nicht nur um Anhänger der Gülen-Sekte. Erdoğan führt einen Rundumschlag gegen alle, die nicht auf seiner Seite stehen. Das Motto im Vorfeld der Wahlen lautet: »Wir gegen die«. Der türkische Präsident polarisiert mit einer Sprache voller Drohungen und Hass.

Ärger mit der Polizei

Februar 2017. Warum bleibt keiner stehen und will sich anhören, was die Demonstranten zu sagen haben? Etwa 50 Lehrerinnen und Lehrer versammeln sich auf einem Platz in Zeytinburnu, einem Stadtteil Istanbuls zwischen dem europäischen Zentrum und dem Atatürk-

Flughafen. Es nieselt, der Wind pfeift. Die Lehrer ziehen sich ihre Wollmützen tief ins Gesicht und protestieren im Chor, dass sie ihren Arbeitsplatz zurückhaben wollen. Die Gewerkschaft für Bildung und Erziehung hat zur Demonstration aufgerufen. Neben dem Team der ARD sind noch drei andere Journalisten regierungsunabhängiger Fernsehsender gekommen. Nicht nur das mediale Interesse hält sich in Grenzen. Es ist zwar ein belebter Platz, an dem viele Passanten vorbeikommen. Doch kaum jemand schenkt den Demonstranten Beachtung. Zahlreiche gewerkschaftlich aktive Lehrer haben in den vergangenen Monaten ihre Stellen verloren. Auf die Frage, wer nun ihre Arbeit mache, kommt die Antwort, sie befürchteten, durch linientreue Kollegen ersetzt zu werden. Diese würden jedoch den Schülerinnen und Schülern kein kritisches Denken vermitteln. Einer der Lehrer sagt, die Schulleitungen seien aufgefordert worden, Kollegen zu melden, die in der Vergangenheit Erdoğans Politik infrage gestellt hätten. In den Lehrerzimmern türkischer Schulen herrsche ein Klima der Angst.

Auf dem Platz stehen in kleinen Gruppen rund um den Pulk der Lehrer junge Männer mit Leder- oder Jeansjacken. Manche von ihnen tragen die Haare lang und zu einem Zopf gebunden. Oberhalb der Hüfte haben die Jacken Ausbeulungen von Funkgeräten, Handschellen und Pistolen. Der Sicherheitsapparat hat seine Agenten in ziviler Kleidung geschickt, denen jedoch sofort jeder ansehen kann, wer sie sind. Fragt man die Passanten, warum sie nicht stehen bleiben, um den Demonstrierenden zuzuhören, antworten diese, das bringe unter Umständen Ärger mit der Polizei ein. In diesen Tagen will kaum noch jemand Position beziehen. Am Vortag hat Erdoğan bei einer Rede erneut die Wiedereinführung der Todesstrafe thematisiert. Wer seine Bürger, Soldaten, Polizisten zu Märtyrern mache, dessen Strafe sei die Hinrichtung, so der Präsident. Das Referendum sei hinsichtlich der Todesstrafe ein Signal dafür, was das türkische Volk wolle, ergänzt er.

Rückblick: An einem Sonntag Ende August 2016 müssen kurz nach dem vereitelten Putschversuch 2.700 Polizisten eine Pro-Erdoğan-

Demonstration in Köln schützen. Ein Meer roter Fahnen mit weißem Halbmond weht am Rheinufer. In Deutschland lebende Unterstützer der AKP trommeln Zehntausende Erdoğan-Fans zusammen. Akif Kılıç, in Deutschland aufgewachsener Sportminister der türkischen Regierung, sagt auf der Bühne, man sei enttäuscht, weil Erdoğan nicht per Videobotschaft live zu den Demonstranten sprechen darf. Metin Külünk, damals Abgeordneter der AKP, kritisiert Deutschland, weil Demonstrationen für Erdoğan nicht vom deutschen Staat selbst organisiert werden. Nach Medienberichten lenkt Külünk die in Deutschland ihr Unwesen treibende Rockergruppe Osmanen Germania, die im Jahr 2018 verboten wurde. Polizisten müssen unterdessen Demonstranten zwei verschiedener Anti-Erdoğan-Proteste davon abhalten, sich dem Gelände zu nähern.

Im Februar 2017 wird bekannt, dass der für die Zeitung *Die Welt* schreibende Korrespondent und Deutschtürke Deniz Yücel in der Türkei verhaftet wurde. Erdoğan bezeichnet ihn bei einer Kundgebung als Agenten und Mitglied der als Terrororganisation eingestuften PKK. Die Bundesregierung fordert seine Freilassung, doch der türkische Staat stellt sich stur. Die Stimmung zwischen Berlin und Ankara ist am Gefrierpunkt. Das spüren auch viele in Deutschland lebende Türken. Diese können aufgrund des türkischen Wahlrechts in Konsulaten ihres Landes auf deutschem Boden Stimmen abgeben. Türkische Kabinettsmitglieder wollen deshalb nach Deutschland kommen und an Wahlkampfveranstaltungen teilnehmen. In Berlin wird die Idee kritisch gesehen. Einige erinnern sich an die Veranstaltung in Köln mit einem Polizeigroßeinsatz, bei dem mehr als 100.000 Euro Steuergelder ausgegeben werden mussten. Aus der Union kommen ablehnende Stimmen. Stadtverwaltungen sagen Auftritte ab. Erdoğan reagiert mit einem Nazi-Vergleich. Was Deutschland mit der Untersagung der Veranstaltungen tue, sei nichts anderes als das, was in der Nazi-Zeit getan wurde, so der türkische Präsident. In einer Regierungserklärung fordert Bundeskanzlerin Merkel, solche Vergleiche müssten aufhören. Diese seien der Partnerschaft der beiden Länder nicht würdig. Bundestagspräsident Lammers moniert, Erdoğan disqualifiziere sich mit dem Vergleich selbst. EU-

Kommissionspräsident Juncker hält Erdoğans Aussage für eine Frechheit. Als wenige Tage später die Niederlande dem türkischen Außenminister Çavuşoğlus die Einreise verbieten, weil sein Besuch die öffentliche Ordnung und Sicherheit gefährde, reagiert Erdoğan mit dem nächsten Nazi-Vergleich. Die Niederlande seien ein Überbleibsel des Nationalsozialismus. Sie seien Faschisten. Der niederländische Regierungschef Rutte nennt Erdoğans Äußerungen »verrückt«. Der Streit mobilisiert Wähler zu Erdoğans Gunsten in Deutschland und der Türkei. In Berliner Regierungskreisen besteht die Sorge im Zuge des Referendums könnte es zwischen türkischen Regierungsanhängern und Oppositionellen zu Gewalt in der Türkei kommen, denn die Zahl der dorthin importierten Handfeuerwaffen sei deutlich gestiegen. Der Wahrheitsgehalt der Information kann nicht geprüft werden.

Fahnenschändung

»Was macht ihr hier?« Die Frage soll bedrohlich wirken. »Ihr seid doch vom deutschen Fernsehen? Hier habt ihr nichts verloren.«

Zwei Deutschtürken glauben, die Dreharbeiten verhindern zu müssen. Sie bauen sich vor Kameramann und Korrespondenten breitbeinig auf. Die Stimmung ist aggressiv. Vor dem niederländischen Konsulat in Istanbuls Zentrum demonstrieren etwa 100 Männer und rufen »Allahu akbar«, »Gott ist groß«. Am Vorabend haben die Niederlande die türkische Familienministerin Fatma Kaya ausgewiesen. Hunderte Türken protestieren in Rotterdam. Bilder eines Polizeischäferhundes, der sich in das Bein eines Demonstranten verbissen hat, gehen um die Welt. Kaya wollte in den Niederlanden bei türkischen Staatsbürgern für eine Änderung der Verfassung im Sinne Erdoğans werben. Die Niederlande ließen das genauso wenig zu, wie einen Besuch des türkischen Außenministers Çavuşoğlu. Kaya beklagt sich am nächsten Tag, sie sei unmenschlich behandelt worden. Vor dem Konsulat der Niederlande stehen türkische Fernsehteams und filmen den Protest. Ausländische Korrespondenten sind kaum gekommen. Bei solchen Ereignissen kann in der Türkei die Stimmung gegenüber ausländischen Journalisten schnell kippen.

Noch einmal die Nachfrage von einem der beiden Deutschtürken, was wir hier wollen. Der Kameramann ist deutscher Staatsbürger und Sohn türkischer Gastarbeiter. Während er in aller Ruhe das Stativ aufbaut, erklärt er den beiden auf Türkisch, wir würden nur unsere Arbeit machen. Die Polizei hat einen Bus so vor dem Tor des Konsulats geparkt, dass keiner mehr raus- oder reinkommt. Die darin arbeitenden Diplomaten sind eingesperrt. Plötzlich steht ein Mann auf dem Dach des Gebäudes, holt die niederländische Flagge ein und hisst stattdessen die türkische. Er ruft den Demonstranten auf der Istiklal vom Dach aus »Allahu Akbar« entgegen. Diese jubeln. Die vor dem Konsulat stehenden Polizisten machen keine Anstalten, den Mann festzunehmen. Es ist ein klarer Bruch des internationalen Regelwerks der Wiener Konvention, die Diplomaten und auch diplomatische Einrichtungen schützt. Das Hissen der eigenen Flagge gleicht einem kriegerischen Akt. Es symbolisiert die Besetzung gegnerischen Territoriums. Die Diplomatie ist am Ende. Offensichtlich geht es nur noch um Demütigung und nationalistische Symbolik. Ein junger Mann sagt einem Fernsehteam, er sei so verärgert über die Niederländer, dass er seit gestern nicht schlafen konnte. Der Rassismus und Faschismus, den seine Landsleute in den Niederlanden erleben mussten, habe ihn sehr aufgewühlt. Er wolle hier kein niederländisches Konsulat mehr haben und deshalb sei es richtig, dass die türkische Flagge gehisst wurde. Der ganzen Welt soll klar sein, dass man stets bereit sei, das Land zu verteidigen. Die Demonstranten recken die Arme nach oben und zeigen den Rabia-Gruß. Dabei liegt der Daumen angewinkelt an der Handfläche und die restlichen Finger zeigen nach oben. Auch Erdoğan nutzt bei öffentlichen Auftritten den Gruß der islamistischen Muslimbrüder, um seine Solidarität mit deren Ideologie auszudrücken. Andere zeigen den Wolfsgruß türkischer Nationalisten, bei dem Ring- und Mittelfinger zum Daumen geführt werden, während der Zeige- und der kleine Finger nach oben gespreizt sind. Religion und Nationalismus, eine explosive Mischung.

Die beiden Deutschtürken wollen nicht weitergehen und stellen sich vor das Objektiv der Kamera. Schließlich kommt ein Polizist, vertreibt sie und nickt uns zu. Beim Gehen sagen sie, wenn die Polizei nicht dagewesen wäre, hätten wir etwas erleben können.

Ein Sieg beim Referendum ist für Erdoğan existenziell. Aufgrund des Ausnahmezustands sind Demonstrationen und Proteste verboten. 90 Prozent der türkischen Medienhäuser berichten so, wie es der Palast wünscht. Dennoch sehen viele Türkinnen und Türken die durch das Referendum angestrebte Machtkonzentration im Präsidialamt kritisch. Auch Nationalisten sind skeptisch, ob die Verfassungsänderung das Land tatsächlich so weiterbringt, wie es der Präsident verspricht. Erdoğan und seine Anhänger verteidigen das neue System als Garant für Bürokratieabbau und schnellere Entscheidungsfindungen. Statt von inhaltlich wertvollen Diskussionen über Ziel und Sinnhaftigkeit des Referendums, ist die Zeit vor der Abstimmung geprägt von außenpolitischen Krisen. Mitte März 2017 fragt der türkische Präsident während eines Interviews bei dem als besonders palastnah geltenden türkischen Kanal *A Haber* Bundeskanzlerin Merkel, warum sie in Deutschland Terroristen verstecke. Deutschland gehe nicht genug gegen die PKK vor, obwohl diese als Terrororganisation eingestuft sei. Schließlich sagt er wortwörtlich,»Frau Merkel, Sie unterstützen Terroristen.«

In Berlin denkt man nun über ein generelles Einreiseverbot türkischer Minister nach, wie es die Niederlande bereist beschlossen haben. Finanzminister Schäuble warnt, monetäre Hilfen für die Türkei könnten eingestellt werden. Die Bundesregierung erwägt ein Wahlverbot, sollten die Verunglimpfungen fortgesetzt werden. Der türkische Präsident will nicht klein beigeben. Er droht, wenn sich EU-Regierungen weiterhin so benehmen würden, werde morgen kein einziger Europäer, kein einziger Westler auch nur irgendwo auf der Welt sicher und beruhigt einen Schritt auf die Straße setzen können. Die Äußerungen verängstigen in der Türkei lebende EU-Bürger. Deutsche Familien, die aus beruflichen Gründen in die Türkei entsandt wurden, entscheiden, dass ein Elternteil mit den Kindern vor dem Referendum die Metropole verlässt, um sich bei Ausschreitungen keiner Gefahr auszusetzen. Bundespräsident Frank-Walter Steinmeier fordert Erdoğan auf, seine »unsäglichen Nazi-Vergleiche« einzustellen. Der türkische Präsident antwortet, er werde sich wehren, solange man ihn als Diktator bezeichne, und stellt die rhetorische Frage, »Ihr habt also das Recht, Erdoğan einen Diktator zu nennen, aber Erdoğan hat nicht das Recht, euch Faschisten oder Nazis zu nennen?« Welches Mitglied der niederländischen oder deutschen Regierung ihn als Diktator bezeichnet haben soll, bleibt sein Geheimnis.

Die Pfarrerin der deutschen evangelischen Kirche in Istanbul erzählt am Palmsonntag nach dem Gottesdienst, sie sei am Vortag aus Deutschland an den Bosporus zurückgekehrt. Nachdem sie dem Taxifahrer auf die Frage ihrer Herkunft geantwortet habe, habe dieser das Radio voll aufgedreht. Es sei eine Erdoğan-Rede gelaufen. Die hasserfüllten Angriffe auf Deutschland und die Niederlande lösen im Volk Ressentiments aus. Vier Tage vor dem Referendum kündigt der Präsident erneut an, er wolle die Todesstrafe einführen, sollte er eine Mehrheit für die Verfassungsänderung bekommen. Wochenlang dominieren Diskussionen den Wahlkampf, die mit der eigentlichen Entscheidung wenig zu tun haben. Diplomatische Krisen, Terrorvorwürfe, Todesstrafe, allesamt Themen, die das Volk polarisieren und Wählerinnen und Wähler mobilisieren sollen. Die Stunde des türkischen Nationalismus hat geschlagen. Die Opposition befürchtet, Wähler der rechtsextremen MHP, die bisher eher zu einem Nein beim Votum tendierten, könnten aufgrund des Konflikts mit Deutschland und den Niederlanden nun doch für eine Verfassungsänderung stimmen.

Stimmabgabe

Mitte April ist der Tag der Entscheidung. In der Zentrale der größten Oppositionspartei CHP tummeln sich seit dem Vormittag türkische und internationale Journalisten. Abgeordnete und Funktionäre der

Partei sind nervös. Das Rennen ist auf den letzten Metern knapp. Umfragen sehen weder das oppositionelle Nein-Lager noch Erdoğans Ja-Lager klar vorn. Etwa 20 Fernsehkameras stehen in der Eingangshalle des Hochhauses in einem Viertel am Rande des Zentrums der Hauptstadt Ankara. Journalisten geben für die Zuschauer Einschätzungen, welches Lager die besseren Chancen hat. Ein CHP-Funktionär erklärt, welche Risiken die Einführung einer »Ein-Mann-Herrschaft« mit sich bringe und welche Änderungen der Verfassung besonders undemokratisch seien. Die Regierung behauptet, nach der Änderung des parlamentarischen Systems hin zum Präsidialsystem hätte man die gleichen Verhältnisse wie in den USA. Dem widerspricht der CHP-Funktionär entschieden.

Das Büro für demokratische Institutionen und Menschenrechte der Organisation für Sicherheit und Zusammenarbeit in Europa kritisiert scharf die Bedingungen, unter denen das Referendum stattfindet. Ja- und Nein-Lager könnten nicht bei gleichen Voraussetzungen Wählerinnen und Wähler erreichen, so die OSZE. Die Bürgerinnen und Bürger des Landes seien nicht ausreichend mit ausgewogener Information über die Schlüsselfragen der Reform versorgt worden. Aufgrund des Ausnahmezustands seien die für einen echten demokratischen Prozess nötigen fundamentalen Freiheiten eingeschränkt gewesen. Die einseitige Dominanz und die Einschränkungen in der Berichterstattung hätten den Zugang der Wähler zu verschiedenen Ansichten beschnitten.

Im Zuge des Ausnahmezustands werden vor dem Urnengang drei Mitglieder der obersten Wahlkommission ausgetauscht, weil sie aufgrund des Säuberungsprozesses nach dem vereitelten Putschversuch ihre Anstellung als Richter verloren haben. Im Südosten der Türkei werden am Tag des Referendums sechs Provinzen zu sogenannten »Sicherheitsgebieten« erklärt. Vor der Abstimmung mussten zahlreiche Bewohner aus diesen Gebieten aufgrund militärischer Konflikte zwischen der türkischen Armee und PKK-Milizen fliehen. Die Betroffenen haben keine Möglichkeit, an einem alternativen Ort ihre Stimme abzugeben. Möglicherweise seien mehrere Hunderttausend Menschen von dieser Einschränkung betroffen, so die OSZE.

Hohe Beamte und Mandatsträger des Erdoğan-Lagers hätten mehrfach Unterstützer der Nein-Kampagne als Terrorsympathisanten diffamiert. In zahlreichen Fällen sei die Nein-Kampagne behindert worden. Gegen deren Vertreter habe es polizeiliche Maßnahmen und gewalttätige Übergriffe gegeben. Die überwiegend regierungsnahen Zeitungen und Fernsehsender hätten unausgewogen berichtet. In Radio- und TV-Sendungen sei Erdoğan und dessen Parteifreunden überproportional viel Zeit gegeben worden, damit sie ihre Argumente für eine Verfassungsänderung darlegen konnten.

Im Foyer der CHP-Parteizentrale läuft die Wahlsendung auf einem großen Bildschirm. Punkt 18.00 Uhr nennt der Moderator die ersten Auszählungsergebnisse. 65 Prozent für Ja. Lange Gesichter bei den Mitgliedern der Oppositionspartei, aber auch bei vielen türkischen Journalisten. Einige der Kollegen arbeiten für Erdoğan-nahe Medienhäuser. Im Gespräch äußern selbst sie ihre Sorge, dass eine hohe Machtkonzentration in den Händen eines Mannes riskant sein könnte. Erdoğans Lager liegt deutlich in Führung. Die Auszählungen in zentralanatolischen Wahlbezirken, wo die AKP traditionell stark ist, gehen aufgrund der geringen Zahl von Wählern schneller voran als in den Ballungszentren an der Küste beziehungsweise in der Megametropole Istanbul, heißt es. Andere im Foyer sagen, Wahlabende gingen immer so los. Das solle die Opposition demoralisieren und Beobachter in Wahllokalen dazu bringen, nach Hause zu gehen, bevor alle Stimmen ausgezählt seien. Fernsehjournalisten, die live aus der Parteizentrale berichten, geben die gedrückte Stimmung wieder. Trotz der vielen Menschen wird es vorübergehend sehr still. Manch einer winkt bereits ab. Andere versuchen, Mut zu machen.

Nach etwa einer halben Stunde steigt die Zahl des Nein-Lagers rasch nach oben. Als etwa neun Zehntel der Stimmen ausgezählt worden sind, liegen die Befürworter einer Verfassungsänderung nur noch bei 53,5 Prozent. Ungläubige Blicke sind auf den Bildschirm gerichtet. Euphorie kommt auf. »Wir können gewinnen«, ruft ein CHP-Mann. Gegen 18.45 Uhr werden die Intervalle zwischen den Veröffentlichungen neuer Zahlen länger. »Was passiert da?«, fragen

Beobachter. »Da stimmt etwas nicht«, ruft jemand durch das Foyer. Der Vorgang sei außergewöhnlich, sagen selbst erfahrene türkische Journalisten, die schon viele Wahlen erlebt haben. Im Saal beginnen Diskussionen, was die Ursache sein könnte. Einer mutmaßt, offenbar habe die oberste Wahlkommission Schwierigkeiten, zügig neue Zahlen zu liefern. Ein anderer erklärt, die staatliche Nachrichtenagentur Anadolu würde die Auszählungsergebnisse den Medienhäusern weitergeben und möglicherweise gebe es dort Manipulationen. Ein dritter behauptet, rein rechnerisch müsse das Nein-Lager inzwischen vorne liegen, denn es hätten vor allem die Ergebnisse aus den eng besiedelten Großstädten gefehlt, wo viele Nein-Wähler leben würden.

Schließlich steht der Zähler still. Keine neuen Ergebnisse. Die Diskussionen werden erhitzter und lauter. Manch einer macht seinem Unmut mit Beschimpfungen der Regierungspartei Luft. Von »Kandırma«, also Betrug, ist die Rede. Fast eine Stunde geht das so. Das Ja-Lager bleibt die ganze Zeit vorne. Dann verkündet der Moderator im Fernsehen, das Endergebnis seien 51,4 Prozent. Ein amtliches Ergebnis liegt zu diesem Zeitpunkt nicht vor. Erdoğan geht auf den Balkon der etwa einen Kilometer entfernten AKP-Zentrale und erklärt sich zum Sieger. CHP-Mitglieder rufen zur Demonstration auf. Doch weil sich Parteichef Kılıçdaroğlu zurückhält, entsteht keine Dynamik, die dazu führt, dass die Menschen auf die Straße gehen. Sehr viel später spricht der Oppositionsführer im Fernsehen und erklärt, man müsse das Vorgehen der Wahlkommission untersuchen. Über die Zurückhaltung sind viele seiner Anhänger unglücklich. In der Parteizentrale wird skandiert, Kılıçdaroğlu solle zurücktreten. Was in den vergangenen Stunden tatsächlich hinter den Kulissen geschah, ist schwer nachzuvollziehen.

Nach der Wahl moniert die CHP, die oberste Wahlbehörde habe mitten im Auszählungsprozess die Regeln geändert und damit das Wahlgesetz gebrochen. Es seien ungestempelte Stimmzettel für gültig erklärt und ausgezählt worden. Der Stempel ist eigentlich Garant für einen gültigen Stimmzettel. Die Wahlhelfer in den Wahlbüros des Landes sind Vertreter unterschiedlicher Parteien oder parteilos und kontrollieren den gesamten Wahlverlauf. Der Wähler steckt nach dem Ankreuzen den Wahlzettel in einen Umschlag, dieser wurde zuvor von einem Wahlhelfer abgestempelt. Die Anwaltskammer in Ankara hat am Wahltag ein Zentrum eingerichtet, bei dem sich Wähler beschweren können. Dort haben offenbar aus der ganzen Türkei aufgebrachte Bürger angerufen, um sich zu beklagen, weil nicht gestempelte Stimmzettel trotzdem gezählt wurden.

Nach dem Referendum veröffentlicht die OSZE einen Bericht. Darin heißt es, die Entscheidung der obersten Wahlbehörde, nicht gestempelte Stimmzettel trotzdem zu werten, habe eine wichtige Schutzvorrichtung gegen Betrug untergraben und dem Gesetz widersprochen, das explizit festhalte, dass solche Stimmzettel als ungültig betrachtet werden müssen. Besonders bemerkenswert ist die Feststellung der OSZE, die Wahlkommission habe am Wahltag um 23.35 Uhr den Sieg des Ja-Lagers festgestellt. Amtliche Auszählungsergebnisse wurden jedoch nicht veröffentlicht. Erst am 27. April, also elf Tage später, hieß es, das Ja-Lager habe mit 51,4 Prozent gewonnen. Wollte die Wahlkommission abwarten, wie die politische Diskussion zu den Manipulationsvorwürfen läuft, um erst dann eine Entscheidung zu fällen?

Erdal Aksünger, stellvertretender CHP-Chef, spricht von Unregelmäßigkeiten in 11.000 Wahllokalen. Die Partei beantragt die Annullierung des Verfassungsreferendums. Die HDP erklärt, die Wahl sei zum Vorteil des Ja-Lagers um 3 bis 4 Prozent manipuliert worden. Die Opposition klagt vergeblich vor dem Verfassungsgericht. Präsident Erdoğan bekommt, was er wollte. In den folgenden Tagen gehen in Izmir, Ankara und Istanbul Tausende Menschen auf die Straße und demonstrieren gegen »den Wahlbetrug«. In der Metropole am Bosporus versammelt sich ein jüngeres, eher linkes Publikum Abend für Abend um die Adlerstatue im Zentrum des Viertels Beşiktaş. Von dort ziehen sie durch die Straßen, gesäumt von Polizisten in Uniform und Zivil. Die Ordnungshüter achten darauf, dass sich die Demonstration nicht aus dem Viertel bewegt.

Geheimdienst

»Sind Sie ein Provokateur?«, fragt eine Stimme von hinten auf Englisch. Nach dem Umdrehen steht ein unscheinbarer Mann in brauner Lederjacke mit Schnauzbart und Brille auf dem Bürgersteig. Ein Scherz sollte das offensichtlich nicht sein. Sein Blick ist ernst und entschlossen.

»Wie kommen Sie auf die Idee?«, lautet die Gegenfrage. Während er sich unruhig umblickt, sagt er, er sei Polizist und wolle Ausweispapiere sehen. Offensichtlich fühlt er sich unwohl in seiner Haut. Liegt es an dem Stadtteil Beşiktaş, in dem vor allem Anhänger der großen türkischen Oppositionspartei CHP leben? Statt sofort den Ausweis zu zeigen, wird die Gegenfrage gestellt, ob der Herr sich erst einmal selbst ausweisen könne. Etwas linkisch und umständlich holt er den Geldbeutel aus der Innentasche der Lederjacke. Aus diesem zieht er eine mit den Buchstaben M.I.T bedruckte Plastikkarte. Die Initialen stehen für den türkischen Geheimdienst *Millî İstihbarat Teşkilâtı*. Auf Wikipedia heißt es, der M.I.T. gelte neben dem israelischen Geheimdienst als einer der bestinformierten im Nahen Osten und habe laut offiziellen Angaben etwa 8.000 Mitarbeiter. Und jetzt?

Der Puls geht hoch. Er sieht sich den amtlichen Presseausweis und die Aufenthaltsberechtigungskarte an, holt das Mobiltelefon aus der Tasche und fotografiert alles. Droht nun eine Festnahme? Vielleicht aufgrund der Teilnahme an einem Protest gegen das Ergebnis des Referendums?

»Sie waren nicht allein auf der Demonstration«, sagt er und ergänzt, »drei Männer waren mit Ihnen zusammen unterwegs«. Das seien auch akkreditierte Journalisten, lautet die Antwort. »OK und Dankeschön«, sagt er, dreht sich um und geht. Seine Frage zielt auf drei deutsche Kollegen, die an diesem Abend die Demonstration journalistisch begleiten.

Die Observation durch den Dienst hat Konsequenzen. Ein paar Tage später steht auf der ersten Seite der Tageszeitung *Takvim* der Titel »Üç Kağıtçılar«, was auf Deutsch ungefähr »drei Lügenbeutel«

bedeutet. Unter dem Titel ist ein Foto der Kollegen abgedruckt, die an der Demonstration in Beşiktaş teilgenommen haben. Ein brutaler Versuch der Einschüchterung. Die Betroffenen sind entsetzt. Einiges spricht dafür, dass nach dem Gespräch mit dem Mitarbeiter des Geheimdienstes das Foto der drei aufgenommen und an die Zeitung weitergegeben wurde. Einer der drei Journalisten ist Can Merey, damaliger Leiter des Istanbul-Büros der Deutschen Presse Agentur. »Das war damals ziemlich schockierend, öffentlich so angegriffen zu werden«, erinnert er sich fast fünf Jahre später. »Ich war ja nur da, um über die Demonstration zu berichten, um also meinen Job zu machen. Bei dem Takvim-Schmähartikel blieb es auch nicht. In mindestens einem Fernsehsender wurden wir danach auf Basis dieses Berichts als deutsche Spione bezeichnet. Das war in der aufgeheizten Stimmung, die zu dem Zeitpunkt herrschte, ein potenziell gefährlicher Vorwurf. Ich habe damals das Namensschild an der Haustürklingel unseres Wohnblocks entfernt – nur zur Sicherheit.«

Die Führung in Ankara scheint besorgt zu sein, dass aufgrund der Berichterstattung internationaler Medien die Demonstrationen gegen das Ergebnis des Referendums einen größeren Zulauf bekommen könnten. Nähmen mehr Menschen teil, würde das unter Umständen den Druck auf den Staat erhöhen, das Referendum zu wiederholen. Erdoğan hat die Gezi-Proteste im Zentrum Istanbuls, die vier Jahre zuvor stattfanden, nicht vergessen. Zehntausende demonstrieren damals gegen den Bau eines Einkaufszentrums auf dem Gelände des Gezi-Parks. Die Polizei hat große Schwierigkeiten, die Kontrolle am zentralen Taksim-Platz, der neben dem Gezi-Park liegt, wiederzuerlangen. Auch in anderen Städten schließen sich Sympathisanten der Bewegung an und demonstrieren. Bei dem brutalen Vorgehen der Sicherheitskräfte sterben fünf Menschen. Tausende werden verletzt. Die Proteste dauern mehr als drei Monate an und werden im Ausland unterstützt. Beobachter sprechen von einem transnationalen Charakter der Bewegung.

Das Volk setzte sich durch. Das Einkaufszentrum wird nie gebaut. Die Demonstrationen nach dem Referendum nehmen jedoch kein Gezi-Ausmaß an. Von Tag zu Tag kommen weniger Menschen. Die

Klage der Opposition vor dem Verfassungsgericht, um das Referendum für ungültig erklären zu lassen, scheitert. Die Mehrheit der Türken akzeptiert Erdoğans Sieg.

Die Verfassung sieht vor, dass die durch das Referendum beschlossenen Änderungen erst mit der nächsten Präsidentschafts- und Parlamentswahl in Kraft treten. Bis dahin gibt es neben Erdoğan, der längst alle Fäden in der Hand hält, Ministerpräsident Binali Yıldırım. Geplant sind Wahlen für November 2019. Doch so viel Geduld hat der nach Macht strebende Erdoğan nicht.

KAPITEL 3: Präsidentschafts- und Parlamentswahlen 2018

Der ganze Inhalt seines Rucksacks liegt mitten auf der Kreuzung. Kamera, Teleobjektive, Laptop. Die Polizisten sehen sich alles einzeln an, fotografieren den Reisepass und schicken die Fotos zur Überprüfung an die Zentrale. Schauplatz ist die türkische Stadt Kilis, direkt an der syrischen Grenze.

Die Beamten sind nervös. Am Vortag ist in der Stadt eine Rakete eingeschlagen und hat zwei Männer getötet. Der Besitzer des ausgeleerten Rucksacks ist Mediengestalter der ARD und hat sich auf das Schneiden von Fernsehberichten spezialisiert. Er kam wenige Tage zuvor aus Italien, um sich den neuen Arbeitsplatz in der Türkei anzusehen. Als der Einmarsch in die syrische Provinz Afrin losgeht, ist er sofort bereit, das Team an die Front zu begleiten. Das Presseamt hat zu Beginn der Militäroffensive »Olivenzweig« gegen die nordsyrische Kurdenmiliz YPG eine spezielle Akkreditierung für Medienvertreter eingeführt, die in der Grenzregion arbeiten wollen. Diese war für den Kollegen beantragt, aber vom Presseamt noch nicht ausgestellt. Er spricht kein Wort Türkisch, die Polizisten kein Deutsch oder Englisch. Missverständnisse sind programmiert.

In der Region hielten sich über Jahre hinweg nicht-türkische Militante des sogenannten Islamischen Staates auf. Auch die von der Türkei bekämpfte YPG hat Kämpfer aus dem Ausland in ihren Reihen. Vielleicht ist der Kollege den Polizisten deshalb verdächtig vorgekommen. Dass er keine türkische Pressekarte hat, könnte ernsthafte Probleme bereiten. Zwei Minuten zuvor habe ich den Kameramann, den Producer und den Kollegen aus dem Wagen steigen lassen, um im Anschluss zu parken. Der eigentliche Plan war, dass die drei zusammen in die Moschee gehen, wo das Totengebet für die zwei von der Rakete getroffenen Männer stattfindet. Doch am Eingang des Gotteshauses steht ein Soldat, der nach der speziellen Akkreditierung fragt und dem Kollegen den Zutritt verweigert. Kameramann und Producer zeigen ihre Ausweise und gehen zügig auf das Gelände der Moschee. Das Gebet kann jeden Augenblick beginnen. Der Mediengestalter dreht sich um und läuft den Polizisten in die Arme. Das Auto ist inzwischen geparkt. Der Versuch zu erklären, dass er zum deutschen Fernsehen gehört, scheitert. Die Situation ist haarig. Eigentlich hätte er im Hotel bleiben sollen. Auf den Umweg dorthin wurde verzichtet, um rechtzeitig für das Totengebet bei der Moschee zu sein. Die Polizisten sehen sich meinen Presseausweis skeptisch an und telefonieren mit der Zentrale. Dort wird weiter geprüft.

Wenige Tage zuvor hat Präsident Erdoğan seinen Soldaten den Marschbefehl gegen die Kurdenmiliz YPG gegeben. Diese ist mit der als Terrororganisation eingestuften verbotenen kurdischen Arbeiterpartei PKK verbündet. Die von Mitte Januar bis Mitte März anhaltende Militäroperation wird von den überwiegend regierungsnahen türkischen Medien wiederholt als großer Erfolg gegen den »kurdischen Terrorismus« gefeiert. Ein Ziel der Invasion ist die Befreiung der syrischen Stadt Afrin und der gleichnamigen Provinz von der YPG. Während die PKK in den meisten westlichen Ländern, auch in Deutschland und den USA, als Terrororganisation eingestuft ist, kämpfen US-Streitkräfte gemeinsam mit der YPG in Nordsyrien gegen den sogenannten Islamischen Staat. Seitdem hat die Kurdenmiliz im Westen viele Unterstützer und Sympathisanten.

Der türkische Präsident bezeichnet die YPG als Terrorbande. Die Regierung in Ankara erklärt vor der Invasion, die Kurdenmiliz würde täglich Raketen auf die Türkei abfeuern. İbrahim Kalın, außenpolitischer Berater des türkischen Präsidenten, sagt bei einer Pressekonferenz in Istanbul, es seien bereits mehrere Hundert gewesen. Aus dem Sicherheitsapparat heißt es, es gebe Tunnel unter der türkisch-syrischen Grenze, die es Kämpfern ermöglichten, nach Nordsyrien zu gelangen, um von dort Waffen in die Türkei zu schmuggeln und dann Terroranschläge zu verüben. Weder für die Tunnel noch für die hohe Zahl an Raketenangriffen gibt es stichhaltige Belege.

Der wissenschaftliche Dienst des Deutschen Bundestags befasst sich mit der Frage, ob die »Operation Olivenzweig« gegen das Völkerrecht verstößt. Ankara hat am 20. Januar gegenüber dem Sicherheitsrat der Vereinten Nationen die Erklärung abgegeben, die Offensive sei ein Akt der Selbstverteidigung, und als Argument einen zunehmenden Beschuss von Raketen aus der Region rund um die syrische Stadt Afrin auf die türkischen Provinzen Hatay und Kilis genannt. Der wissenschaftliche Dienst schreibt, über einen zunehmenden Beschuss sei weder in internationalen noch in türkischen Medien berichtet worden, daher reiche das Argument als Grundlage für ein Selbstverteidigungsrecht nicht aus. Kurz nach Beginn des türkischen Einmarsches schlägt tatsächlich eine Rakete in der türkischen Stadt Kilis ein. Erdoğans Sprecher beschuldigt umgehend die YPG für den Angriff. Prokurdische Aktivisten stellen in den sozialen Medien die Beschuldigung infrage. Sie verbreiten das Narrativ, die türkische Armee habe selbst Kilis angegriffen, um einen Vorwand für das weitere Vorgehen in Afrin zu liefern.

Schließlich verhandelt Producer Cemal Taşdan mit den Polizisten. Sie sind jedoch noch immer nicht bereit, den Mediengestalter gehen zu lassen. Erst müsse die Zentrale grünes Licht geben. Was kann die Beamten überzeugen? Ein auf dem Handy gespeichertes, gemeinsames Foto mit einem türkischen Regierungsmitglied, das nach einem Interview aufgenommen wurde? Cemal findet die Idee nicht gut. So ein Foto zu zeigen, um Polizisten davon zu überzeugen, dass man gute Kontakte hat, ist sicherlich ethisch fraglich. Aber mehrere Stunden auf einer Polizeiwache zu verbringen, bis die Beamten bereit sind, den Mediengestalter gehen zu lassen, ist auch keine Option. Als die Polizisten das Foto sehen, sind sie überrascht, unterhalten sich für einen kurzen Moment. Dann sagen sie, es sei alles o.k. Der Kollege darf gehen.

Der türkische Staat ist in den Anfangstagen der Offensive gegenüber ausländischen Journalisten äußerst skeptisch. Aus der EU kommt Kritik, der Einmarsch in Afrin sei völkerrechtswidrig. Ankara will die internationale Öffentlichkeit jedoch überzeugen, es handle sich um eine Verteidigungsoperation.

Propaganda

Kahramanmaraş, Ende Februar 2018. »Bordo Bereliler« weinen nicht, ruft der Präsident durch das Mikrofon. Erdoğan hat während seiner Rede ein 6-jähriges, militärisch salutierendes Mädchen in der Unform der sogenannten »Bordo Bereliler«-Spezialkräfte am Bühnenrand entdeckt. Er ruft die kleine Amine Tıraş zu sich. Das Mädchen ist offenbar überfordert von der Situation. Tränen kullern über Kinderwangen. Im Saal sind vielleicht 2.000 bis 3.000 Menschen und jubeln Erdoğan und der Kleinen zu. Der Präsident versucht, das Kind aufzumuntern, und küsst es auf die Wangen.

Die Türkei befindet sich im Krieg gegen die Kurdenmiliz. Das uniformierte Mädchen gehört zur Inszenierung des Auftritts. Offenbar will Erdoğan den Kampfgeist der türkischen Nation stärken. Dazu passen keine Tränen. Nun heißt es, die richtigen Worte finden. Sie habe die türkische Flagge in der Tasche, ruft Erdoğan der jubelnden Menge entgegen. Sollte sie eine Märtyrerin werden, werde man sie in die Flagge einwickeln.

Die Heroisierung des Heldentods einer 6-Jährigen löst in sozialen Medien viel Widerspruch aus. Im Kurznachrichtendienst Twitter habe jemand die Frage gestellt, ob er das auch bei seiner eigenen Enkeltochter gesagt hätte, schreibt die *New York Times*. Seine Anhänger stören Erdoğans Worte hingegen wenig. Während der Rede sollen Männer im Publikum dem Präsidenten entgegengerufen haben, er möge sie nach Afrin in den Kampfeinsatz schicken. Nach Medienangaben ist die Begeisterung für die Invasion so groß, dass es viele kaum erwarten können, zu den Waffen gerufen zu werden. Erdoğan hält in dieser Phase täglich mehrere Reden vor großem Publikum. Immer wieder schafft er es, Begeisterung für den Feldzug gegen die Kurdenmiliz zu entfachen. Eine Strategie, die innenpolitisch aufgeht, wie sich Monate später zeigen soll.

Pressefahrt ins Kampfgebiet

Dort seien die beiden Männer nach dem Einschlag gefunden worden, erklärt ein Mitarbeiter der Stadtverwaltung Kilis. Mehmet Akarca, Chef des türkischen Presseamtes, hört ihm zu und achtet genau darauf, dass die Kameramänner der türkischen und der internationalen Fernsehteams solche Informationen nicht verpassen. Alle sollen verstehen, dass die Türkei angegriffen wurde und von weiteren Angriffen bedroht ist. Nach dieser Logik ist der Einmarsch in Afrin nicht zu vermeiden. Die Moschee, in der die Rakete einschlug, sei mehrere Hundert Jahre alt gewesen, erklärt der Mann weiter. Der Schaden sei beträchtlich und der Schock in Kilis groß. Der türkische Staat bemüht sich, Medien vom Narrativ einer Offensive zu überzeugen, die gestartet wurde, um das Land und seine Bewohner zu schützen.

Nach dem Moscheebesuch in Kilis lädt Akarca internationale Journalisten zu einer Tour nach Syrien in bereits eroberte Gebiete ein. Einsteigen in einen gepanzerten Bus am türkisch-syrischen Grenzübergang Öncüpınar. Von dort geht es weiter in die nordsyrische Stadt Azaz. Seit 2016 kontrolliert das türkische Militär gemeinsam mit der Rebellengruppe »Freie-Syrische-Armee«, kurz FSA, die Stadt. Dort leben vor allem sunnitische Araber, aber auch Turkmenen und Kurden. Die FSA wurde von oppositionellen Soldaten nach Beginn des syrischen Bürgerkriegs gegründet. Kurdische Aktivisten werfen dieser in sozialen Medien vor, in deren Reihen seien ehemalige Kämpfer des IS. Wirkliche Belege gibt es dafür nicht. Die Rebellengruppe hat in der Vergangenheit wiederholt erfolgreiche militärische Operationen gegen den IS in Syrien durchgeführt. Diesmal ist jedoch die Kurdenmiliz der Feind.

Wenige Kilometer südlich von Azaz hält der Bus an. FSA-Milizen stehen mit Kalaschnikow-Gewehren martialisch am Straßenrand für Fernsehaufnahmen bereit. Es sieht aus wie an einem Filmset. Einer nennt sich Ali Yasin und erklärt auf Arabisch, die Heckenschützen der YPG seien besonders gefährlich. Er zeigt zu einem Hügel, auf dem sich die YPG verschanzt haben soll. Plötzlich fallen Schüsse.

Aus welcher Richtung, ist schwer zu sagen. Keine der Kugeln schlägt in der Nähe ein. Hätte ein erfahrener Heckenschütze einen der Journalisten treffen wollen, wäre das von besagtem Hügel aus wohl kaum ein Problem gewesen.

Alle gehen hastig in Deckung. Zwei FSA-Kämpfer kommen in einem gepanzerten Jeep mit plattem Reifen auf die Gruppe zugefahren. Die Männer springen aus dem Wagen, gestikulieren wild und deuten Richtung Hügel. Der Chef des Presseamts sagt, wir müssten nun gehen. Es sei zu gefährlich. Einer seiner Mitarbeiter hat während der ganzen Zeit mit dem Handy die Journalisten gefilmt. Am Abend laufen dessen Aufnahmen in sämtlichen regierungsnahen türkischen Fernsehsendern mit der Botschaft, die YPG habe internationale Journalisten angegriffen. Ist man Teil einer Inszenierung geworden?

Im Zuge der Militäroffensive steigt der Zuspruch für das Regierungslager in Umfragen um mehrere Prozentpunkte. Sowohl die AKP als auch die nationalistische MHP können deutlich gewinnen. Im Schnitt mehrerer Institute liegt Erdoğans AKP im November 2017 bei etwa 40 Prozent, und die mit Erdoğan im Bündnis stehende MHP bei 7,5 Prozent. Im April sind die Umfragewerte der AKP auf 46 Prozent gestiegen. Die MHP kann direkt nach Beginn der Offensive 2 Prozentpunkte zulegen. Parteichef Bahçeli hat 2017 wiederholt den Einmarsch in Nordsyrien gefordert.

Verräter

»Der Morgen beginnt« heißt Ahmet Kesers Frühstücksfernsehprogramm beim Erdoğan-treuen Sender *Akit*. Im Februar 2018 dürfte jedoch während einer Sendung einigen Zuschauern das gerne zum Frühstück gegessene Sesamgebäck Simit im Hals stecken geblieben sein. Vor allem, wenn sie in den Istanbuler Stadtteilen Cihangir, Nişantaşı oder Etiler leben. Die Viertel sind bekannt für moderne Bewohner, Gucci- und Versace-Läden, ein ausschweifendes Nachtleben und exquisite Restaurants, in denen der Anisschnaps Raki ausgeschenkt wird. In Nişantaşı und Cihangir zeigen Frauen und Männer in den Sommermonaten viel Haut und führen einen hedonistischen Lebensstil, der wenig mit den Wertvorstellungen des Islam zu tun hat. Erdoğan-Wähler gibt es dementsprechend kaum.

All das mag Ahmet Keser durch den Kopf gegangen sein, als er in der Sendung über den Krieg im nordsyrischen Afrin zu reden beginnt. Er lässt sein Publikum nicht im Unklaren darüber, wo er politisch steht. Wenn er vom Einsatz der türkischen Armee spricht, wechselt er in die erste Person Plural. Sein Bedürfnis nach Identifikation mit der Militäroffensive ist groß. An diesem Morgen geht es in der Sendung um die Frage, ob die türkische Armee in Nordsyrien Zivilisten getötet haben soll. Keser kommt richtig in Fahrt.

»Warum soll die türkische Armee dorthin gehen, um Zivilisten zu töten?«, fragt er rhetorisch. »Wenn wir das Ziel hätten, Zivilisten zu töten, gingen wir nach Cihangir, Nişantaşı oder Etiler.« Dort gebe es genügend Verräter, so der Moderator.

Der Aufschrei ist groß. Trotz der überwältigenden nationalistischen Welle, die aufgrund der Offensive durchs Land rollt, geht das doch einigen zu weit. In den genannten Stadtteilen kommt es zu kleinen Protesten. Der Fernsehsender muss sich scharfer Kritik erwehren. Schließlich distanziert sich die Geschäftsführung von Keser. Auch der Erdoğan-Partei AKP gehen dessen Kommentare zu weit. Parteisprecher Mahir Ünal fragt bei einem Interview, »Wer gibt Keser das Recht, so zu reden? Was denkt er, wer er ist?« Das sei ein Versuch, die Einheit des Landes zu sabotieren. Man habe mit dem Justizminister gesprochen. Ein Verfahren werde auf den Weg gebracht.

Tatsächlich steht Keser später vor Gericht und wird zu einem Jahr und drei Monaten Haft verurteilt, die in der Türkei nicht vollstreckt werden, wenn der Angeklagte nicht schon einmal verurteilt war. Dennoch zeigt der Fall, in welcher Stimmung das Land in dieser Phase war. Nationalismus kann hässliche Blüten treiben.

Frühwahlen

Am 17. April 2018, wenige Wochen nach Beendigung der Militäroperation, spricht sich MHP-Chef Bahçeli für Frühwahlen aus. Ein
wichtiger Grund dafür ist die im Zuge der Offensive gegen die YPG
gestiegene Zustimmung für das AKP-/MHP-Bündnis. Der Zeitpunkt
scheint für Erdoğan goldrichtig. Trotz gestiegener Inflation und
wirtschaftlicher Schwierigkeiten herrscht nach dem Feldzug gegen
die Kurdenmiliz eine nationalistische, die Regierung unterstützende
Stimmung im Land. Auch der vereitelte Putsch wird nach wie vor
fast täglich in den Medien thematisiert. Die Türkei sei in ihrer Einheit
seit 2016 von außen bedroht und angegriffen worden, so der Tenor.
Der Feldzug gegen die Kurdenmiliz sei einer der Verteidigungs-
kämpfe gewesen, die Erdoğan gegen den äußeren Feind führen
müsse.

Da die Einführung des Präsidialsystems erst mit den auf das
Referendum folgenden Wahlen vollzogen wird, kommt Erdoğan
Bahçelis Vorschlag entgegen. Der eigentliche Wahltermin liegt im
Herbst 2019, also eineinhalb Jahre später. Warum so lange warten,
wenn die Voraussetzungen für einen Wahlsieg jetzt optimal sind?
Einen Tag nach Bahçelis Vorschlag stimmt der türkische Präsident
dem Vorsitzenden der rechtsextremen MHP zu. Zeitgleich wird der
Ausnahmezustand um drei Monate verlängert. Das bedeutet, Ver-
sammlungsrecht und Pressefreiheit sind weiterhin eingeschränkt.
Der Präsident kann per Dekret regieren. Folglich kann die Opposition
erneut Wahlkampf nur mit angezogener Handbremse führen. Die
vorgezogene Wahl zur 27. Großen Nationalversammlung der Türkei
ist für den 24. Juni 2018 geplant.

Akademische Freiheit

Muharrem İnce gilt als wortgewandter und charismatischer Redner.
Seit 2002 sitzt er als Abgeordneter der CHP im türkischen Parlament.
Mehrere Jahre war er Fraktionsvorsitzender. İnce scheut den politi-

schen Wettbewerb nicht. Zweimal trat der langjährige Lehrer und Schulleiter gegen CHP-Chef Kemal Kılıçdaroğlu bei einer Wahl für den Parteivorsitz an. Zweimal erfolglos. Nun macht die als sozialdemokratisch geltende Partei İnce zum Präsidentschaftskandidaten.

Er habe vor Kurzem die medizinische Fakultät der Cerrahpaşa-Universität in Istanbul besucht, ruft Muharrem İnce bei einer Wahlkampfrede der Menschenmenge entgegen. Der Dekan habe ihn empfangen. Anschließend sei dieser genötigt worden, zu kündigen, ergänzt İnce. Was war geschehen?

Professor Dr. Alaattin Duran, Dekan der medizinischen Fakultät der besagten Istanbuler Universität, empfängt den Oppositionspolitiker im Mai auf dem Gelände der Institution. İnce will sich im Rahmen des Wahlkampfs über Bildung und Lehre informieren. Ein eher gewöhnlicher Termin, ohne politische Sprengkraft. Dennoch wurde dem Dekan nach eigener Aussage vor dem Besuch von oben signalisiert, er solle İnce nicht empfangen. Im Sinne der akademischen Freiheit lässt sich der Hochschulprofessor nicht einschüchtern. İnce wird bei der Ankunft von Hunderten Studierenden und Lehrenden bejubelt. Man habe Nation und Herzen gespalten, so der Oppositionskandidat vor der Menge. Er wolle jedoch die Nation, die Herzen und die Universitäten einen. Am folgenden Tag fordert der von der Spitze des Staates kontrollierte Hochschulrat den Rektor der Universität auf, den Dekan zum Rücktritt zu zwingen. Die Botschaft aus dem Palast: Bezieher öffentlicher Gelder, und dazu gehören Professoren staatlicher Universitäten, sollten den Umgang mit der Opposition in Wahlkampfzeiten besser meiden.

İnce macht den Vorgang bei Auftritten an den folgenden Tagen zum Thema und spricht von Faschismus. Überhaupt fordert er in den Wochen vor der Wahl immer wieder mehr Demokratie und Rechtsstaatlichkeit für die Türkei. Der Ausnahmezustand aufgrund des Putschversuchs hat das Land tief geprägt. Kritik an der Führung wegen demokratischer Defizite wurde in den vergangenen 20 Monaten merklich leiser. Tägliches Thema in der Bevölkerung ist die zunehmende Geldentwertung. Präsident Erdoğan erklärt im Gespräch mit Investmentbankern in London, er wolle sich nach seiner Wiederwahl stärker in die Politik der Zentralbank einmischen. Die Kaufkraft der Lira fällt daraufhin. Doch was Erdoğan sagt, sehen viele Türkinnen und Türken sogar positiv. Billige Verbraucherkredite sind beliebt. Mit der Inflation kennt sich das Land seit Jahrzehnten aus. Wenn sie Lira in Kombination mit günstigen Krediten in Wohnungen anlegen können, nimmt der Schrecken vor der Inflation sofort ab. Wer Schulden in Lira hat, verdient an der Inflation.

Im Übrigen schafft es die AKP, den Wählerinnen und Wählern zu vermitteln, die wirtschaftlichen Probleme seien nicht hausgemacht, sondern Folgen des Putschversuchs, des Terrors und der weltweiten Lage. Mustafa Yeneroğlu, aus Köln stammender Parlamentsabgeordneter und damals noch glühender AKP-Mann und Verteidiger der Erdoğan-Politik, sagt, man sei täglich im Gespräch mit den Wählern. Er habe nicht den Eindruck, dass diese die Schuld für die wirtschaftlichen Probleme bei der AKP suchten. Denen sei klar, welche Herausforderungen das Land in den letzten Jahren meistern musste.

Von der SPD zur AKP

Mustafa Erkan sitzt in Antalya vor einem leeren Teller. Der 33-Jährige wartet auf den Sonnenuntergang, damit er das während des Monats Ramadan für religiöse Muslime obligatorische Fasten brechen darf. Er faste zum ersten Mal einen ganzen Monat, sagt Erkan im Interview. Es sei anstrengend, auch wegen des Wetters. Im Juni kann es an der türkischen Riviera bis zu 30 Grad heiß werden. Für den in Neustadt am Rübenberge geborenen Niedersachsen nicht die angenehmste Temperatur, um den ganzen Tag auf das Essen und, vor allem, auf das Trinken zu verzichten. Doch Erkan hat Großes vor. Er will Ende Juni zum Abgeordneten der Erdoğan-Partei AKP in der Großen Nationalversammlung, also dem türkischen Parlament, gewählt werden. Islamisch-konservative Wähler mögen es, wenn man während des Ramadans faste, erklärt er. Mit ihm warten etwa 150 Türkinnen und Türken auf den Einbruch der Dunkelheit und das Abendgebet. Beim gemeinsamen Fastenbrechen will sich Erkan bekannt machen. Die Wahl ist für den Deutschtürken kein Selbstläufer. Auch wenn er die Sprache des Landes seiner Vorväter spricht, so nehmen ihn in der Türkei dennoch viele als Almanci, also als einen durch Deutschland geprägten Türken wahr, und damit ist er nicht automatisch einer von ihnen.

Erkan trägt perfekt sitzende Anzüge, schicke Schuhe, einen gepflegten Dreitagebart, eine Mario Gomez-Frisur und Brille. Jede Bankfiliale in Deutschland könnte sich glücklich schätzen, wenn sie einen so gepflegt auftretenden jungen Mann wie Erkan zu ihren Mitarbeitern zählen darf. Die Seriosität in Person. Nach der Fachoberschule und einer Ausbildung zum Industriemechaniker bei Volkswagen wechselt er zur Gewerkschaft IG Bergbau, Chemie und Energie. Sein vorläufiger Plan ist, Gewerkschaftssekretär zu werden. Dann kommen politische Ambitionen.

2013 stellt ihn die SPD als Kandidat für den niedersächsischen Landtag auf. Er schafft es über einen Listenplatz ins Parlament und kümmert sich als Abgeordneter um die Handelsbeziehungen mit der Türkei. Vier Jahre später, im Vorfeld der folgenden Niedersachsenwahl, bevorzugt die SPD im Kreis Neustadt/Wunstorf in einer Kampfabstimmung um die Kandidatur für das Landtagsmandat eine Frau ohne türkische Wurzeln. Erkan ist enttäuscht. Der Niedersachse besuchte Schützenfeste, spricht akzentfreies, geschliffenes Hochdeutsch und bemühte sich sein Leben lang um maximale Integration. Dennoch entscheiden sich die Genossen gegen ihn.

Treu verbunden bleibt Erkan dem Hannoveraner SPD-Mann und Ex-Bundeskanzler Gerhard Schröder. Ihm habe er viel zu verdanken, erzählt er und ist stolz auf ein Foto, das ihn und Schröder Arm in Arm zeigt. Dieser kennt den türkischen Präsidenten Erdoğan seit vielen Jahren. Als Kanzler setzte er sich maßgeblich für EU-Beitrittsverhandlungen mit der Türkei ein. Noch vor dem Ablauf seiner Amtszeit starteten diese offiziell. Der Altkanzler öffnet Erkan Türen. Irgendwann engagiert ihn der türkische Außenminister Çavuşoğlu als Berater.

Jetzt also Wahlkampf. Für sich, für Erdoğan und für seinen Freund und politischen Mentor Çavuşoğlu. Erkan ist einverstanden, dass ein Kollege der Deutschen Presse-Agentur und ein Fernsehteam der ARD ihn in Antalya bei einer Wahlkampftour begleiten. Am Abend nach dem Fastenbrechen trifft er die AKP-Jugend der Touristenstadt auf einen Teller Baklava. Ein deutlicher Kontrast zu Auftritten bei niedersächsischen Schützenfesten. Alkohol wird nicht ausgeschenkt. Der ist in islamisch-konservativen Kreisen verpönt. Auffällig ist aber auch, dass die meisten Frauen an dem Abend kein Kopftuch tragen. AKP light. Für Erkan sicherlich einfacher als ein Gespräch mit Tiefreligiösen.

Aus der SPD sei er ausgetreten, bevor er AKP-Mitglied wurde, sagt Erkan, der beide Staatsbürgerschaften besitzt. Seine Rede vor der Parteijugend ist geprägt vom Politikstil des türkischen Präsidenten, so der erste Eindruck. Er spricht von der Bedrohung der Türkei durch ausländische Mächte und von einem starken Volk, das sich zu wehren wisse. In Deutschland sei die als Terrororganisation eingestufte kurdische Arbeiterpartei PKK aktiv, ohne dass der Staat dagegen vorgehe. Das müsse gestoppt werden. Für Inflation und wirtschaftliche Krise seien der Westen und die Amerikaner verantwortlich. Im persönlichen Gespräch polarisiert er weniger. Zwei Herzen schlügen in seiner Brust, sagt er. Über beide Länder gebe es Gutes und Schlechtes zu sagen. Man müsse Lösungen finden. Wo die eigentliche Heimat sei, könne er nicht festlegen. Im Moment sehe er seine Zukunft in der Türkei. Vieles sei vom Ergebnis der Wahl abhängig.

Am nächsten Morgen Fahrt nach Alanya. Von dort kommt sein Mentor, der türkische Außenminister Mevlüt Çavuşoğlu. Auf dem Programm steht der gemeinsame Besuch eines Wochenmarkts in Gazipaşa. Die Nähe zu den Menschen im Windschatten eines wichtigen Politikers könnte helfen, den Bekanntheitsgrad zu steigern.

Ende Mai druckt die Bildzeitung auf der Titelseite ein Foto der Kanzlerin bei einem Besuch in Solingen. Merkel spricht mit der 75-jährigen Mevlüde Genç, die bei einem von Neonazis verübten Brandanschlag vor 25 Jahren zwei Töchter, zwei Enkelinnen und eine

Nichte verloren hat. Genç und Merkel halten sich gegenseitig an den Händen. Mustafa Erkan steht im Hintergrund. Er begleitet mit Çavuşoğlu Merkels Besuch. Das Foto auf der Titelseite hat Erkan an Bekannte über WhatsApp verschickt. Es steht für vieles. Rassismus, den türkische Gastarbeiter und deren Kinder in Deutschland erleben mussten, aber auch für die Bereitschaft zur Versöhnung. Um in das türkische Parlament gewählt zu werden, reichen Fotos mit wichtigen Menschen jedoch nicht aus. Hier muss er, im Gegensatz zur Wahl 2013 in Niedersachsen, den Wahlkreis gewinnen, denn diesmal steht er nicht auf einem der oberen Listenplätze.

Auf dem Wochenmarkt versucht Erkan, nah an Çavuşoğlu dranzubleiben. Der erfahrene Außenminister und langjährige AKP-Politiker scherzt und lacht mit Verkäufern und deren Kunden. Erkan steht daneben und lacht mit. Im Windschatten eines Ministers Profil zu gewinnen ist doch nicht so einfach wie gehofft. Spricht man Çavuşoğlu auf Erkan an, antwortet dieser, nachdem er im November 2015 Außenminister wurde, habe Erkan ihm geholfen, die Beziehungen zwischen Deutschland und der Türkei voranzubringen. Er habe eine konstruktive und positive Rolle gespielt, weil er sich als Teil beider Länder gefühlt habe. Erkan wäre sicherlich ein Gewinn für das Parlament, so der AKP-Mann.

Immer wieder war der Niedersachse an Verhandlungen heikler Themen zwischen Berlin und Ankara beteiligt. Er hat zwar kein diplomatisches Mandat, trägt jedoch bisweilen mehr zum konstruktiven Verhältnis beider Länder bei als manch einer in der deutschen beziehungsweise türkischen Vertretung in Ankara und Berlin. In der Türkei akkreditierte deutsche Journalisten können bei bürokratischen Problemen auf seine Hilfe zählen. Hakt es, ruft »Musti«, wie ihn Freunde in Niedersachsen nennen, im Außenministerium in Ankara an und vermittelt. Vieles, was er zur Verständigung der beiden Länder beigetragen hat, ist bis heute nicht öffentlich. Für seine Diskretion schätzen ihn Spitzenpolitiker in Deutschland und der Türkei.

Bis zur Wahl sind es noch drei Wochen. Täglich trifft er in der Region Menschen, um Fotos der Begegnungen auf Twitter zu posten.

Am Abend sitzt er in Alanya mit fünf deutschen Frauen zusammen, die seit vielen Jahren in der Türkei leben. Die Gesprächspartnerinnen haben keine türkischen Wurzeln, sind aber loyale Erdoğan-Unterstützerinnen. Ein Heimspiel für den Mann aus Niedersachsen. Angesprochen auf den maroden Rechtsstaat und die mehrmonatige Festnahme des deutschen Menschenrechtsaktivisten Peter Steudtner im Vorjahr antwortet eine der Frauen, wie es Erkan selbst nicht besser hätte einfallen können. Hier werde niemand zu Unrecht eingesperrt, sagt sie voller Überzeugung. Sie würde neben einem Gerichtsgebäude wohnen und glaube an die türkische Justiz. Die Frauen versprechen, für Erkan Werbung zu machen. Er bedankt sich und fährt weiter zum nächsten Termin. Jede Stimme zählt.

Oppositionskandidat untergetaucht?

Es ist spät am Abend. Der türkische Präsident reklamiert mit 52 Prozent den Wahlsieg für sich. Nationalistenchef Bahçeli erklärt Erdoğan zum Sieger und damit zum zukünftigen Regierungschef im neuen türkischen Präsidialsystem. Noch ist kein amtliches Ergebnis vom Hohen Wahlrat veröffentlicht worden. Aber wo ist Muharrem İnce?
Der Oppositionskandidat geht nicht vor die Kameras. Journalisten wundern sich in den Wahlsendungen. Ein Oppositionskandidat, der am Wahlabend untertaucht? So etwas hat es bisher nicht gegeben. Den Tag über werden in sozialen Medien Videos von Unregelmäßigkeiten in Wahlkabinen geteilt. Auf einer der Aufnahmen stempelt jemand in einer Wahlkabine dutzende Stimmzettel für Erdoğan und die MHP. Die Authentizität des Videos kann nicht verifiziert werden. Eine Bundestagsabgeordnete, die als Wahlbeobachterin im Nordosten des Landes unterwegs ist, sagt am Telefon, ihr sei mehrmals der Zugang zu Wahlbüros verweigert worden. Irritierend ist, dass sich während der Auszählung das Ergebnis der nationalistischen MHP kaum verändert. Die Rechtsextremisten haben den ganzen Abend um die 10 Prozent. Am Schluss sind es 11,1 Prozent. Bei allen anderen Parteien schwanken die Zahlen deutlich. Die AKP hat

42,6 Prozent der Stimmen für das Parlament gewonnen. AKP und MHP haben mit gemeinsamen 53,6 Prozent eine stabile Mehrheit in der Großen Nationalversammlung.

Im Internet kursiert ein Video. Männer schießen mit Gewehren in einem Stadtviertel in die Luft. Freudenschüsse oder eine Warnung, die Wahl nicht infrage zu stellen? Gäbe es einen Grund, das Wahlergebnis anzufechten, müsste İnce diesen nennen. Doch er taucht nicht auf. Der Journalist İsmail Küçükkaya schickt per Mobiltelefon eine Nachricht an den Oppositionskandidaten und fragt, was dieser zu dem Wahlergebnis sage. İnce antwortet, »adam kazandı«. Das bedeutet, Erdoğan hat gewonnen. Dass der CHP-Kandidat nicht selbst an die Öffentlichkeit geht, wirft Fragen auf. Erst am folgenden Tag gibt er vor laufenden Kameras merkwürdige Erklärungen ab.

Nach Meinung der OSZE ist die Wahl so demokratisch verlaufen, dass das Ergebnis den Willen des Souveräns widerspiegelt. Gleichzeitig stellen Beobachter fest, im Vorfeld der Wahlen habe es, wie schon beim Referendum, demokratische Defizite gegeben. Im Bericht der Organisation heißt es, der Präsident und seine Partei genossen einen deutlichen Vorteil durch die exzessive Berichterstattung von regierungsnahen staatlichen und privaten Medien. Während des Wahlkampfs herrschte immer noch der nach dem Putschversuch 2016 eingeführte Ausnahmezustand. Dieser habe grundlegende Rechte auf freie Meinungsäußerung eingeschränkt.

Mustafa Erkan hat es nicht geschafft. Die AKP hat in Antalya ein deutlich schlechteres Ergebnis als im Landesdurchschnitt. Viereinhalb Jahre später sagt er am Telefon, er sei damals nicht enttäuscht gewesen. Vielmehr habe er eine Chance gehabt, sich in der Türkei zu präsentieren. Dort habe man ihn nicht gekannt und es habe Fragezeichen zu seiner Person gegeben. Für die nächste Wahl wolle er nicht antreten, denn seine Rolle, das habe er inzwischen für sich so beschlossen, sei hinter den Kulissen. Natürlich hoffe er, dass Erdoğan Präsident bleibe, denn dann könne er weiter mit Außenminister Çavuşoğlu zusammenarbeiten.

Die Kombination aus den Nachwehen des Putschversuchs, dem Ausnahmezustand und den Argumenten für die Durchführung der Militäroperation Olivenzweig haben bei einem Großteil der türkischen Bevölkerung das Gefühl einer akuten Bedrohung von außen hervorgerufen. Erdoğan hat es geschafft, sich im Wahlkampf als Beschützer und Verteidiger eines Landes zu inszenieren, das ohne seine strenge Führung dem Risiko des Zerfalls ausgesetzt wäre. Die Beschwörung einer je nach Blickwinkel vermeintlichen oder realen Gefahr des kurdischen Separatismus und des Ziels der Gülen-Bewegung, die Macht im Staat gewaltsam an sich zu reißen, konnte wie bereits beim Referendum zahlreiche Wähler im Sinne der AKP und auch der nationalistischen MHP mobilisieren. Vieles spricht dafür, dass Erdoğan das Vorgehen langfristig und strategisch geplant hat und deshalb erneut sein politisches Ziel erreichen konnte. Die von der Opposition aufgegriffenen Themen Wirtschaftskrise und Inflation haben bei den Wählerinnen und Wählern nicht verfangen. Erdoğan hat es ähnlich wie beim Referendum geschafft, ein nationalistisches Momentum zu erzeugen, das für einen Großteil der Bevölkerung schwerer wog als der Verfall der türkischen Währung. Gleichzeitig konnte er viele Menschen im Land überzeugen, dass die wirtschaftlichen Probleme des Landes keine Folge falscher Politik sind, sondern feindliche Mächte im Ausland der Türkei schaden wollen.

Im Juli, kurz nach den Wahlen, endet nach zwei Jahren der international kritisierte Ausnahmezustand in der Türkei. Die FAZ schreibt, seit 2016 seien im Zuge des vereitelten Putschversuchs mehr als 77.000 Menschen verhaftet worden, »darunter Journalisten, Menschenrechtler und Oppositionspolitiker.« Knapp 200 Medienhäuser seien geschlossen worden. 130.000 Staatsbedienstete, davon 4.000 Richter und Staatsanwälte, haben ihren Posten verloren. Damit der Staat auch in Zukunft gegen Terrorverdächtige vorgehen kann, gibt es bereits einen Gesetzentwurf, der regelt, wie Beamte entlassen werden können. Die Einschränkung der Versammlungsfreiheit soll aufrechterhalten werden. Kritiker sagen, der Entwurf sei die Grundlage für einen fortgesetzten De-facto-Ausnahmezustand.

Kampf um Istanbul

Der türkische Präsident zeigt auf die Leinwand oberhalb der Tribüne. Zu sehen ist ein Dokument des Grauens. Seine Anhängerinnen und Anhänger starren gebannt auf die Aufnahmen eines Massakers. Die Bilder lösen Emotionen aus. Empathie, Hass, Rachegelüste, alles nachvollziehbare Reaktionen auf das Gezeigte. Mitte März 2019 tötet der aus Australien stammende Rechtsterrorist Brenton Tarrant mit einer Schusswaffe 51 Menschen in einer Moschee in der Stadt Christchurch auf Neuseeland. Die Tat streamt er live im Internet. Tarrant wird von der Polizei festgenommen. Nicht nur die islamische Welt ist aufgrund des Blutbads erschüttert.

Die Türkei fiebert landesweiten Kommunalwahlen entgegen. In mehreren Großstädten, so auch Istanbul und Ankara, ist der Wahlsieg der AKP alles andere als sicher. Erdoğan macht das Massaker bei Auftritten zum Thema. Er fordert, Neuseeland solle die Todesstrafe einführen und bei dem festgenommenen Rechtsterroristen anwenden. »Du hast hinterrücks unsere Geschwister getötet. Du wirst in jedem Fall dafür bezahlen, sollte Neuseeland es nicht hinbekommen«, ruft Erdoğan der Menge entgegen. Seit Jahren thematisiert die türkische Regierung Islamophobie als Gefahr für Muslime weltweit. Religiöse Anhängerinnen und Anhänger der islamisch-konservativen Erdoğan-Partei AKP sind empfänglich für eine emotional geführte Debatte über den Hass auf ihresgleichen. Lisel Hintz, Professorin der Johns-Hopkins-Universität, sagt bei *Voice of America*, das Video spiele Erdoğan in die Hände. Die von dem Attentäter selbst gefilmten Bilder des Christchurch-Massakers zu zeigen, habe das Ziel, Angst vor Islamophobie zu schüren und Erdoğans Image als Beschützer der Muslime zu stärken, so Hintz.

Nachdem Erdoğan im Juni 2018 die Präsidentschaftswahl für sich entscheiden konnte, hat sich an der wirtschaftlichen Lage im Land wenig geändert. Der Präsident verweist auf den schnellen Bau und die Eröffnung des Prestigeprojekts Flughafen Istanbul. Gleichzeitig mindert die Inflation die Kaufkraft der Menschen. Mit trockener

Kommunalpolitik sind die Herzen des türkischen Volkes, wie andernorts auch, nur schwer zu gewinnen. Also Christchurch! Die Regierung in Neuseeland fordert von Erdoğan, die Vorführungen des Videos zu unterlassen und rhetorisch abzurüsten. Der türkische Präsident wirft hingegen der Europäischen Union Feindlichkeit gegenüber dem Islam vor und behauptet, westliche Medien würden angesichts des Terroranschlags auf Neuseeland schweigen. In seinen Reden schlägt er den Bogen vom Terror in Christchurch zum Terror der PKK, den die Opposition angeblich nicht ernst genug nehme.

Unterdessen tourt ein bisher wenig bekannter Ekrem İmamoğlu, Bürgermeister des Istanbuler Stadtteils Beylikdüzü, als Kandidat für das Amt des Oberbürgermeisters durch die Metropole am Bosporus. Sein Wettbewerber ist der ehemalige Ministerpräsident und Erdoğan treu ergebene Binali Yıldırım. Für Ministerpräsidenten gibt es nach Einführung des Präsidialsystems keinen Bedarf mehr. Yıldırım bekommt 2018 den Posten des Parlamentspräsidenten. Erdoğan ist offenbar der Auffassung, sein langjähriger Weggefährte nehme die seit 2004 von der AKP regierte Metropole im Sturm, weil Yıldırım in der Türkei einen hohen Bekanntheitsgrad genießt. Doch letztendlich ist auch diese Abstimmung, ohne dass Erdoğan selbst antritt, ein Votum für oder gegen den AKP-Chef. Daran lässt er allein aufgrund seiner vielen Auftritte keinen Zweifel.

Die Umfragen sprechen in Istanbul für ein Kopf-an-Kopf-Rennen. Yıldırım gilt nicht als begnadeter Wahlkämpfer. İmamoğlu hingegen ist charismatisch, im Vergleich zu seinem Konkurrenten jung, und er erzählt Istanbuls Bürgern die Erfolgsgeschichte seines Stadtteils, der sich unter seiner Führung positiv entwickelt habe. Der knapp 50-Jährige ist Mitglied der als sozialdemokratisch geltenden CHP. In wenigen Wochen erobert er die Herzen der Partei und schafft es mit Unterstützung der Istanbuler CHP-Vorsitzenden Canan Kaftancıoğlu, Funktionäre der prokurdischen Partei HDP für seine Sache zu gewinnen. Trotzdem sind viele Beobachter skeptisch, denn ein nahezu alle Wohnzimmer des Landes erreichendes Medienkonglomerat unterstützt die Erdoğan-Partei.

Knapp 85 Prozent der wahlberechtigten Istanbuler haben ihre Stimme abgegeben. Kurz nach Schließung der Wahllokale liegt die AKP bei der Auszählung vorn. Wieder einmal gibt die staatliche Nachrichtenagentur Anadolu zuerst Zahlen aus den Hochburgen der Regierungspartei weiter. Im Laufe des Abends nimmt der Vorsprung ab. Noch vor Ende der Auszählung – die AKP liegt mit etwa 4.000 Stimmen in Führung – erklärt sich Binali Yıldırım zum Wahlsieger. Anadolu gibt offenbar keine neuen Zahlen weiter. Wie beim Referendum 2017 steht die Auszählung still. İmamoğlu fragt vor der Presse, warum diese gestoppt wurde und sagt, nach seinen Erkenntnissen liege er vorne.

Ein AKP-Mann gibt im Hintergrundgespräch am Telefon zu, die Parteiführung versuche das Ergebnis zu drehen, aber eigentlich sei die Wahl verloren. Gegen 1.00 Uhr nachts bewegt sich in den Wahlprogrammen der Fernsehsender nichts mehr. Am nächsten Morgen wacht Istanbul nach einem Albtraum für die AKP auf. Der Vorsitzende der hohen Wahlkommission erklärt, die CHP habe gewonnen. Der Christchurch-Wahlkampf hat nicht verfangen. Nach der Auszählung liegt İmamoğlu mit etwa 24.000 Stimmen Vorsprung bei 48,8 Prozent, während Yıldırım nur auf 48,6 Prozent kommt. Die AKP schäumt und will die Entscheidung des Souveräns nicht akzeptieren. In 39 Stadtteilen werden Stimmzettel erneut ausgezählt. Zwei Wochen lang lässt die Hohe Wahlkommission Urnen auf den Kopf stellen. Dennoch bleibt İmamoğlu Sieger und erhält Mitte April seine Urkunde als Oberbürgermeister.

Noch immer kann Erdoğan das Ergebnis nicht fassen. Immerhin war er selbst von 1994 bis 1998 Oberbürgermeister der Stadt. Auf den Erfolg dieser Jahre baut er seine Ära als Regierungschef. Bis heute erinnern sich die Bürger an die von ihm organisierte und vielgelobte Einführung eines funktionierenden Müllabfuhrsystems. Er und seine Partei klagen bei der Hohen Wahlkommission wegen Falschregistrierungen von Wählern, der Beteiligung von Terrorverdächtigen an der Auszählung und dem Einsatz von Wahlhelfern, die nicht, wie vorgeschrieben, Staatsbedienstete gewesen sein sollen. Das von der AKP dominierte Gremium nimmt wenig überraschend die Klage an, entscheidet mit einer Mehrheit von 7:4 die Annullierung der Wahl und setzt den nächsten Wahltermin für den 23. Juni an. Ein für eine Demokratie ungeheuerlicher Vorgang. Der Wahlsieger spricht von Verrat. Der stellvertretende CHP-Vorsitzende Adıgüzel sagt, es sei erlaubt, an Wahlen gegen die AKP teilzunehmen, aber es sei verboten, diese zu gewinnen. Das sei reine Diktatur.

Die Mutige

Die Kulisse, ein Kosmetiksalon in der westtürkischen Stadt Tekirdağ. İmamoğlu sitzt neben einer jungen Frau und deren Eltern. Zahlreiche Kameras sind auf die vier gerichtet. Er spricht betont ruhig und sachlich. Man dürfe die Menschlichkeit nicht vergessen, eine Lynchkultur dürfe es nicht geben. Das Thema sei nicht er selbst, sondern es gehe um das Gewissen der Gesamtgesellschaft. Der Kandidat kann sich als Alternative zu einem unentwegt polarisierenden und agitierenden Erdoğan präsentieren. Der Anlass ist ernst. Die Gesellschaft ist zutiefst gespalten. Die ständige Verunglimpfung der Opposition als Terrorunterstützer schürt Hass und auch Gewalt.

»Er kam von hinten, schubste mich und stach mit einem Messer zu. Blutend bin ich mit einem Taxi ins Krankenhaus gefahren.« Was Göknur Damat am 12. Mai 2019 widerfährt, klingt nach einem bösen Traum. Die 34-jährige Kosmetikerin erzählt, sie habe für İmamoğlu Lira im Wert von drei Euro gespendet, ein Foto des Überweisungsbelegs im Kurznachrichtendienst Twitter gepostet und dazu İmamoğlus Wahlkampfslogan »her şey çok güzel olacak«, also, »Alles wird wunderbar« geschrieben. Danach sei sie drei Tage lang auf Twitter bedroht worden. AKP-Anhänger haben sie spöttisch als »die Mutige« bezeichnet und geschrieben, man solle das mutige Herz beseitigen. Schließlich kommt es zum Überfall.

Am Tag nach dem Angriff besucht İmamoğlu die Frau. Die Stichverletzung konnte versorgt werden. Damat hat Schmerzen beim Sitzen. Der Fall macht Schlagzeilen. Die 34-Jährige ist keine eingefleischte Oppositionelle. Weil sie den Brustkrebs überwunden hat und ihren Kampf gegen die Krankheit im Fernsehen öffentlich machte, wurde sie in Erdoğans Palast in Ankara eingeladen. Es gibt ein Foto von ihr und dem Präsidenten. Über ihre Vermutung, welches politische Lager hinter der Messerattacke auf sie stecke, will sie lieber nicht sprechen. Sie wisse nicht, was ihr dann zustoßen könnte. İmamoğlu zeigt Verständnis. Von der Erdoğan-Partei habe sich nach der Tat niemand bei Damat gemeldet, sagt sie im Interview.

Der Sohn des Imams

Der CHP-Kandidat umarmt lächelnd eine ältere Dame mit Kopftuch. Sie sei eine seiner Tanten, erklärt er. Es ist der letzte Abend des Ramadans. Noch 20 Tage bis zur Wiederholung der Wahl des Oberbürgermeisters der Stadt Istanbul. İmamoğlu, das bedeutet übersetzt Sohn des Imams, hat uns zum Fastenbrechen eingeladen. Seine Frau und 100 weitere Verwandte sind gekommen. Keine homogene Gruppe. In der Großfamilie gibt es Repräsentanten aller sozialen Schichten. Fotos werden geknipst. Auf vielen Bilder tragen junge und ältere Frauen das in religiösen türkischen Kreisen übliche Kopftuch. İmamoğlus Familie väterlicherseits kommt aus der konservativen Schwarzmeerstadt Rize, aus der auch die Vorfahren des türkischen Präsidenten kommen.

Bei Sonnenuntergang setzen sich alle und beten gemeinsam. İmamoğlus Ehefrau trägt kein Kopftuch. Wenn ein Mitglied der als säkular geltenden Oppositionspartei CHP Medienvertreter zu einer Veranstaltung mit religiösem Hintergrund einlädt, will er Botschaften vermitteln. Der 48-Jährige sagt, es gehe beim Fasten während des Ramadans darum, die Seele ruhen zu lassen und sich von schlechten Angewohnheiten zu reinigen, also um eine tiefgreifende Philosophie. Die unausgesprochene Botschaft lautet, er könne es im Gegensatz zu Erdoğan schaffen, die in ein religiöses und ein säkulares Lager gespaltene türkische Gesellschaft zu einen. Die islamisch-konservative Werte für sich in Anspruch nehmende AKP bemüht sich, diese Erzählung herunterzuspielen. Dass er seine Aussagen gelegentlich mit religiösen Motiven ausschmücke, ändere nichts an der Tatsache, für welche Partei und welches Bündnis er antrete, kommentiert İmamoğlus Wettbewerber Yıldırım dessen Religiosität.

Die zweite Botschaft des Fastenbrechens lautet, İmamoğlu ist Familienmensch. Am nächsten Tag fährt er mit Frau, Kindern und Eltern in sein Heimatdorf, um dort das Zuckerfest zu feiern. Sein Presseteam teilt Bilder der İmamoğlus in der Region Rize über soziale Medien und über WhatsApp mit 200 Journalisten.

Das Gros der CHP-Politiker ist demonstrativ säkular. Die Partei sieht sich als Hüterin des Vermächtnisses des Türkeigründers Kemal Atatürk. Dieser verbannte das Kopftuch aus staatlichen Institutionen wie Universitäten und Gerichten. Jahrzehntelang wurden sich durch ihr Äußeres zum Islam bekennende Türken unterdrückt und marginalisiert. Der islamisch-konservative Erdoğan war deshalb eine Art Erlöser, der das Kopftuch salonfähig machte. In den letzten Jahren schürt er die Angst überzeugter Muslime, mit seiner Abwahl könnte das Land in religionsfeindliche Zeiten zurückfallen.

Mit einem İmamoğlu lässt sich diese Sorge nur schwer transportieren. Er kommt aus der gleichen Kultur wie Erdoğan, kennt die Sitten und Gebräuche des islamisch-konservativen Teils der Gesellschaft. Bei einem Besuch auf dem ägyptischen Basar, der im Istanbuler Stadtviertel Eminönü am Goldenen Horn liegt, wollen mehrere Frauen mit Kopftuch ein Selfie-Foto mit dem CHP-Kandidaten. Er küsst zum Dank deren Hände. Eine demütige Geste. Das kommt in konservativen Kreisen gut an. Nach dem Christchurch-Attentat liest İmamoğlu für die Opfer Koranverse in der Eyüp Sultan-Moschee. Dutzende Gläubige filmen die Szene mit Smartphones. Die Aufnahmen verbreiten sich in Istanbul in Windeseile. Bei Wahlkampfreden hütet er sich vor allzu scharfen Attacken gegen den politischen Wettbewerber. Wenn Erdoğan die gesamte Opposition als Unterstützer der PKK stigmatisiert, lässt sich İmamoğlu nicht provozieren, sondern reagiert stattdessen mit positiven Botschaften. So steigt die Chance, dass zu den Stimmen des Mitte-Links-Lagers und den Stimmen der Kurden auch konservative Wähler ihr Votum für İmamoğlu abgeben.

Der Journalist Akif Beki war mehrere Jahre Erdoğans Medienberater. Bisher habe es der AKP-Chef immer wieder geschafft, Mitte-Links-Konkurrenten als Gegner des konservativen, religiösen Lagers zu stigmatisieren, so Beki. Das sei bei İmamoğlu jedoch nicht mehr möglich. Seine Sprache, seine Aussagen, seine Familie, das soziale Umfeld, aus dem er komme, seien für Konservative keine Bedrohung, glaubt er. İmamoğlu spricht die Sprache der Erdoğan-Klientel. Bei einem TV-Interview kritisiert er die Annullierung der Wahl mit der Aussage »Ramazan ayında kul hakkı yediler«. Minutenlang steht der von religiöser Symbolik geprägte Satz als Schriftzug am unteren Bildrand der Nachrichtenkanäle. Frei übersetzt bezichtigt İmamoğlu die Richter der Hohen Wahlkommission, sie hätten während des heiligen Fastenmonats Ramadan ein Menschenrecht verspeist. Mehr Frevel ist kaum möglich, und jeder türkische Bürger zwischen Istanbul und der Stadt Van an der iranischen Grenze hat die Botschaft des Oppositionspolitikers sofort verstanden.

Fuat Celik reibt sich die Hände. Dem Türkischlehrer und Doktoranden der Kommunikationswissenschaften bereitet es sichtlich Freude, wenn er seinem Schüler und Freund, dem deutschen Journalisten, ein religiös und kulturell bedingtes Phänomen der türkischen Politik erklären kann, das aus seiner Sicht größte Bedeutung für die Wiederholung der Kommunalwahl in Istanbul hat. İmamoğlu habe nun den Status eines Mağdurs, betont Fuat. Der Begriff stehe für jemanden, dem großes Unrecht geschehen ist, für einen Benachteiligten also. Türken würden dazu neigen, sich mit dem Mağdur zu solidarisieren. Erdoğan selbst sei einst »Mağdur« gewesen, als er aufgrund eines Gedichtes im Jahr 1999 ins Gefängnis musste und mit einem Politikverbot belegt wurde. Mit der Haft sei der Zuspruch für den heutigen Präsidenten gewachsen. Die AKP fürchte İmamoğlus »Mağdur«-Image, so Fuat. Wohl auch deshalb behauptet İmamoğlus Konkurrent Yıldırım, er selbst sei der eigentliche »Mağdur«. Denn aufgrund des Betrugs beim Auszählen habe man ihm die Stimmen und das Amt gestohlen.

In dieser Phase liegt İmamoğlu bei Umfragen 3 Prozentpunkte vor Yıldırım. Ein knapper Vorsprung, der sich bis zur Wahl schnell ins Umgekehrte drehen kann. Auf Istanbuls Straßen wächst jedoch die Zahl derer, die ankündigen, İmamoğlu wählen zu wollen, obwohl sie bisher AKP gewählt haben. Um in der Türkei das Amt des Oberbürgermeisters der größten Stadt des Landes oder gar die Präsidentschaft gewinnen zu können, sei der Status des Mağdurs von großem Vorteil, so Fuat.

Doch es gebe weitere Faktoren, die eine Rolle spielten. Der Kandidat sollte auch Nationalist und Sunnit sein. Sunniten sind Anhänger der orthodoxen Hauptrichtung des Islam. Kurden, Armenier oder Aleviten – das Alevitentum ist die zweitgrößte Religionsgruppe in der Türkei – hätten kaum Chancen, eines der beiden Ämter zu gewinnen, denn die Mehrheit des Landes und der Stadt Istanbul sei nationalistisch und sunnitisch. Religiöse Sunniten seien hochsensibel, wenn es um die Frage ginge, ob ein Alevit ein wichtiges Amt einnehmen könnte, so Fuats Analyse. Er ist überzeugt, İmamoğlu werde bei der Wahlwiederholung das Rennen deutlich gewinnen, und er prognostiziert, der CHP-Mann habe beste Aussichten, eines Tages noch höhere Ämter zu besetzen. Doch solange Erdoğan lebe, werde dieser alles unternehmen, um İmamoğlus weiteren Aufstieg zu verhindern. Denn Erdoğan habe İmamoğlus Potenzial erkannt.

Berkay Gezgin, ein Teenager mit Zahnspange und schwarzem Haar, rennt neben İmamoğlus Wahlkampfbus. Er rennt und rennt und filmt mit seinem Smartphone den Kandidaten, der ganz vorne im Bus steht und die Menschen rechts und links an der Straße grüßt und ihnen Küsse zuwirft. Berkay ist nicht allein. Eine Gruppe Jugendlicher rennt mit ihm. Sie jubeln İmamoğlu zu, bis dieser das Fenster neben dem Busfahrer öffnen lässt. Das ist Berkays Moment. Er spricht İmamoğlu mit dem Vornamen Ekrem und der Bezeichnung »Abi« an, was so viel bedeutet wie großer Bruder. »Ekrem Abi, her şey çok güzel olacak«, sind Berkays Worte. Auf Deutsch: Großer Bruder Ekrem, alles wird wunderbar. Berkay reckt die Faust in den Himmel. Auch İmamoğlu ballt die Faust und ruft Berkay aus dem Bus entgegen: »Genauso ist es.« Das Fenster schließt sich, und İmamoğlu blickt wieder durch die Frontscheibe auf die winkenden und jubelnden Passanten. Kurz überlegt er, wiederholt dann Berkays Worte und ergänzt: »Mit diesem Glauben schaffen wir es«. Er lässt das Seitenfenster nochmals öffnen. »Gut gemacht, alles wird wunderbar, du bist mein Löwe«, ruft er Berkay entgegen. Es ist die Geburtsstunde eines Wahlslogans, den inzwischen jede Türkin und jeder Türke mit Ekrem İmamoğlu verbindet.

Berkay Gezgin rennt etwa 10 Kilometer vom Stadtteil Incirli bis zum Istanbuler Rathaus. Dort steht sein politisches Idol auf dem Kampagnenbus und hält eine flammende Rede. Tausende hören ihm zu. Türkische Fahnen wehen über dem Menschenmeer. İmamoğlu erzählt von Berkay Gezgin und dessen spontanem Satz, alles werde wunderbar. Er ruft die drei Worte seinen Anhängern entgegen, entdeckt Berkay in der Menschenmenge und lädt ihn ein, zu ihm auf den Bus zu steigen. Es ist ein Moment, der unter die Haut geht. Kein Drehbuchautor hätte sich diese Geschichte besser ausdenken können. Von diesem Tag an ist der Slogan »Alles wird wunderbar« zentrales Element des Wahlkampfs.

Welche Macht die drei Worte entfalten können, muss kurze Zeit später İmamoğlus Wettbewerber erleben. Eine Oper zu besuchen kann in der Kulturmetropole Istanbul nicht schaden, dürfte sich Binali Yıldırıms Wahlkampfteam gedacht haben. Die englischsprachige, regierungsnahe Zeitung *Daily Sabah* schreibt, der 19. Mai 1919 werde als Meilenstein der türkischen Republik gefeiert. Staatsgründer Atatürk und seine Kameraden seien an diesem Tag in die türkische Stadt Samsun gekommen, um den Unabhängigkeitskrieg einzuläuten. Staatsoper und Staatsballett der Stadt Samsun werden aus diesem Anlass im Istanbuler Haliç-Kongresszentrum die Weltpremiere der Oper »Wiedergeburt« aufführen.

AKP-Kandidat Yıldırım kommt mit Kulturminister Mehmet Ersoy zur Aufführung. Der Saal ist brechend voll. Die Erdoğan-Partei hat es mit der Huldigung des Staatsgründers nie zu weit getrieben, doch schöne Bilder bei so einem Termin sollten nicht von Nachteil sein. Als sich die Ehrengäste gesetzt haben und das Licht ausgeschaltet wird, sind aus dem Publikum Rufe zu hören. »Her şey çok güzel olacak« tönt es durch den Saal. Immer mehr stimmen in den Chor mit ein, bis gefühlt das ganze Publikum Yıldırım besagten Satz entgegenruft. Welche Blamage. İmamoğlus Slogan schallt wie eine Audio-Laola-Welle durch das Kongresszentrum. Der AKP-Kandidat hat sich in ein Wespennest gesetzt, so scheint es. Der spontane verbale Widerstand ist ein Vorgeschmack auf den Urnengang in fünf Wochen. Die Videoaufnahmen gehen in den sozialen Medien sofort viral. Am nächsten Tag fragt eine Journalistin Yıldırım, wie er das Erlebte bewertet. Er stellt die Gegenfrage, ob dazu wirklich ein Kommentar nötig sei, und ergänzt, er habe alle gern, auch die, die ihn nicht so gerne mögen.

Am folgenden Wochenende spielen die Istanbuler Fußballmannschaften Galatasaray und Basaksehir gegeneinander. Basaksehir ist ein Stadtteil mit traditionell hohen Ergebnissen für die AKP. Die Galatasaray-Fans singen vor dem Anpfiff »her şey çok güzel olacak«. Der Slogan des Schülers Berkay Gezgin ist Teil der politischen Historie Istanbuls geworden.

Volksnähe

Zur Begrüßung einen Teller mit dem Portrait des türkischen Präsidenten. Sicherlich haben es die AKP-Unterstützer im Dorf Çatalca, etwa 30 Kilometer vom europäischen Zentrum der Stadt Istanbul entfernt, gut gemeint. Die Schönheit liegt im Auge des Betrachters. Aber muss es ein Teller mit Erdoğans Gesicht sein? Ein bisschen wirkt es so, als wolle man Yıldırım daran erinnern, wer der eigentliche Stern am türkischen Politikhimmel ist. Der erfahrene Politiker gilt nicht als komplizierter Mensch und ist Profi genug, sich nichts anmerken zu lassen. Er nimmt den Teller entgegen, wirft einen kurzen Blick auf das Portrait, bewertet es als gelungen und reicht diesen weiter an einen Assistenten.

Schauplatz ist ein Kebap-Restaurant am Ortsrand von Çatalca. Die Wahlkampfdelegation isst zu Mittag. Währenddessen bereitet der Kameramann Licht und Stativ vor. Es gibt Fleisch, etwas Salat und Ayran, den berühmten Trinkjoghurt. Man setzt sich für das Interview an einen Tisch. Der frühere Ministerpräsident wiederholt seinen Vorwurf, man habe ihm bei der annullierten Wahl Stimmen gestohlen. Jetzt wolle er den Blick jedoch nach vorne richten. Erdoğans polarisierende Kampagne führt der AKP-Kandidat nicht weiter. Man ziehe nicht in den Krieg, sagt er. Es gehe um die Wahl des Bürgermeisters der Metropole Istanbul. Also müsse das zentrale Thema die Zukunft der Stadt sein. Kein Wort von Terror und Bedrohung, keine Schimpftiraden auf den politischen Gegner.

Nach dem Interview Tuchfühlung mit der Dorfgemeinschaft. Die Bewohner freuen sich, dass Yıldırım gekommen ist. Es ist diese typisch türkische Freude darüber, dass eine wichtige Persönlichkeit, ein Mann des Staates, dem Dorf die Ehre erweist. Viele wollen ihm die Hände schütteln. Kinder laufen dem Wahlkampfbus hinterher. Hier draußen in Çatalca scheint die Welt für den AKP-Mann in Ordnung zu sein. Nach dem annullierten Votum hat sich Yıldırıms Wahlkampfteam offenbar Gedanken darüber gemacht, wie bei den Istanbulern mehr Begeisterung für seine Person ausgelöst werden kann. Eines der Rezepte sei Volksnähe gewesen, sagt ein AKP-Abgeordneter am Rande des Çatalca-Besuchs. Ein Dorfbewohner bestätigt im Interview, sich unter das Volk zu mischen, helfe bestimmt. Bei Wahlkampfveranstaltungen komme man nicht an ihn heran. Hier könne man persönlich mit ihm sprechen und ihm seine Sorgen erzählen.

Wieder geben mehr als 84 Prozent der Stimmberechtigten ihr Votum ab. Die AKP postiert an vielen Wahllokalen der Stadt Funktionäre, Amtsträger und Mitglieder, um ihre Klientel zu mobilisieren. Die Ferien haben bereits begonnen. Dennoch kommen Zehntausende an den Bosporus zurück, um ihre Stimme abzugeben. Gegen 16.00 Uhr, zwei Stunden vor Schließung der Wahllokale, signalisiert das Smartphone den Eingang einer Kurznachricht. Ein AKP-Amtsträger schreibt, die Opposition liege klar vorne, auch in konservativ geprägten Stadtteilen. Am Abend bewahrheitet sich: Eine deutliche Mehrheit der Istanbuler hat dem Kandidaten Binali Yıldırım und damit vor allem Erdoğan selbst die rote Karte gezeigt. İmamoğlu gewinnt mit mehr als 800.000 Stimmen Vorsprung. Der von Fuat prophezeite Mağdur-Effekt hat seine volle Wirkung entfaltet. Viele

Wähler wollten Erdoğan mit ihrem Votum deutlich machen, dass es Grenzen gibt. Einige sind gar nicht erst zur Wahl gegangen. Erdoğan bleibt nichts anderes übrig, als İmamoğlu zu gratulieren. Die Demokratie sei zurück, schreiben internationale Medien. Andere bewerten die Wahl als politisches Erdbeben in der Türkei. İmamoğlu ist zum Hoffnungsträger der Opposition geworden, weil er gezeigt hat, wie man den vermeintlich allmächtigen Erdoğan politisch schlagen kann. Dieser hat im September 2017 selbst gesagt, wer in Istanbul gewinnt, gewinnt in der ganzen Türkei. Ein denkwürdiger Satz. Gewonnen ist für die Opposition jedoch nur eine Schlacht, besiegt ist Erdoğan noch lange nicht.

KAPITEL 4: Pressefreiheit

Erdoğan ist im religiös-konservativ geprägten Istanbuler Stadtteil Kasımpaşa aufgewachsen. Diskussionen gehören dort nicht zur Kultur, autoritäre Weltanschauungen werden nicht hinterfragt. Er kommt aus einem Umfeld, in dem die Frauen häusliche Angelegenheiten betreffend den Ton angeben, der Familienvater jedoch im Zweifelsfall das letzte Wort hat. Ankaras Austritt aus dem internationalen Abkommen »Istanbul-Konvention«, welches nicht nur im Allgemeinen Gewalt gegen Frauen, sondern ganz gezielt auch häusliche Gewalt eindämmen soll, ist ein Zeugnis dafür.

In der Türkei ist eine patriarchale Kultur weit verbreitet. Widerrede gilt als Respektlosigkeit. Wer Kritik übt, stellt die Autorität des Gesprächspartners infrage. Meinungsfreiheit ist nur eine Freiheit, solange sie die Meinung der Obrigkeit bestätigt. Als Erdoğan noch in der Opposition ist, unterhält er sich gerne mit Journalisten, auch mit internationalen. 1999, kurz bevor er mehrere Monate in Haft muss, lädt er zu einer Pressekonferenz ein, »um die« – damals wenigen – »ausländischen Journalisten in der Türkei auf die Absurdität seiner Verurteilung wegen einer unbotmäßigen Rede aufmerksam zu machen«, wie der Journalist Thomas Seibert bei seinem Rauswurf im Jahr 2017 in einem Bericht für den *Tagesspiegel* festhält. Es gibt ein Foto von Seibert, wie er damals neben Erdoğan sitzt. Er habe sich mit ihm über Fußball unterhalten, schreibt Seibert.

Doch im Laufe der Jahre, nach der Übernahme der Macht, werden ihm kritische Journalisten zunehmend ein Gräuel. Da viele türkische Medienhäuser zu Unternehmen gehören, die auch im Baugewerbe mitmischen und sich regelmäßig an öffentlichen Ausschreibungen beteiligen, ist es ein Leichtes, diese auf Linie zu bringen. Wer einen Zuschlag für einen lukrativen, aus der Staatskasse finanzierten Auftrag will, stellt die Politik des Präsidenten besser nicht infrage. Willfährige Chefredakteure achten darauf, dass kein Erdoğan-kritisches Wort geschrieben oder gesprochen wird. Der

Staatssender TRT und die staatliche Nachrichtenagentur Anadolu berichten grundsätzlich nur, was im Sinne des Machthabers ist. Zu Pressekonferenzen des Präsidialamtes oder der Ministerien kommen seit einigen Jahren lediglich Vertreter der sogenannten *Havuz medyası,* wie der Volksmund sagt. *Havuz* steht für Schwimmbad beziehungsweise »Swimmingpool«. In diesem Pool dürfen die der Informationsdirektion genehmen Palastschreiber baden. Journalisten, die kritische Fragen stellen könnten, sind außen vor. Sie bekommen schon seit Jahren keine Akkreditierung mehr, und damit ist ihnen der Zugang zu Pressekonferenzen staatlicher Einrichtungen verwehrt.

Nachdem Erdoğans Umfeld die meisten inländischen Berichterstatter auf Linie gebracht hat, um das von ihm in der türkischen Öffentlichkeit verbreitete Bild stets seinen Vorstellungen entsprechend gestalten zu können, sollen endlich auch ausländische Journalisten an die Zügel genommen werden. Insbesondere die deutschen Korrespondenten sind Erdoğan-Beratern offenbar schon lange ein Dorn im Auge. In Deutschland leben rund 3 Millionen Menschen mit türkischen Wurzeln. Etwa die Hälfte von ihnen kann sich an türkischen Präsidentschafts- und Parlamentswahlen beteiligen, und eine kritische Presse könnte deren Wahlverhalten beeinflussen. Folglich dürfte auch beim Vorgehen gegen deutsche Berichterstatter der zentrale Antrieb der Machterhalt sein.

Enttäuscht blickt Thomas Seibert von unserem Wohnzimmer aus auf den Bosporus. Es ist Anfang März 2019. Durch das Fenster kann er die zwischen den Kontinenten hin- und herfahrenden Fähren und Silhouetten der Häuser auf der gegenüberliegenden Seite der Meerenge sehen. Seit 20 Jahren lebt er mit der Familie in Istanbul. Die Stadt ist seine Heimat geworden. Leise sagt der kenntnisreiche und langjährige Nahostkorrespondent, von ihrer Wohnung aus hätten sie ein ähnliches Panorama. Die Frage sei nur, wie lange noch.

Thomas und seine Frau Susanne Güsten schreiben als Journalisten für die Zeitung *Tagesspiegel.* Er konzentriert sich auf die arabische

Welt. Sie schreibt über die Türkei. Der Journalist ist niedergeschlagen. Seine berufliche Existenz steht auf dem Spiel.

Vor zwei Tagen entdeckt er eine Mail des türkischen Staates in seinem Posteingang. Er sei völlig überrascht gewesen. Die Informationsdirektion hatte seinen Antrag auf eine Pressekarte abgelehnt. Warum?, fragt er sich. Wie geht es weiter, wenn er nicht mehr hier leben darf? Ohne die Karte kann er als Journalist in der Türkei nicht arbeiten und bekommt keine Aufenthaltsgenehmigung. Istanbul ist sein Lebensmittelpunkt. Die Tochter wurde in der Stadt geboren und ist hier aufgewachsen. Der Freundeskreis lebt hier. Er spielt in einer Rockband E-Gitarre und tritt am Wochenende nachts in Kneipen rund um den Taksim-Platz auf. Alles weg? Will der türkische Staat sein Leben zerstören, oder hat ein Beamter in der Informationsdirektion nur einen dummen Fehler gemacht und es gibt noch eine Chance, die Entscheidung zu korrigieren?

Thomas und Susanne sitzen auf unserem Sofa, denn es gibt ein Thema, das am Telefon nicht besprochen werden kann. Man kann sich nie sicher sein, wer dort mithört. Ein einflussreicher Amtsträger, dessen Name anonym bleiben soll, hat mir am Vorabend mehrere Kurznachrichten über den Messengerdienst WhatsApp geschickt. WhatsApp deshalb, weil dort die Nachrichten verschlüsselt sind. Der Inhalt: Fahrettin Altun, Informationsdirektor der türkischen Regierung, wolle zwei aus Istanbul berichtenden deutschen Journalisten die Pressekarte verweigern. Im Anschluss sollen deren Arbeitgeber zu einer unlauteren Kooperation gedrängt werden. Nummer zwei sei Jörg Brase vom ZDF, so der Amtsträger.

Der Informationsdirektor nennt keinen Grund dafür, warum er die Pressekarte verweigert. Es gibt auch keinen. *Tagesspiegel*- und ZDF-Korrespondent haben in der Türkei lediglich ihre professionelle, journalistische Arbeit gemacht. Folglich kann es sich nur um eine Machtdemonstration beziehungsweise den Versuch handeln, ausländische Journalisten genauso, wie schon seit Jahren türkische, unter Druck zu setzen. Dafür spricht ein besonders heimtückisches Ansinnen des Informationsdirektors. Dieser wolle nicht nur die Kollegen aus der Türkei werfen, sondern deren Medienhäuser nötigen, beide durch andere Korrespondenten zu ersetzen, schreibt der Amtsträger. Dafür habe Altun »seinen Mann in Berlin« beauftragt, mit den Chef-redaktionen von *Tagesspiegel* und ZDF zu sprechen, so der Wortlaut in einer der Nachrichten. Der Amtsträger ärgert sich offensichtlich über das Vorgehen des Informationsdirektors. Es sei zum Verzweifeln, dass dieser »so blöd« sei, anzunehmen, die Schritte hätten keine ernsthaften Folgen. Der Vorgang schlägt Thomas merklich aufs Ge-müt. Es kommen unangenehme Tage und Entscheidungen auf ihn zu.

Jörg Brase bekommt am folgenden Tag die Informationen, die der Amtsträger geteilt hat, und ist aufgrund des Vorgangs ähnlich auf-gewühlt wie Thomas. Der ZDF-Mann glaubt, bereits am vorausge-gangenen Donnerstag sei klar gewesen, Ankara führe etwas im Schil-de. An jenem Tag trafen sich um 11.00 Uhr mehrere in der Türkei akkreditierte deutsche Korrespondenten vor dem Eingang des »Dol-mabahçe-Büros des Präsidialamtes«. Der Eingang befindet sich am nördlichen Ende des am Bosporus-Ufer gelegenen Dolmabahçe-Pa-lastes. Der prunkvolle Bau war einst Residenz der Sultane des Os-manischen Reichs. Das türkische Finanzministerium hat zur Presse-konferenz geladen. Jyrki Katainen, Vizepräsident der EU-Kommission, ist zu Gast bei Finanzminister und Erdoğan-Schwiegersohn Berat Albayrak. In normalen Zeiten wäre es eine Selbstverständlichkeit gewesen, Journalisten aus EU-Ländern ohne Einschränkungen teil-nehmen zu lassen. Will der türkische Staat einem Teil der Gruppe den Zugang zur Pressekonferenz des EU-Vizepräsidenten verweigern? Immerhin ist Deutschland Mitglied der EU. Ist es ein rein bürokra-tischer Grund, dass manche die Karte schon hatten, andere jedoch nicht, oder steckt Politik dahinter?

Geschlossen geht die Gruppe zum Eingang. Vorab wird verein-bart, dass die Kollegen mit bereits ausgestellter Pressekarte vor laufenden Kameras dem EU-Vizepräsidenten Katainen die Frage stellen, warum Journalisten aus einem EU-Land nicht an der Presse-konferenz teilnehmen dürfen. Vor dem Eingang kontrollieren Poli-zisten des Präsidialamtes die Journalisten. »Haben Sie eine für das

Jahr 2019 ausgestellte Pressekarte?«, fragt ein Beamter. »Wenn nicht, können Sie leider nicht teilnehmen.« Diskussionen sind überflüssig.

Katainen steht links neben Albayrak. Die europäische und die türkische Flagge flankieren beide Männer. Auf die mit den Kollegen vereinbarte Frage antwortet Katainen ausweichend, leider habe er nicht alle Details zu dem Vorfall, aber Pressefreiheit sei ein weltweites Grundrecht und es mache ihn traurig, dass nicht alle Journalisten teilnehmen können. Die Regierungen der betroffenen Länder seien deshalb mit Ankara im Gespräch und arbeiteten daran, dass alle Journalisten die Akkreditierung bekommen. Wäre es nicht angemessen gewesen den türkischen Finanzminister zu bitten, auch die draußen wartenden Kollegen hereinzuholen? Sicherlich hätte es einen Eklat gegeben, doch die Bürger der EU können von Kommissionsmitgliedern zu Recht erwarten, dass sich diese für ihre Grundrechte einsetzen. Auch Albayrak antwortet und behauptet, überall auf der Welt würde man verfahren wie in der Türkei. Presseakkreditierungen seien in Europa und den USA, selbst im Weißen Haus, Usus. Manche würden erneuert werden, andere nicht. Sein Gesichtsausdruck verrät, er ist weder über die Frage noch über Katainens Antwort besonders glücklich. Tatsächlich gibt es in Deutschland und anderen EU-Ländern kein System einer Pressekarte als Voraussetzung für eine Arbeits- und Aufenthaltsgenehmigung. Nach Albayraks Antwort sei ihm klar gewesen, ein Teil der Korrespondenten werde in diesem Jahr echte Schwierigkeiten bekommen, sagt Jörg Brase Jahre später.

Einschränkungen der Pressefreiheit haben in der Türkei Tradition. Nach dem Putschversuch im Juli 2016 kommt es zu einer neuen Welle der Repression. Mehr als 100 Journalisten werden inhaftiert. So auch, um nur ein Beispiel zu nennen, der mit dem Geschwister-Scholl-Preis ausgezeichnete renommierte Journalist Ahmet Altan. Im Jahr 2018 entscheidet ein türkischer Richter, Altan müsse wegen Terrorunterstützung lebenslang in Haft. Erst nachdem der Europäische Gerichtshof für Menschenrechte die Türkei wegen der offensichtlich politisch motivierten Strafe verurteilt, lässt ein Berufungsgericht den Journalisten im April 2021 frei. Zur Liste der über einen langen Zeitraum hinweg inhaftierten Kollegen gehören auch Deniz Yücel, früherer Türkeikorrespondent der Tageszeitung *Die Welt*, und die aus Ulm stammende Meşale Tolu. Erst Wirtschaftssanktionen der Bundesregierung bringen Ankara zum Einlenken und die Freiheit für die deutschen Journalisten.

Verhaftungen sind nicht die Ultima Ratio. In früheren Jahren wurden Medienschaffende ermordet. Uğur Mumcu, renommierter Journalist der türkischen Tageszeitung *Cumhuriyet*, erliegt 1993 einer in seinem Auto platzierten Bombe. Der armenische Journalist Hrant Dink wird 2007 vor dem Redaktionsgebäude seiner Zeitung auf der Straße erschossen. Das Verweigern der Pressekarte ist folglich aus der Perspektive türkischer Journalisten ein Ärgernis, aber kein Drama. Thomas Seibert und Jörg Brase sind dennoch nachvollziehbar konsterniert. Was könnte der Hintergrund des Vorgangs sein? Will Altun dem Präsidenten beweisen, dass es Methoden gibt, um ausländische Medien an die Leine zu nehmen?

Das türkische System Pressekarte ist nach westlichen Standards grundsätzlich eine Einschränkung der Meinungsfreiheit. Der Staat will verhindern, dass ausländische Journalisten ohne dessen Wissen im Land ihrer Arbeit nachgehen. Am Ende eines Kalenderjahres müssen entsandte Korrespondenten für den Antrag einer neuen Karte Arbeitsproben einreichen. Gleichzeitig betreibt der Staat ein aufwendiges Überwachungsprogramm, das nahezu jeden von internationalen Journalisten in Zeitungen, im Rundfunk oder online veröffentlichten Bericht über die Türkei erfasst und archiviert. Mitarbeiter der Informationsdirektion haben Korrespondenten das Programm in der Vergangenheit, offenbar im Sinne der Einschüchterung, unverblümt vorgeführt. Mehr als 1.000 Regierungsvertreter, Abgeordnete und Beamte sollen Zugriff haben. Geben sie den Namen eines Korrespondenten in eine Suchmaske ein, erscheint dessen letzter Bericht, übersetzt ins Türkische.

Zusätzlich beobachten Presseattaché türkischer Botschaften weltweit die Berichterstattung über ihr Land. Schreibt ein in der Türkei akkreditierter Journalist häufig kritische Berichte, wird er unter die

Lupe genommen. Mehmet Akarca, ehemaliger Chef des Presseamtes, lässt bei Gesprächen mit Korrespondenten keinen Zweifel, welches die roten Linien der Berichterstattung seien. Interviews mit Mitgliedern der als Terrororganisation eingestuften kurdischen Arbeiterpartei PKK, Interviews mit hochrangigen Vertretern der Gülen-Bewegung oder das Diffamieren des türkischen Präsidenten als Diktator seien Gründe für den Staat, die Ausstellung einer Pressekarte zu überdenken, so Akarca.

Um Journalisten in der Vergangenheit deutlich zu machen, dass sie bei der Berichterstattung auf die Bremse gehen sollten, ließ der Staat diese am Jahresanfang eine Zeit lang auf die Ausstellung der Pressekarte warten. Fast alle aus der EU oder den USA kommenden Kollegen durften diese Erfahrung machen.

Der Antrag wird üblicherweise Anfang November gestellt. Dann beginnt die Phase der Ungewissheit. Wer zum Jahresbeginn keinen positiven Bescheid hat, bekommt keinen Termin bei der Ausländerpolizei, um dort die Aufenthaltserlaubnis zu beantragen. Darüber hinaus ist das Dokument unerlässlich für das Arbeiten im öffentlichen Raum. Wer eine Demonstration im Rahmen der Berichterstattung begleitet, muss ständig damit rechnen, dass Sicherheitsbehörden nach der Karte fragen. Wer sich nicht ausweisen kann, dem droht im schlimmsten Fall die Festnahme. Insbesondere im kurdisch geprägten Südosten des Landes ist ein Arbeiten ohne Karte nicht möglich. Sicherheitsbehörden an Straßensperren fragen nach dem Zweck der Reise. Wer als ausländischer Journalist ohne Pressekarte in der Region unterwegs ist, macht sich verdächtig und riskiert eine Festnahme.

Wer ab dem 1. Januar keine Pressekarte hat, verliert den Status eines akkreditierten Journalisten und hält sich nur noch als Tourist im Land auf. Ein Touristenvisum läuft nach 90 Tagen ab. Im Anschluss hat man keinen legalen Status mehr. Wer das Land nach diesem Zeitraum verlässt, muss am Flughafen oder an der Grenze bei der Abreise eine Strafe bezahlen. Eine Rückkehr in die Türkei ist vorübergehend nicht mehr möglich. Wer in der Hoffnung, die Pressekarte werde nach den 90 Tagen noch ausgestellt, im Land ausharrt, sitzt fest und es droht die Abschiebung. Die Angelegenheit ist psychisch hoch belastend. Eltern schulpflichtiger Kinder müssen damit rechnen, diese mitten im Schuljahr aus ihrem Umfeld zu reißen. Der Staat hält Betroffene bewusst in der Schwebe.

2017 muss der Journalist Frank Nordhausen wochenlang auf die Akkreditierung warten. Er lebt bereits seit einigen Jahren in Istanbul und berichtet für die Frankfurter Rundschau sowie die *Berliner Zeitung*. Nordhausen gilt als höflich und kollegial. Im Februar 2017 bekommt er einen Anruf des Presseamtes und trifft sich mit einem Vertreter der Behörde. Dieser erklärt ihm, er fahre zu oft in den Südosten der Türkei, um dort über die Situation der kurdischen Minderheit zu berichten. In vagen Umschreibungen sei »von einer zu kurdenfreundlichen Berichterstattung« die Rede gewesen, so Nordhausen. Zuvor habe sich das Presseamt stets hilfsbereit und wohlwollend gezeigt, betont er.

In den folgenden Wochen zeichnet sich ab, dass es mit der Pressekarte für 2017 schwierig wird. Das Ende der 90-Tage-Frist kommt näher. Dann habe Martin Erdmann, deutscher Botschafter in Ankara, ein Abendessen organisiert, an dem mehrere Korrespondenten und der damalige Presseamtschef Mehmet Akarca teilnahmen. Am Ende der Veranstaltung habe er zehn Minuten mit Akarca unter vier Augen sprechen und fragen können, ob die Entscheidung, keine Akkreditierung zu bekommen, endgültig sei, so Nordhausen. Akarcas Antwort sei ein klares »Ja« gewesen, und als Begründung habe er ihm gesagt, er schreibe eben zu kritisch. Die Anordnung sei wahrscheinlich direkt aus dem Präsidialamt gekommen, glaubt Nordhausen. Da sei nichts mehr zu machen gewesen. Der Korrespondent muss die Türkei verlassen, nach Zypern umziehen und sein gesamtes soziales Umfeld aufgeben. Der Ortswechsel ist teuer. Dazu kommt, dass es ihm nicht leicht fällt, von der Insel im östlichen Mittelmeer aus über die Türkei zu berichten. Eine Zeitlang leidet er unter hohen finanziellen Einbußen.

Warum will Altun ausgerechnet Jörg Brase vom ZDF und Thomas Seibert vom *Tagesspiegel* kaltstellen? Bei Brase könnte die Schmähkritik des Satirikers Jan Böhmermann in dessen ZDF-Sendung »Neo Magazin Royale« eine Rolle spielen. Seitdem dieser den türkischen Präsidenten in einem Gedicht auf mannigfaltige Weise obszön beleidigt hat, ist der Sender für Erdoğan ein rotes Tuch. Ein weiterer Grund sei möglicherweise eine Sendung des ZDF-Politikmagazins *Frontal21* vom Dezember 2018, spekuliert Brase. Für den Bericht zeichneten internationale Journalisten nach, wie der türkische Geheimdienst Anhänger von Fethullah Gülen im Ausland entführte, in die Türkei verschleppte und dort folterte.

Bei Seibert ist es offensichtlicher. Er schreibt nicht nur für den *Tagesspiegel*, sondern auch für die englischsprachige arabische Wochenzeitung *Arab Weekly*. Der Finanzier der Zeitung ist gleichzeitig Geldgeber für die Online-Nachrichten *Ahval*. *Ahvals* Chefredakteur ist der Türke Yavuz Baydar. Die türkische Regierung beschuldigt Baydar, ein Gülen-Anhänger zu sein. Berichte, die Thomas Seibert für *Arab Weekly* geschrieben hat, wurden ohne sein Wissen auf *Ahval* veröffentlicht. Unter den Berichten stand »von unserem Korrespondenten Thomas Seibert.« Die regierungsnahe türkische Zeitung Sabah behauptet, Seibert schreibe für ein Gülen-Blatt. Thomas bittet die *Arab Weekly*, öffentlich zu machen, dass seine Texte ohne sein Wissen von *Ahval* übernommen wurden. Die *Arab Weekly* druckt einen entsprechenden Text im Blatt.

Seibert erfährt von der Chefredaktion des *Tagesspiegels*, Refik Soğukoğlu, Presseattaché der türkischen Botschaft in Berlin, habe sich bereits angekündigt. Am Montagvormittag kommt er ins Foyer des *Tagesspiegels* am Askanischen Platz in Berlin. Mathias Blumencron, damals einer der beiden Co-Chefredakteure, erinnert sich Jahre später an den Besuch. Lange habe das Gespräch nicht gedauert, so Blumencron. Soğukoğlu habe eine klare Agenda gehabt. Die Unterhaltung sei ruhig und ohne Emotionen geführt worden. Der Presseattaché habe den Austausch des Korrespondenten vorgeschlagen. Daraufhin habe Blumencron diesem sofort widersprochen und deutlich gemacht, das komme nicht infrage. Einen Grund habe Soğukoğlu nicht genannt. Blumencron habe aber auch keine weiteren Details zu dem Vorhaben wissen wollen. »Ein Austausch war für uns völlig undenkbar. Allein schon das Ansinnen war ein bemerkenswerter Angriff auf die journalistische Integrität des Tagesspiegels«, sagt der Ex-Chefredakteur. Im Übrigen sei die Zeitung von Seiberts Arbeit hundertprozentig überzeugt gewesen. Eigentlich habe sich der türkische Staat mit der Aktion ins eigene Knie geschossen, denn Seibert, aber auch dessen Frau Susanne Güsten, seien beides Journalisten, die zwar die Politik kritisch begleiten, aber auch für das Land Türkei immer wieder geworben haben, betont Blumencron.

Soğukoğlu soll dem ZDF am Telefon das gleiche unlautere Angebot gemacht haben, so Jörg Brase. Doch auch die Chefredaktion in Mainz lehnt entschieden ab. Beide Häuser verhalten sich tadellos. Dennoch steht damals bei Korrespondenten in Istanbul die Frage im Raum, ob es auch Umstände geben könnte, bei denen andere Vorgesetzte anders handeln würden. Wäre die Information über den Versuch, die Journalisten auszutauschen, den Betroffenen und vielen weiteren Personen nicht bekannt gewesen, hätte Altuns Komplott bei weniger integren Entscheidungsträgern möglicherweise Erfolg gehabt. Brase und Seibert wären abgezogen worden. Eine Zeitlang hätte es eine Vakanz gegeben und dann wären, nach dem Motto »The Show must go on«, neue Korrespondenten entsandt worden. Ein für die Meinungsfreiheit hoch gefährliches Szenario.

Martin Wansleben, Hauptgeschäftsführer des Deutschen Industrie- und Handelskammertags, kurz DIHK, erfährt während eines Türkeibesuchs vom geplanten Rauswurf der Journalisten. Der DIHK gilt als einer der mächtigsten Lobbyverbände der deutschen Wirtschaft. Wansleben ist, vier Tage nachdem Thomas Seibert und Jörg Brase die besagte E-Mail bekommen haben, geschäftlich in der türkischen Hauptstadt Ankara, um ein neues DIHK-Büro zu eröffnen. Ein Mitarbeiter des Verbands macht ihn auf den Vorgang aufmerksam.

Zum Empfang anlässlich der Eröffnung der neuen Niederlassung ist auch der türkische Industrieminister Varank eingeladen. Nach der Veranstaltung nutzt Wansleben die Gelegenheit, um mit diesem über den anstehenden Rauswurf der beiden Journalisten zu sprechen. Der deutsche Industrievertreter erklärt dem Minister, welche Bedeutung das öffentlich-rechtliche ZDF für Deutschland hat. Der DIHK habe einen Sitz im Fernsehrat des ZDF, so Wansleben gegenüber Varank. Wirft die Türkei das ZDF raus, wirft sie auch den DIHK raus, sagt der Lobbyist zum Industrieminister. Im Übrigen könne Wansleben schlecht deutschen Unternehmen eine Investition am Standort Türkei empfehlen, wenn der Staat deutsche Journalisten nach Hause schickt. Ähnliches sagt er wenige Tage später auch dem damaligen Finanzminister und Erdoğan-Schwiegersohn Albayrak. Beide sollen Wansleben sehr genau zugehört haben, heißt es aus Wanslebens Umfeld. Der Geschäftsführer des DIHK macht nicht den Fehler, der türkischen Regierung unverhohlen mit Konsequenzen zu drohen. Die türkische Ehre ist schnell gekränkt. Vielmehr versucht er, den beiden Ministern mögliche Folgen des Vorgangs darzulegen. Tatsächlich sehen viele deutsche Unternehmen den Standort Türkei aufgrund des maroden Rechtsstaates kritisch.

Für Thomas und seine Familie ist der März 2019 ein erdrückender Monat. Nachdem er und Jörg Brase sich eine Woche vergeblich bemüht haben, den türkischen Staat zum Einlenken zu bewegen, buchen sie für Sonntag, den 10. März, Flüge nach Deutschland. Vor dem Abflug findet im ZDF-Studio eine improvisierte Pressekonferenz statt. Internationale Medienvertreter, türkische Journalisten und die meisten deutschen Korrespondenten sind gekommen. Im Interview sagt Jörg einen Satz, der türkischen Bürokraten und Politikern in Ankara wie eine schallende Ohrfeige vorkommen muss. Er kündigt an, ab jetzt aus Teheran über die Türkei zu berichten, denn dort habe er eine Akkreditierung. Im Mullahstaat werden Menschenrechte seit Jahrzehnten mit Füssen getreten. Meinungsfreiheit gibt es nicht. Die Botschaft zwischen den Zeilen: Der türkische Staat katapultiert sich mit dem Rauswurf in Sachen Pressefreiheit auf das Niveau des Iran, Nordkoreas, Chinas und Eritreas, also ans unterste Ende der Rangliste.

Deutsche und internationale Medien berichten mehrere Tage über den Vorgang. Auch der gescheiterte Versuch des türkischen Informationsdirektors, Chefredaktionen zum Korrespondententausch zwingen zu wollen, wird ausführlich dargelegt. Der Rauswurf beschädigt das Image der Türkei. Das Auswärtige Amt in Berlin schaltet sich ein und macht Druck auf das Außenministerium in Ankara.

Fahrt zum Flughafen. Äußerlich wirkt Thomas Seibert gefasst. Innerlich dürfte ein Sturm der Gefühle in ihm toben. Wird er die Stadt wiedersehen? Ehefrau Susanne und Tochter sind mit dabei. Das Gespräch während der Fahrt geht um die Frage, was nun. Einen echten Plan gibt es nicht. Ein letzter Gruß nach der Passkontrolle. Er winkt. Susanne hat Tränen in den Augen. Der Blick der Tochter ängstlich und verunsichert. Sein Flug führt ihn nach Berlin, zur Geschäftsführung des *Tagesspiegels*.

Plötzlich sei die Familie getrennt gewesen, erzählt er im Rückblick. Susanne hat zu dem Zeitpunkt auch noch keine Pressekarte und kann deshalb Istanbul nicht verlassen. Die Tochter hat Semesterferien, ist zu Besuch bei den Eltern und muss die dramatischen Ereignisse rund um den Rauswurf ungefiltert miterleben. Wie Thomas habe auch sie sich die Frage gestellt, ob sie in Zukunft ihre Heimatstadt Istanbul weiterhin regelmäßig besuchen könne. Gleichzeitig geht es seiner Mutter in Deutschland gesundheitlich schlecht, was ihn zusätzlich belastet. Zumindest habe sein Arbeitgeber ihn sehr unterstützt, auch bei der Finanzierung der Anwaltskosten, denn der Korrespondent hat den Rechtsweg gegen das Vorgehen der Informationsdirektion beschritten.

Jörg Brase bekommt nach Soğukoğlus Scheitern bei der ZDF-Chefredaktion mehrere Anrufe vom Berliner Büro der türkischen Stiftung SETA. Diese steht der Erdoğan-Partei AKP nahe. Der umtriebige Deutschtürke Zafer Meşe rühmt sich gerne für gute Kontakte zur türkischen Regierung. Er hat bei SETA in Berlin die Funktion eines Koordinators. Meşe bietet sich als Vermittler an. Offenbar hat Altun inzwischen verstanden, dass seine Idee eines Austauschs von Korrespondenten nach seinem Gusto nicht funktioniert. Das Auswärtige Amt verschärft aufgrund des Vorgehens gegen die deutschen Korrespondenten die Reisehinweise. Dies führt umgehend zu einem Buchungsrückgang beziehungsweise Stornierungen von Reisen deutscher Urlauber in die Türkei.

Am Dienstag, also gerade einmal 48 Stunden nach dem Abflug aus der Türkei, versichert der SETA-Mann dem ZDF-Journalisten am Telefon, er könne wieder zurückkehren und würde seine Pressekarte bekommen. Jörg Brase will sich nicht noch einmal vom türkischen Staat hinhalten lassen und fordert von Meşe, die Informationsdirektion müsse per E-Mail die Akkreditierung schriftlich bestätigen. Am Abend, so der ZDF-Mann, war das Schreiben in seinem digitalen Postfach. Auch Meşe habe eine Bedingung gestellt. Brase dürfe keine Pressekonferenz geben oder in Fernsehinterviews aufgrund des Einknickens der Informationsdirektion triumphieren. Jörg Brase liegt jegliche Überheblichkeit fern. Auf die Forderung einzugehen, fällt ihm leicht. Eine Pressemitteilung werde sich das ZDF jedoch nicht verbieten lassen, lässt er den Erdoğan-Unterhändler wissen. Das ist nachvollziehbar, denn nach dem ganzen sinnlosen Theater, das die Informationsdirektion zum Schaden des ZDF aufgeführt hat, will der Korrespondent nicht heimlich, still und leise durch die Hintertür in die Türkei zurückkehren. Am Sonntag, den 17. März, eine Woche, nachdem er seinen Arbeitsplatz und seine Wohnung verlassen musste, sitzt Jörg Brase im Rückflug nach Istanbul.

Thomas Seibert hängt zu diesem Zeitpunkt noch immer in Berlin fest. Er versucht sich damals mit dem Gedanken zu beruhigen, das ZDF habe im Vergleich zum *Tagesspiegel* die größere Reichweite und damit mehr Durchsetzungskraft. Deshalb sei Brase schon zurück und er müsse noch ein paar Tage länger ausharren. Aus den Tagen wird eine Woche. Seine Frau, immer noch ohne Akkreditierung in Istanbul, stellt sich zwangsläufig die Frage, ob der türkische Staat sie auch noch aus dem Land werfen will. Zumindest kann Thomas von Deutschland aus seine Arbeit fortsetzen. Zwischendurch fährt er in sein Heimatdorf, um die kranke Mutter zu betreuen. Dabei kreisen seine Gedanken tagein, tagaus um das eine Thema. Wird er wieder nach

Istanbul zurückkehren? Seine gesamte Existenz habe auf dem Spiel gestanden, sagt er im Rückblick.

Auch Thomas hat Kontakt zu Zafer Meşe und trifft ihn in Berlin. Dieser habe den Eindruck vermittelt, er bemühe sich um eine Lösung. Mehrmals geht der Journalist ins Auswärtige Amt, um sich mit den für die Türkei zuständigen Diplomaten zu beraten. Deren Tür sei stets offen gestanden, sagt er. Schließlich bekommt zumindest seine Frau die Akkreditierung. Das sei in der zweiten Hälfte des März gewesen, erinnert er sich. Weil es immer noch keine Signale der Hoffnung aus Ankara gibt, trifft sich das Paar in der bulgarischen Hauptstadt Sofia. Sie arbeiten an einem Plan B und besichtigen dort zur Vermietung angebotene Häuser. Von Sofia aus hätte Susanne schnell in die Türkei reisen können und er wäre der arabischen Welt näher gewesen, als wenn er aus Deutschland berichtet hätte. Ende März gibt er die Hoffnung auf. Bei einem Gespräch mit seinem Chefredakteur seien sie sich einig gewesen, dass es wohl nichts mehr werden würde und der türkische Staat hartnäckig bleibe.

Am 3. April fliegt der damalige deutsche Außenminister Maas nach Washington zu einem NATO-Gipfel. Dort trifft er seinen Amtskollegen Çavuşoğlu und spricht ihn auf Seiberts Fall an. Çavuşoğlu kündigt an, er werde sich um eine Lösung bemühen. Wenige Stunden später bekommt der *Tagesspiegel*-Korrespondent einen Anruf aus Ankara. Eine Mitarbeiterin der Informationsdirektion sagt ihm, seine Pressekarte sei genehmigt. Er könne diese in Kürze abholen.

Fahrettin Altuns Kalkül geht nicht auf. Die Pressefreiheit siegt. In einem westlichen Land hätte Altun von seinem Amt zurücktreten müssen. In der Türkei bekommt jedoch kaum jemand etwas vom Finale des Dramas mit, denn die regierungsnahen Medien berichten nicht über die Rückkehr der beiden Deutschen. Nach dem gescheiterten Komplott müssen am Jahresanfang 2020 ausländische Korrespondenten erneut auf ihre Karte warten. Am 24. Januar trifft Bundeskanzlerin Merkel den türkischen Präsidenten Erdoğan in Istanbul. Ihr Regierungssprecher Steffen Seibert wird über den Verzug von der deutschen Botschaft in Ankara informiert. Er konfrontiert Altun, was der Grund sei. Auch Merkel spricht Erdoğan deshalb an. Während der Pressekonferenz wird der türkische Präsident gefragt, warum man erneut auf die Karten warten muss, während türkische Korrespondenten in Deutschland ohne Pressekarte uneingeschränkt arbeiten können. Erdoğan behauptet, er und sein Informationsdirektor seien sehr sensibel, wenn es um Pressefreiheit gehe und deutsche Korrespondenten würden nicht schlechter gestellt als andere. Kurz darauf bekommen alle ihre Karte. In den Folgejahren kümmert sich Doğan Eşkinat, ehemaliger Schüler des deutschen Gymnasiums in Istanbul, für die Informationsdirektion um ausländische Korrespondenten in Istanbul. Pressekarten werden seitdem nicht mehr als Druckmittel eingesetzt.

KAPITEL 5: Die Türkei und Griechenland

»Wo ist Ihre Drehgenehmigung?« Schneidiger Ton, bedrohliche Mimik, militärischer Haarschnitt. Der Polizeichef der griechischen Insel Kastelorizo hat offenbar etwas gegen Fernsehjournalisten.
»Welche Drehgenehmigung?«, fragt Cemal Taşdan.
»Sie benötigen eine Drehgenehmigung für das Filmen auf der Insel«, behauptet der Polizeichef. Unser Producer Cemal entgegnet, er sei doch bereits vorherigen Dienstag hier gewesen und habe mit dem Vorgesetzten des Polizeichefs, mit der Pressesprecherin der griechischen Präsidentin und mit ihm selbst vereinbart, dass er am folgenden Wochenende nochmals für Aufnahmen kommen dürfe. Alle drei hätten gesagt, man sei herzlich willkommen, so Cemal.
Dennoch brauche man eine Drehgenehmigung, erwidert der Polizeichef. Er nimmt dem Kollegen Akın Baytöre gegen dessen Willen die Kamera aus der Hand, läuft zur Grenzstation am Kai, öffnet die Tür und sperrt diese ein. Wenn die Fähre am Nachmittag in die türkische Hafenstadt Kaş zurückfahre, könne man die Kamera wieder mitnehmen. Ratlosigkeit. Wie sollen wir jetzt unsere Arbeit machen? Warum ist der Polizist so aggressiv? Seit wann benötigt man für Filmaufnahmen in der Europäischen Union eine Drehgenehmigung?

Am Abend zuvor: Kaş liegt am Fuß eines abschüssigen Felsens an der Küste des ägäischen Meers. Oberhalb der letzten Häuserreihe führt eine Straße nach Antalya. Touristen und Einheimische genießen dort bei Sonnenuntergang das Panorama. Bucht, Hafen und weiter hinten die griechischen Inseln Kastelorizo und Rho sind zu sehen. Der Abstand zwischen Kastelorizo und dem türkischen Festland beträgt an der engsten Stelle weniger als 3 Kilometer. Rechts von Kaş ragt eine Halbinsel aus dem türkisblauen Meer. Zwischen dieser und dem Festland liegen Segelboote vor Anker. Die Hafenstadt ist die südöstliche Grenze der Ägäis.

Alles sieht nach Urlaubsparadies aus, als es plötzlich laut wird. Der Lärm leistungsstarker Rotoren eilt einem türkischen Kampfhubschrauber voraus, der über dem Gewässer zwischen dem Festland und der Insel patrouilliert. Die fliegende Waffe ist eine Warnung an das auf den Inseln Kastelorizo und Rho stationierte griechische Militär.

Es ist der Abend des 17. September 2022. Für den kommenden Morgen ist die Fähre nach Kastelorizo gebucht. Das politische Klima zwischen den Ägäis-Anrainern Türkei und Griechenland hat sich in den vergangenen Monaten deutlich abgekühlt.

Wenige Tage zuvor ist Cemal mit einem Kameramann von Kaş mit der Fähre nach Kastelorizo gefahren, um den Besuch der griechischen Staatspräsidentin Katerina Sakellaropoulou zu filmen. Der griechische Verteidigungsminister und der Generalstabschef haben die parteilose, ehemalige Richterin auf die Insel begleitet. Im Hafen des wenige Hundert Einwohner großen Ortes liegt ein Kanonenboot. Sakellaropoulou geht an Bord und schlägt martialische Töne an. »Wir werden, wie unsere Vorfahren, weiterhin diese Bastion des Hellenismus vor jeglichen Angriffen stolz und mutig verteidigen.«

Für das Filmen des Besuchs der Präsidentin auf der Insel mussten sich Cemal und der Kameramann beim griechischen Präsidialamt mit erheblichem bürokratischem Aufwand anmelden. Pässe scannen, Mails schreiben und schicken, mehrfach nachfragen, ob der Antrag schriftlich bestätigt wird. Die übliche Prozedur bei Aufnahmen von wichtigen Repräsentanten eines Staates. Letztendlich bekommen die Kollegen die Genehmigung zu filmen. Das griechische Fernsehen ist auch dabei und darf stets ein bisschen näher an Sakellaropoulou ran. Hin und wieder kommt die Anweisung, die ARD müsse die Kamera ausschalten, während sich die griechischen Kollegen uneingeschränkt bewegen und filmen können. Auf Nachfrage, warum das so sei, gibt es keine Antwort. Offenbar will man das Team vom deutschen Fernsehen spüren lassen, wer Grieche und wer Deutscher ist. Am Ende reichen die Bilder. Man freue sich auf die Rückkehr des Teams am folgenden Wochenende, heißt es noch. Von einer Drehgenehmigung, die für den zweiten Besuch beantragt werden muss, ist keine Rede. Es geht schließlich auch nicht um das Filmen einer Staatspräsidentin.

Vier Monate zuvor droht der türkische Präsident anlässlich des Militärmanövers EFES 2022 den Griechen unverhohlen. Die Truppenübung ist nach der antiken griechischen Stadt Ephesos an der Ägäis-Küste benannt. Ephesos heißt auf Türkisch Efes. Das Manöver findet in der Nähe der Stadt Seferihisar statt. Der perfekte Ort für eine Botschaft an Athen. Die griechische Insel Samos liegt in etwa 30 Kilometer Luftlinie entfernt. Panzer rollen. Spezialeinheiten schießen mit Präzisionsgewehren. Hubschrauber und Jets der türkischen Luftwaffe üben den Tiefflug.

Erdoğan trägt eine dunkelblaue Basketballmütze und ein gleichfarbiges Blouson. Sein nationalistischer Koalitionspartner Devlet Bahçeli nimmt teil, um sich im selben Outfit ein Bild von der Kampfkraft des türkischen Militärs zu machen. Seitdem Bahçeli mit seiner im Parlament sitzenden Partei MHP Erdoğan zum Sieg beim Referendum 2017 und bei der Wahl 2018 verholfen hat, prägt er die Regierungspolitik mit rechtsextremer Ideologie. Er war es, der Erdoğan zu diversen Militäreinsätzen gegen die Kurdenmiliz YPG motivierte. Bahçeli ist bekannt für Ausfälle gegen Nicht-Türken und Kriegstreiberei. Seinem Beifall kann sich Erdoğan sicher sein, als er bei einer Rede während des Manövers den Griechen zuruft, man könne plötzlich in der Nacht kommen. »Ich mache keine Witze, das wird eine Katastrophe«, sind seine Worte.

Sofort steht die Frage im Raum, ob Erdoğan ernsthaft den militärischen Konflikt mit Griechenland riskieren will. Ankara und Athen haben trotz ihrer NATO-Bündnispartnerschaft immer wieder gezündelt. Um den Machterhalt zu sichern, ist dem türkischen Präsidenten vieles zuzutrauen. Was hat er vor?

Beobachter in der Türkei spekulieren, er wolle testen, wie eine solche Drohung nach außen, aber vor allem nach innen wirkt. Wenn die Türkei im Krieg sei, seien alle dabei, unabhängig davon, wer Präsident ist oder wo man politisch stehe, so ein Istanbuler Taxifahrer im Winter 2018 beim Gespräch über den Einmarsch türkischer Truppen in der syrischen Region Afrin. Der äußere Feind schweiße zusammen. Die Umfragewerte der Meinungsforschungsinstitute für die Erdoğan-Partei AKP liegen im Sommer 2022 um die 30 Prozent. Damit kann die AKP keine Mehrheit im Parlament stellen. Dass außenpolitische Konflikte innerhalb weniger Wochen das Blatt wenden können, ist kein Geheimnis.

Die meisten Türken sehen Griechenland als historischen Rivalen. Jahrhundertelang bekämpften sich Osmanen und Byzanz. Viel griechisches und türkisches Blut ist im ägäischen Meer vergossen worden. Noch heute ist Streitthema, welches der beiden Völker vor der Gründung der türkischen Republik 1923 beim Massakrieren der anderen Seite brutaler vorgegangen ist. Noch heute erzählen sich Griechen mit Schrecken, wie Türken 1955 in Istanbul bei einem Pogrom gegen die griechische Minderheit wüteten.

Anfang September wiederholt Erdoğan beim sogenannten »Teknofest« in der Schwarzmeerstadt Samsun die Drohung. Auf der alljährlichen Veranstaltung werden seit Jahren die neuesten Kampfdrohnen aus der Schmiede des Erdoğan-Schwiegersohns Selçuk Bayraktar präsentiert. »Hey Griechenland«, erhebt Erdoğan die Stimme Richtung Westen. »Blickt auf die Geschichte«, fährt er fort. »Wenn Ihr so weitermacht, wird es schwierig. Vergesst nicht Izmir.« Gemeint ist das bereits genannte Massaker, bei dem türkische Soldaten das griechische und das armenische Viertel in der Küstenstadt Izmir brutal verwüsteten und anzündeten. Tausende wurden ermordet.

Und erneut tönt Erdoğan Richtung Athen, eines Nachts können wir plötzlich kommen. Die aggressive Rhetorik ist aus der Perspektive des türkischen Machthabers keine Laune. Er begründet seine Drohungen mit gebrochenen internationalen Verträgen. Darüber hinaus hat er den Anspruch, die Türkei müsse Hegemonialmacht im östlichen Mittelmeer sein. Kommt er auf griechische Inseln in der Ägäis zu sprechen, haben seine Äußerungen gerne einen revanchistischen Unterton. Erdoğans regelmäßige Verweise auf das osmanische Imperium bedienen die türkische Sehnsucht nach Größe und Stärke. Grundsätzlich scheint es um die Frage zu gehen, wer ist der

Mächtigere in der Region? Doch Griechenland stellt sich stur in den Weg.

Im Juli 1923 schloss die Türkei mit Großbritannien, Frankreich, Italien, Japan, Griechenland, Rumänien und dem Königreich der Serben, Kroaten und Slowenen in der Stadt Lausanne einen Vertrag, der die Vertreibung von Türken und Griechen rückwirkend legalisierte und die Grenzen der heutigen Türkei festlegte. Vorher konnte die türkische Armee unter der Führung Mustafa Kemal Atatürks griechische Truppen in der Region am ägäischen Meer besiegen. So waren die Gegner gezwungen, auf Atatürks Forderungen einzugehen. Er erstritt die Demilitarisierung griechischer Inseln.

1947 unterzeichneten die im zweiten Weltkrieg mit Nazideutschland alliierten Länder den sogenannten Pariser Vertrag mit den Siegermächten. Teil davon war der »Friedensvertrag mit Italien«. In Artikel 14, Punkt 1, der das Verhältnis zu Griechenland regelt, heißt es, Italien trete die Dodekanes-Inseln und kleinere anliegende Inseln an Griechenland ab. Dazu gehört auch Kastelorizo. In Punkt 2 wird vereinbart, die Inseln sollen entmilitarisiert werden und frei von Militär bleiben. Dennoch stationiert Griechenland dort Truppen, was Erdoğan regelmäßig zum Schäumen bringt und ein Grund für die Drohungen Richtung Athen ist. In Griechenland ist man offenbar der Ansicht, der Pariser Vertrag habe für die Türkei keine Relevanz, weil das Land nicht Vertragspartner war. Doch völkerrechtlich ist die Stationierung griechischen Militärs auf den Inseln fraglich. Letztendlich kann Athen nur mit der Aggressivität und der Unberechenbarkeit des türkischen Präsidenten argumentieren.

Wie viel Kriegsgerät die griechische Armee tatsächlich auf die Inseln verlagert hat, ist schwer nachvollziehbar. Westlich von Kaş, am Eingang des Ortes Kalkan, sind mit einem Teleobjektiv griechische Soldaten auf der Insel Rho zu sehen. Rho liegt neben Kastelorizo, ist jedoch nicht bewohnt und dementsprechend klein ist die militärische Präsenz der Griechen. Ortskundige Bewohner der Küstenstadt Kaş erzählen, die wesentlich größere Militäranlage auf Kastelorizo liege auf der von der Küste abgewandten Seite der Insel. Diese könne man nur von einem Boot aus sehen. Die griechische Marine achte darauf, dass niemand von der Meeresseite fotografiere oder filme.

In Kalkan lebt ein auf Kartografie spezialisierter Ingenieur. Seit vielen Jahren beobachtet er das griechische Militär auf Kastelorizo und Rho. İsmail Şah Yilmaz sitzt in einem kleinen unaufgeräumten Büro im Zentrum des Ortes. In der Ecke stehen Schaufel und Spitzhacke. An der Wand hängen Bilder von heulenden Wölfen – das Symbol türkischer Nationalisten. Yilmaz ist Vorsitzender der İyi-Partei in Kaş. Die Oppositionspartei ist eine Abspaltung der MHP. Türkische Nationalisten wie Yilmaz lassen an Griechenland üblicherweise kein gutes Haar.

An der Wand hängt ein großer Flachbildschirm. Während der Ingenieur diesen einschaltet und mit dem Internet verbindet, erklärt er überraschend, es störe ihn nicht, dass die nur wenige Kilometer entfernten Inseln griechisch seien. Jedoch störe es ihn gewaltig, dass Athen dort Militäranlagen errichtet habe und so die Türkei bedrohe. Das sei nach internationalen Verträgen verboten, so Yilmaz. Er habe Beweise, versichert der Mann mit dem für Nationalisten typischen Schnauzer. Die Haarpracht bedeckt nicht nur den Bereich oberhalb der Lippen, sondern zieht sich wie zwei Reißzähne entlang der Mundwinkel Richtung Kinn.

Er zeigt uns Satellitenaufnahmen der Insel aus den Jahren 2003 und 2019, die er auf der Internetseite »Google Maps« gefunden hat. Sowohl auf Kastelorizo, als auch auf Rho seien innerhalb der 16 Jahre neue Baracken entstanden. Auf dem jüngeren Satellitenfoto der Insel Kastelorizo kann man mehrere grüne Transporter erkennen. Auf der von Zivilisten unbewohnten Insel Rho sei ein Hubschrauberlandeplatz zu sehen, erklärt Yilmaz. Von der Küste aus könne man beobachten, wie gelegentlich griechische Kampfhubschrauber zur Insel flögen. Es sei eindeutig ein Militärgelände, versichert der Ingenieur. Er wisse das auch, weil er selbst Soldat war. Dann überrascht Yilmaz, denn auf die Frage, was er von Erdoğans Drohungen gegenüber Griechenland halte, antwortet er, das sei Getöse vor den nächsten Wahlen. Mit der griechischen Bevölkerung gebe es keine Probleme. Lediglich die Militarisierung der Inseln sei nicht hinnehmbar. Die Verantwortung dafür liege allerdings beim griechischen Verteidigungsministerium und der Regierungsspitze. Im Übrigen seien Kastelorizo und Rho nur die Spitze des Eisbergs.

Am 25. September 2022 zitiert die türkische Tageszeitung *Cumhuriyet* Militärkreise. Demnach seien kurz zuvor 23 gepanzerte Fahrzeuge auf die Insel Lesbos und 18 gepanzerte Fahrzeuge auf die Insel Samos gebracht worden. In der Zeitung *Sözcü* heißt es, auf Lesbos sei eine Division, das sind 10.000 bis 30.000 Soldaten, stationiert. Außerdem seien dort Flughäfen für Kampfflugzeuge gebaut worden. Griechische Kampfjets, die sich »Dogfights« mit türkischen Kampfjets lieferten, seien von dort gestartet.

Bei »Dogfights« nehmen sich Flugzeuge zweier Länder gegenseitig ins Visier. Das passiere im Luftraum der Ägäis sehr oft, weil sich Griechenland zwar an die mit der Türkei vereinbarte Sechs-Seemeilen-Grenze im Meer halte, jedoch in der Luft eine Zehn-Meilen-Zone beanspruche, so ein hoher NATO-Offizier in Istanbul. In die zusätzlich beanspruchten vier Luftmeilen, fliegen regelmäßig türkische Kampfjets.

Auf Samos sei eine Brigade, also 10.000 Soldaten, stationiert. *Sözcü* nennt noch eine Reihe weiterer Inseln, auf die Bataillone, zwischen 300 und 1.200 Soldaten, entsandt wurden. Auf zwölf von 14 Inseln, die nach den alten Verträgen nicht militarisiert werden dürfen, seien eine große Zahl Soldaten und schweres Gerät stationiert, so die Zeitung. Die Informationen sind durch unabhängige Quellen nicht nachprüfbar.

Der Ingenieur verabschiedet sich mit den Worten, viel Spaß auf Kastelorizo. Weil er türkischer Staatsbürger ist und kein Visum für Griechenland bekommt, konnte er selbst die nur wenige Kilometer von seiner Heimat entfernte Insel noch nie besuchen.

Die Fähre verlässt kurz nach 9.00 Uhr den Hafen von Kaş Richtung Kastelorizo. Kapitän Ali Gümrükçü steuert seit Jahren sein Boot morgens zu der griechischen Insel und nachmittags zurück. Er ist die Hauptfigur einer Reportage über die Region und die Spannungen zwischen den beiden Ländern für die Sendung *Weltspiegel*. Ali hat einen griechischen Kapitänskollegen und Freund namens Yorgo. Nach einem Schlaganfall benötigt dieser Physiotherapie, um das koordinierte Gehen erneut zu lernen. Weil es auf der Insel keine Physiotherapeuten gibt, hat Ali für seinen Freund Yorgo jemanden in Kaş organisiert, der zweimal die Woche mit der Fähre nach Kastelorizo kommt. Die Geschichte soll zeigen, neben politischen Spannungen gibt es auch das freundschaftliche Miteinander zweier benachbarter Völker ohne Hass und Polarisierung.

Die meisten Reisenden auf der Fähre sind Touristen aus der Europäischen Union, die während eines Türkeiurlaubs für einen Tag die Insel besuchen wollen. Die wenigen auf der Fähre sitzenden Türken haben einen sogenannten grünen Pass, mit dem sie jederzeit ohne Visum in die EU einreisen können. So ein Dokument bekommen beispielsweise hochrangige Beamte und deren Angehörige. 2,5 Millionen solcher Pässe wurden in der Türkei ausgestellt. Auch Kameramann Akın Baytöre hat einen grünen Pass, weil seine Frau früher im Finanzamt arbeitete. Cemal Taşdan lebte viele Jahre in Mühlheim an der Ruhr und besitzt deshalb eine uneingeschränkte Aufenthaltsgenehmigung für Deutschland. Mit dieser kann er ebenfalls jederzeit ohne Visum in alle EU-Länder einreisen.

In dem Gewässer zwischen türkischem Festland und griechischer Insel liegen zwei Kriegsschiffe. In der Bucht vor Kaş eines mit türkischer, in der Bucht von Kastelorizo eines mit griechischer Flagge. Während der Fahrt filmt Akın das türkische Kanonenboot. Kapitän Ali sieht ihm entspannt zu. Doch als sich die Fähre der Bucht der griechischen Insel nähert, signalisiert der Kapitän, die Kamera abzuschalten und auf den Boden zu stellen. Nur mit dem Handy darf man, wie alle Touristen an Bord, den Hafen von Kastelorizo und das darin liegende griechische Kriegsschiff filmen. Für Fernsehteams sei das strikt verboten, so Ali. 2020 wurden nach Medienangaben ein Kameramann und ein Journalist der Deutschen Welle vorübergehend auf der Insel von Sicherheitsbehörden festgehalten und gezwungen, Aufnahmen des Kriegsschiffs zu löschen. Filme man trotzdem und werde dabei erwischt, könne es eine hohe Strafe geben, warnt der Kapitän. »Außer man ist vom griechischen Fernsehen«, bemerkt Cemal, der wenige Tage zuvor, beim Besuch der Staatspräsidentin, auf der Insel war und gesehen hat, wie die griechischen Kameramänner ungehindert das Kriegsschiff filmen durften.

Alis Fähre legt an. Nach Verlassen des Schiffes müssen sich die Passagiere an der Grenzstation in einer Reihe anstellen. Passkontrolle bei der Einreise in die Europäische Union. Eine Wertegemeinschaft, deren Mitgliedsländer sich den Kopenhagener Kriterien verschrieben haben. Das bedeutet Wahrung der Menschenrechte, also auch der Pressefreiheit. Mit welcher Willkür diese Rechte auf der zur EU gehörenden Insel missachtet werden, zeigt sich wenige Augenblicke später.

Cemal kennt eine der griechischen Polizistinnen von seinem vorherigen Besuch. Sie grüßt ihn wie einen alten Bekannten. Für die Einfuhr einer Kamera aus der Türkei in die EU muss ein sogenanntes Carnet de Passages vorgelegt werden. Damit spart man sich Zollgebühren. Die zuständige Zollbeamtin stempelt das Dokument ab. Kapitän Ali geht voraus.

Die kleine Hafenstadt liegt wie ein Halbmond um die Bucht der Insel. Zwischen bunten Häusern und dem Hafenbecken stehen auf einem 3 bis 4 Meter breitem Kai Tische und Stühle der Restaurants und Cafés. Touristen und Einheimische genießen griechischen Mokka und die Sonne.

Producer Cemal hat mit verschiedenen Bewohnern Interviews vereinbart und folgt Ali zügig. Nach 20 Metern stellt sich der Polizeichef der Insel Kameramann Akın in den Weg. Er fragt ihn, wo er herkomme und wer er sei. Akın nennt seinen Namen und sagt, er sei vom deutschen Fernsehen. Es folgt die Frage nach der Drehgenehmigung und das Konfiszieren der Kamera. Auf den Hinweis, er verstoße gegen EU-Recht, antwortet der Polizeichef, man könne sich gerne beschweren, und geht.

Warum diese Aggression? Cemal und Akın überlegen, ob das Verhalten etwas mit ihrer türkischen Herkunft zu tun haben könnte.

Es gibt viele unschöne Geschichten von Türken, die in Griechenland von Polizisten herablassend behandelt wurden.

In einem Café sitzt Maria Marakis. Ihre Familie lebt seit Generationen auf der Insel. Sie wundert sich nicht über die Grobheit des Beamten. Seit Erdoğans Drohungen sei die Stimmung auf Kastelorizo angespannt. Hier stationierte Soldaten und Polizisten seien äußerst nervös. Maria selbst wolle in Kürze nach Athen reisen und das erste Mal in ihrem Leben für einen längeren Zeitraum dort bei Verwandten verbringen. Das sei alles eine Folge der Politik, beklagt sie sich. Sie habe Angst vor einer militärischen Auseinandersetzung in der Region.

Ein australisches Fernsehteam ist für Dreharbeiten auf der Insel. Beim Gespräch mit den Kollegen stellt sich heraus, dass sie ebenfalls keine Genehmigung für Aufnahmen haben und bisher niemand so etwas verlangt habe. Sie könnten ohne Einschränkung filmen, sagen sie. Auch die Australier gehen davon aus, eine Drehgenehmigung sei auf einer Insel der Europäischen Union nach EU-Recht nicht nötig. Nach der Schilderung des Erlebnisses mit dem Polizeichef sind die Kollegen schockiert. Einer von ihnen vermutet, Cemals und Akıns Nationalität könnte der Grund für die Willkür sein. Sie raten, es noch einmal zu versuchen, den Polizeichef zu überreden.

Die Polizeistation liegt am anderen Ende der Bucht in einem im Kolonialstil gebauten Haus. Beim zweiten Anlauf, den Ordnungshüter zu überzeugen, wollen Akın und Cemal lieber nicht dabei sein, und warten in einem Café. Eine Kollegin in Athen hat unterdessen das griechische Außenministerium um Hilfe gebeten. Sie sagt, die Pressesprecherin des Ministeriums bemühe sich um eine Lösung. Man solle etwas warten, dann würde der Polizeichef sicherlich einsichtig werden. Hoffnung kommt auf. In der Türkei ist es oft so, dass Probleme mit Beamten durch ein freundliches Gespräch gelöst werden können. Eine der sehr angenehmen Eigenschaften der türkischen Kultur.

Anklopfen an der robusten Tür der Wache. Ein Hilfspolizist öffnet. Der Polizeichef kommt aus seinem Zimmer und ordnet im Befehlston an: »Warte draußen«. 15 Minuten Beine in den Bauch stehen. Schließlich kommt er vor die Tür und fragt sichtlich genervt, was nun schon wieder sei. Auf die Bitte, die Kamera zurückzugeben, antwortet er, dafür müsse man eine schriftliche Genehmigung für Aufnahmen auf der Insel haben. Auf die Frage, wo man die bekommen könne und ob man diese tatsächlich benötige, denn das australische Fernsehteam habe auch keine, antwortet er, dass er das auch nicht wisse, und verlangt den Pass. Dann fragt er, wo die Kollegen seien und fordert, diese anzurufen, damit sie zur Wache kommen. Kurz nach dem Eintreffen verlangt er auch deren Pässe. Danach weiteres Warten vor der Wache und noch ein Anruf in Athen.

Die Kollegin sagt, sie habe inzwischen zwei Mal mit dem dortigen Außenministerium gesprochen. Man bemühe sich, alles zu einem positiven Ende zu bringen. Auch sie sagt, es gebe ihrer Kenntnis nach keine Genehmigungsprozedur für journalistisches Arbeiten auf der Insel. Eine halbe Stunde ist vergangen. Der Polizeichef hat immer noch die Pässe. Kapitän Ali ruft Cemal an und sagt, der Physiotherapeut habe inzwischen die Behandlung mit Yorgo begonnen. Die Stimmung im Team wird schlechter. Ohne Bilder und Interviews muss der Bericht abgesagt werden. Nach einer Stunde kommt der Polizeichef mit den Pässen in der Hand aus der Station. Er lächelt gemein. Die Kamera bleibe in Polizeigewahrsam, sagt er uns. Sein abschätziger Blick auf die türkischen Kollegen lässt erahnen, es scheint ihm wenig um die Einhaltung von Regeln gehen.

Die Pressefreiheit ist auch in Griechenland zunehmend unter Druck. Ein Großteil der Massenmedien gehöre regierungsfreundlichen Unternehmern, monieren griechische Journalisten unabhängiger Zeitungen. Nachdem die Partei »Nea Dimokratia« des amtierenden Ministerpräsidenten Kyriakos Mitsotakis 2019 die Macht übernommen hat, wurden der öffentliche Rundfunk ERT und die staatliche Nachrichtenagentur ANA-MPA per Präsidialdekret direkt dem Ministerpräsidenten unterstellt, so die Journalistenorganisation »Reporter ohne Grenzen«. ERT habe daraufhin »zensierte Berichte« aus Flüchtlingslagern gesendet.

Griechenland steht aktuell auf der weltweiten Rangliste in Sachen Pressefreiheit auf Platz 108 von 180 Ländern und ist somit um

38 Positionen regelrecht abgestürzt. Unter den Ländern der Europäischen Union ist Griechenland nach Ungarn und Bulgarien das Schlusslicht. Mitsotakis soll Unternehmer des Landes persönlich aufgefordert haben, in der unabhängigen Zeitung *Documento* keine Anzeigen mehr zu schalten. Das Ziel des Regierungschefs sei die Schließung des Blattes aus ökonomischen Gründen, befürchtet der Herausgeber.

Ein Fotojournalist, der die Räumung einer von Flüchtlingen genutzten Schule dokumentieren wollte, beklagt, die Polizei habe ihn dort festgenommen und wegen Hausfriedensbruch angeklagt. Er wurde freigesprochen. Zumindest ist die Justiz in Griechenland noch so unabhängig, dass es keine politisch motivierten Inhaftierungen von Journalisten wie in der Türkei gibt. Doch die Tendenz der Regierung in Athen ist eindeutig und es scheint, als habe sich Mitsotakis einiges vom Präsidenten in Ankara abgeschaut, wenn es darum geht, Medien auf Linie zu bringen. Das autoritäre Verhalten des Polizeichefs auf Kastelorizo zeigt, auch EU-Länder sind nicht gefeit vor der Einschränkung demokratischer Grundrechte.

»Noch einen Schritt, Yorgo!« Ali animiert seinen griechischen Freund auf Türkisch. Der Physiotherapeut übt mit Yorgo vor dem Restaurant der Familie das Gehen. Alteingesessene Griechen in der Ägäis beherrschen neben ihrer Landessprache auch Türkisch. Kameramann Akın filmt die Szene mit dem Mobiltelefon. Das kann der Polizeichef schlecht verbieten. Die Bilder haben nicht die für Fernsehberichte übliche Qualität, aber die Geschichte scheint gerettet. Die physiotherapeutische Behandlung ist eine Schlüsselszene im Bericht über die Freundschaft der beiden Kapitäne. Die Anteilnahme des Türken Ali an der Gesundheit seines griechischen Freundes Yorgo ist berührend.

Yorgos Sohn sitzt währenddessen an einem der Tische des Restaurants und telefoniert. Bisher hat er sich unauffällig im Hintergrund gehalten. Seine Frau und deren Tochter bedienen im Restaurant. Plötzlich steht er auf, blickt zornig und schimpft auf Griechisch. Mit rüden Handbewegungen gibt er Akın zu verstehen, dieser solle umgehend das Filmen mit dem Handy einstellen. Was ist passiert?

Kapitän Ali dreht sich weg und geht. Türken sind, was Gastfreundschaft angeht, sehr sensibel. Benimmt sich ein Gastgeber wie Yorgos Sohn, ist es Zeit zu gehen. Ali ist der Ärger sichtlich unangenehm. Erst wird die Kamera konfisziert, im Anschluss fast eineinhalb Stunden vor der Polizeistation ausharren und nun der aus heiterem Himmel zornige Sohn des griechischen Kapitäns. All das vor der malerischen Kulisse der aufwendig restaurierten, bunten Häuser rund um die Hafenbucht der Insel Kastelorizo. Eine groteske Situation. Man hat den Eindruck, die ganze Insel habe sich verschworen.

Yorgos Enkelin blickt verständnisvoll. Auf die Frage, was ihren Vater plötzlich so verstimmt habe, sagt sie, der Polizeichef habe angerufen und ihn aufgefordert, keine Interviews zu geben. Er habe auf der Insel viel Macht und übe auf alle erheblichen Druck aus, erklärt sie entschuldigend.

Im März 2022 besucht der griechische Ministerpräsident Mitsotakis die Türkei. Erdoğan und er versuchen, den Eindruck zu vermitteln, sie wollten vergangene Querelen überwinden. Vor den Kameras versprechen sie, man konzentriere sich in Zukunft auf vereinende statt trennende Positionen. Ein Tiefpunkt im griechisch-türkischen Verhältnis war der Ansturm von Flüchtlingen auf die griechische Grenze im Februar 2020. Einiges sprach dafür, dass Ankara ein politisches Interesse verfolgte, als Hunderte junger Männer tagelang versuchten, gewaltsam den griechischen Grenzzaun zu überwinden. Im folgenden Sommer eskalierte der Streit um Erdgasfelder im östlichen Mittelmeer. Das versöhnlich gemeinte Treffen sollte die Wogen glätten.

Die gegenseitige Charmeoffensive findet nach zwei Monaten ein jähes Ende. Mitsotakis fliegt nach Washington und reißt das Haus in Trümmer. Er fordert vor dem US-Kongress, das Risiko einer Destabilisierung des südöstlichen NATO-Flügels in Betracht zu ziehen, wenn Entscheidungen über Rüstungsexporte in der Region gefällt werden. Ohne es offen auszusprechen, rät er US-Abgeordneten, keine Lieferung von F-16-Kampfjets an die Türkei zu genehmigen.

Das ist für Erdoğan ein Schlag ins Gesicht. Dieser hatte sich seit zwei Jahren händeringend um die Genehmigung der Lieferung für die türkische Luftwaffe bemüht. Dass Mitsotakis diesen Deal verbaut hat, lässt Erdoğan toben. Er werde sich mit ihm nicht mehr an einen Tisch setzen, schimpft er öffentlich.

Warum hat der griechische Regierungschef diese Rede gehalten? Ging es ihm allein um die Sicherheit seines Landes, oder gab es ein machtpolitisches Kalkül? Der Auftritt vor dem US-Kongress und Erdoğans Reaktion bringen für das Verhältnis der beiden Regierungschefs und der Länder den Wendepunkt. In Griechenland finden im April turnusgemäß Parlamentswahlen statt, in der Türkei ebenfalls in der ersten Hälfte des Jahres 2023. Vieles spricht dafür, dass Mitsotakis, ähnlich wie Erdoğan, spekuliert, er könne nationalistische Wähler durch einen außenpolitischen Konflikt für seine Sache mobilisieren. Ein aggressiv auftretender, drohender Erdoğan treibt die Griechen eher in die Arme der konservativen Regierungspartei »Nea Dimokratia« als eine gedeihliche Partnerschaft mit dem Nachbarland, so möglicherweise das Kalkül des Griechen. Erdoğans wiederholte Drohung, die türkische Armee könne eines Nachts kommen, scheint Mitsotakis nicht zu schaden. Obwohl im Sommer öffentlich wurde, dass der griechische Geheimdienst illegal einen Oppositionspolitiker, einen Journalisten und Geschäftsleute abgehört haben soll, liegt die »Nea Dimokratia« bei Umfragen auf Platz eins. Ist der Konflikt zwischen Erdoğan und Mitsotakis eine Win-win-Situation?

Kein nüchterner Beobachter in der Region kann sich vorstellen, die beiden NATO-Partner wollten tatsächlich die vollständige Eskalation. Auf militärischer Ebene gibt es gut funktionierende Gesprächskanäle, um Missverständnisse zu vermeiden, die zu Waffengewalt führen könnten. Dennoch kommt bei Diskussionen um einen möglichen Konflikt immer wieder der Verweis auf zwei kleine unbewohnte Inseln, die griechisch Imia und türkisch Kardak heißen.

Im Januar 1996 steigen der Bürgermeister und der Priester der Nachbarinsel Kalymnos in einem Anfall von Nationalismus auf ein Boot, fahren auf eine der beiden Inseln und setzen dort eine griechische Flagge in den Boden. Einen Tag später lassen sich Journalisten der türkischen Tageszeitung *Hürriyet* von einem Hubschrauber auf der Insel absetzen, entfernen die griechische Flagge und setzen eine türkische an deren Stelle. Das Schauspiel wird live im türkischen Fernsehen übertragen. Wieder einen Tag später schickt die griechische Regierung ein Marineschiff, das erneut die Flaggen austauscht. Griechische Soldaten halten eine der beiden Insel besetzt.

In den Folgetagen liefern sich die damalige türkische Regierungschefin Çiller und der griechische Regierungschef Simitis einen verbalen Schlagabtausch. Schließlich befinden sich mehr als 30 Kriegsschiffe rund um die 4 Hektar großen unbewohnbaren Inselchen. Als nächstes versuchen türkische Soldaten, auf der griechisch beflaggten Insel zu landen. Deren Boot wird jedoch von der griechischen Marine abgedrängt. Das zweite Eiland kann die türkische Armee durch eine nächtliche Kommandooperation erfolgreich einnehmen. Ein griechischer Militärhubschrauber stürzt kurz darauf ab. Drei Soldaten sterben. Später heißt es, türkische Soldaten haben auf den Hubschrauber geschossen. Schließlich schaltet sich der damalige US-Präsident Bill Clinton ein und vermittelt. Die beiden Länder ziehen ihre Kanonenboote wieder ab. Ein Beispiel dafür, wie kurz die Zündschnur der Beteiligten sein kann.

Kameramann Akın sieht sich die Bilder von Kapitän Yorgo während der physiotherapeutischen Behandlung auf dem Mobiltelefon an. Er habe alles, was nötig sei, inklusive des plötzlichen Wutanfalls von Yorgos Sohn. Besser wäre ein Interview mit ihm gewesen, aber das wusste der Polizeichef zu verhindern.

Es ist 15.00 Uhr. Noch eine Stunde, bis die Fähre nach Kaş ablegt. Keiner der Gesprächspartner, mit denen weitere Interviews vereinbart wurden, ist zu erreichen. Cemal vermutet, der Polizeichef habe nicht nur Yorgos Sohn überredet, mit den Deutschen nicht zu sprechen. Das Mobiltelefon klingelt. Während des Gesprächs wird Cemals Gesicht länger und länger. Das sei die Zollbehörde der Insel gewesen, sagt er. Die Behördenleiterin habe uns aufgefordert in ihr Büro zu kommen. Etwas mit dem Carnet de Passages, also den Zollpapieren, unserer konfiszierten Kamera sei nicht in Ordnung.

Der Zoll hat seinen Sitz am Hafen in der Nähe des Anlegers. Die Leiterin sagt zur Begrüßung, sie freue sich besonders, dass sie an einem Sonntag wegen uns hierherkommen musste. Die Atmosphäre ist sofort feindlich. Neben ihr sitzt ihre junge Kollegin, die bei der Ankunft am Vormittag unsere Papiere anstandslos bearbeitet hat. Auf die Frage, was an den Dokumenten nicht in Ordnung sei, antwortet sie, es gebe ein Problem mit dem Ausfuhrdokument. Sie könne dieses nicht abstempeln, denn es sei lediglich für eine Ausfuhr aus Deutschland vorgesehen.

Wir sagen ihr, »Der deutsche Zoll hat uns dieses Carnet de Passages explizit für die Einreise nach Griechenland und die Ausreise in die Türkei gegeben und ein anderes gibt es nicht«. Gleichzeitig rufen wir einen Kollegen an und bitten ihn, den Zoll in München zu fragen, was bei den Dokumenten nicht stimmen könnte. Der Kollege bekommt die Auskunft, die Papiere seien in Ordnung, denn das Ausfuhrdokument, auf dem Deutschland steht, kann auf sämtliche EU-Länder übertragen werden, und Griechenland sei ein EU-Land.

Die griechische Zollbeamtin will diese Erklärung nicht akzeptieren. Sie beginnt, andere griechische Zollbehörden anzurufen. Athen, Rhodos, Lesbos. Keiner nimmt ab, denn es ist Sonntag. Um 15.45 Uhr fragen wir sie, ob sie der Einfachheit halber eine Strafe kassieren will. Sie ignoriert die Frage und versucht weiter, Kollegen per Telefon zu erreichen. Um kurz vor 16.00 Uhr kommt Kapitän Ali in die Behörde und fragt uns, wann wir endlich kommen würden, denn er müsse ablegen. Sämtliche Passagiere seien bereits auf der Fähre.

Plötzlich steht der Polizeichef in der Zollbehörde und lächelt bittersüß. Er fragt die Leiterin gar nicht, was los sei, sondern beobachtet entspannt, wie die Journalisten, denen er die Kamera abgenommen hat, immer unruhiger werden. Geht es darum, uns auf der Insel zu behalten? Schließlich sagt die Leiterin der Zollbehörde, wir müssten eine Strafe von 300 Euro bezahlen. Bevor wir auf die Fähre steigen dürfen, zwingen uns griechische Polizisten, ihnen die Aufnahmen unserer Kamera zu zeigen, die den Tag über konfisziert war. Es sind die Bilder, die Kameramann Akın während der Fahrt mit der Fähre auf dem Weg nach Kastelorizo am Vormittag gefilmt hat. Auf die Frage, was das soll, antworten sie nicht.

KAPITEL 6: Osman Kavala

Viele Oppositionelle und Intellektuelle sitzen in der Türkei aus fadenscheinigen Gründen im Gefängnis. Einer von ihnen ist der weit über die türkischen Grenzen hinaus bekannte Kulturmäzen und Philanthrop Osman Kavala. Er wurde wegen Umsturzversuchs zu einer absurd hohen Strafe verurteilt. Der Europarat, in dem die Türkei Mitglied ist, hält das Urteil und die Haft für politisch motiviert und hat deshalb ein Strafverfahren gegen die Türkei eingeleitet. Warum sitzt Kavala in Haft, und was könnte sein Schicksal mit Erdoğans Kampf um den Machterhalt zu tun haben?

Oktober 2017. Flughafen Istanbul. Die Turkish-Airlines-Maschine aus Gaziantep ist gelandet. In Reihe 14 sitzen der Kulturmäzen Osman Kavala und zwei Mitarbeiterinnen des Goethe-Instituts Istanbul. Über das Bordmikrofon wird Kavalas Name aufgerufen. Er möge bitte nach vorne kommen, bevor die anderen Passagiere aufstehen, so die Durchsage. Die drei wundern sich. Kavala vereinbart mit seinen Begleiterinnen, sich am Ausstieg zu treffen. Die Frauen verlieren den Sichtkontakt. Weil sie ihn beim Verlassen des Flugzeuges nicht antreffen, fragt einen von ihnen das Bordpersonal, was passiert ist. Er sei von der Polizei abgeführt worden, lautet die Antwort.

Szenenwechsel. Fraktionssaal der AKP im Parlament der Hauptstadt Ankara. Zorniger Blick. Die Stirn liegt in Falten. Man muss der türkischen Sprache nicht mächtig sein, um zu verstehen: Erdoğan ist wütend.

»Sie sagen, er sei Gründer und Vorsitzender einer zivilgesellschaftlichen Organisation«, tönt der Parteichef bei seinem wöchentlichen Auftritt vor den Abgeordneten. »Sie sagen, er sei ein guter Mensch und Landsmann«, fährt er mit Hohn in der Stimme fort. Dabei wollten sie nur beschönigen und davon ablenken, dass sein Name auf einer Agentenliste aufgetaucht sei, klagt Erdoğan an. Die Abgeordneten klatschen pflichtbewusst Beifall. Wen Erdoğan mit »sie« meint, bleibt sein Geheimnis. Mit »er« ist Kavala gemeint. Das scheint auch zweitrangig. Primär geht es um einen Agenten, und so einer hat in der Türkei nichts zu lachen, wissen die ihrem Präsidenten zuhörenden Parteisoldaten. Agenten arbeiten für das Ausland und sind demnach Volksverräter. Ein irreparables Stigma in dem nationalistisch geprägten Land. Der Verrat an der Heimat ist eines der schlimmsten vorstellbaren Vergehen.

Doch damit nicht genug. Die Schimpftirade gipfelt in einem antisemitischen Ausfall. Erdoğan orakelt, hinter dem Agenten Osman Kavala stecke der ungarische Jude George Soros. Der Philanthrop und Millionär ist Gründer der zivilgesellschaftlichen Organisation Open Society, die sich weltweit für Demokratie einsetzt. In der Tat unterstützte Soros in der Vergangenheit Kavalas Projekte. Die islamisch-konservativen Abgeordneten verstehen sofort – bei Kavala werde die Justiz keine Gnade kennen.

Bis Herbst 2017 geht Kavala in diplomatischen Vertretungen verschiedener EU-Länder ein und aus. Der Gründer des renommierten Anadolu Kültür-Instituts ist gern gesehener Gast auf Empfängen. Wer dem großen, schlanken, graulockigen Mann begegnet, bemerkt umgehend seine Bescheidenheit und Zurückhaltung. Gerne erzählt er von begabten türkischen Künstlerinnen und Künstlern, von Projekten, die den Zusammenhalt der Gesellschaft fördern, oder vom türkisch-armenischen Jugendsymphonieorchester, das er mitinitiiert hat. Niemals spricht der Sohn einer mit Tabakhandel reich gewordenen Industriellenfamilie von seiner Herkunft. Niemals verliert er ein Wort darüber, wie viel Geld aus dem Familienvermögen in Kunst- und Demokratieprojekte seines Instituts geflossen ist. Es war sehr viel. Der renommierte Journalist Aydın Engin beschreibt seinen Freund Kavala als Menschen, der sich stets zurücknehme und nie in den Vordergrund spiele. Ständig sage Kavala anderen, »gehe du nach vorn«.

Kultur- und Demokratieförderung ist teuer. Kavala sucht nach Partnern. Diese findet er in europäischen Institutionen wie dem Goethe-Institut, das in einer Seitenstraße der Istanbuler Einkaufsstraße Istiklal liegt, oder dem Institut Français, etwa 50 Meter entfernt vom zentralen Taksim-Platz. Eines der vom Goethe-Institut in Ko-operation mit dem Anadolu Kültür-Institut realisierten Projekte nennt sich »Orte der Kultur«. Wer herausfinden will, wie vermeintlich staatszersetzend Kavalas Arbeit sein soll, googelt den Namen »Spaces of Culture« und findet auf der Webseite Angebote wie Tanz- oder Fotografie-Workshops für Kinder.

Noch am Flughafen Istanbul versuchten die beiden Goethe-Ins-tituts-Mitarbeiterinnen, Kavala telefonisch zu erreichen. Keine Ant-wort. In Absprache mit Reimar Volker, Leiter des Goethe-Instituts, informierten sie Kavalas Mitarbeiter bei Anadolu Kültür. Fünf Jahre nach der Festnahme erzählt Volker, die Kolleginnen und Kavala seien nach Gaziantep geflogen, um Hülya Yıldız, die Leiterin der Kulturabteilung der Stadtverwaltung Gaziantep, zu treffen. Deren Chefin, Oberbürgermeisterin Fatma Şahin, sei zwar Mitglied der Erdoğan-Partei AKP und war 2011 in dessen Kabinett als Familien-ministerin, sie sei jedoch Kavalas Ideen gegenüber stets aufgeschlos-sen gewesen. Etwa zweieinhalb Stunden hatten die beiden Frauen und Kavala in Yıldız' Vorzimmer gesessen. Ständig wurden sie ver-tröstet. Irgendwann, so Reimar Volker, sei es Kavala zu bunt gewor-den. Er wollte nicht mehr warten, sei empört aufgestanden und ge-gangen. Später kamen Gerüchte auf, Yıldız und Şahin hätten sich nicht mehr mit Kavala treffen wollen, weil sie wussten, dass er in Istanbul verhaftet werden würde.

Türkische und internationale Medien berichten über die Fest-nahme. Umgehend beginnt in regierungsnahen Zeitungen und Fern-sehsendern eine Schmutzkampagne nach der Devise, wenn sämtliche Palastschreiber mit Dreck werfen, bleibt etwas hängen. So heißt es in Berichten beispielsweise, Kavala stünde mit der Gülen-Bewegung in Verbindung oder sei sogar Mitglied. Der Vorwurf ist über Mona-te hinweg Erdoğans Standardbeschuldigung gegen Andersdenkende. Regelmäßig lassen Staatsanwälte und Richter Oppositionelle wegen haltloser Terrorvorwürfe festsetzen. Weil ein großer Teil der Türkin-nen und Türken die Nacht des 15. Juli 2016 immer noch mit Schrecken im Gedächtnis hat, verfängt der Gülen-Vorwurf nach wie vor. Schließ-lich war die mit der AKP einst eng verbandelte Sekte eine Art Geheimbund, dessen Mitglieder sich nicht immer als solche outeten. Folglich könnte der Vorwurf, Kavala sei einer von ihnen, in der Öffentlichkeit verfangen.

Die Mitarbeiter des Istanbuler Goethe-Instituts seien nach Kavalas Festnahme höchst beunruhigt gewesen, erinnert sich Volker. Er selbst war es auch, hätte aber als Institutsleiter Ruhe bewahren müssen. Nicht nur im Institut in Istanbul, auch in der Zentrale in Deutschland ging die Angst um, es könnten weitere Festnahmen folgen und der Staat mache selbst vor Mitarbeitern des Goethe-Instituts nicht halt. In der regierungsnahen Tageszeitung *Yeni Şafak* hieß es, Kavala sei aus Gaziantep von einem Treffen mit dem Goethe-Institut zurückgekommen und habe dort mit ausländischen Nicht-Regierungsorganisationen Hilfsprojekte für die als Terrororganisation eingestufte PKK geplant. Ein Vorwurf, der in der Türkei erhebliche juristische Konsequenzen haben kann.

Nach Kavalas Festnahme und Inhaftierung im Istanbuler Hochsicherheitsgefängnis Silivri bekommen auch Mitarbeiter anderer zivilgesellschaftlicher Organisationen Angst. Viele Gefangene sitzen aus politischen Gründen in Silivri ein. Das Zuchthaus mit integriertem Gerichtsgebäude wirkt von außen wie eine Gefängnisstadt. Der deutsch-türkische Journalist Deniz Yücel musste ein Jahr in dem berüchtigten Gefängnis schmoren, und auch der deutsche Amnesty-Menschenrechtsaktivist Peter Steudtner wartete in Silivri drei Monate hinter einer Stahltür. Für Yücels und Steudtners Freilassung hat die Bundesregierung Sanktionen gegen die Türkei erlassen. Hermes-Bürgschaften wurden ausgesetzt, Waffenlieferungen verzögert, die Reisehinweise des Auswärtigen Amts verschärft, so dass sich die Buchungen von Türkeiurlauben deutlich reduzierten. Für den in Paris geborenen türkischen Staatsbürger Kavala sind solche Maßnahmen offenbar zu viel des Guten. Die »Terrorverdächtigen« des Silivri-Gefängnisses sind ohne jegliche Hoffnung auf Rechtsstaatlichkeit. Solange Erdoğan regiert, gibt es für die meisten kein Entkommen, keine Freiheit, keine Gerechtigkeit.

Der internationale Aufschrei nach Kavalas Festnahme ist groß. Fast alle in der Türkei vertretenen EU-Kulturinstitute und Menschenrechtsorganisationen fordern seine Freilassung. Dennoch ist es nicht einfach, in den folgenden Wochen und Monaten Interviewpartner zu finden, die bereit sind, das Vorgehen gegen Kavala zu kritisieren. Seine Ehefrau Ayşe Buğra, Professorin für politische Ökonomie, hält sich zurück. Sie wolle durch Interviews die Richter nicht verärgern, heißt es aus ihrem Umfeld. Andere haben Angst, durch öffentliche Auftritte selbst ins Visier der Justiz und des Sicherheitsapparates zu geraten.

Nach einem langen Vorgespräch und vielen Überlegungen, was man wie sagen könnte, um die Mitarbeiterinnen und Mitarbeiter nicht zu gefährden, ist Reimar Volker bereit, sich zur Causa Kavala in einem Fernsehinterview zu äußern. Zuvor spricht er den Wortlaut mit der Zentrale des Goethe-Instituts in Deutschland ab. Man sei beim deutsch-türkischen Kulturaustausch auf den Dialog mit Organisationen wie Anadolu Kültür angewiesen. Mit Partnern wie Kavala könne man hervorragende Projekt verwirklichen, so Volker im Interview.

Die Vorsicht zeigt, wie blank die Nerven liegen. Volker sei während seiner Zeit in der Türkei im Dauervisier des türkischen Geheimdienstes gewesen, denkt er im Rückblick. Dafür gebe es genügend Belege. Er geht fest davon aus, sein Mobiltelefon sei abgehört worden, und beschreibt, wie er bei Telefonaten regelmäßig Loops erleben durfte. Loop bedeutet, das vom Gesprächspartner am anderen Ende der Leitung Gesagte wiederholt sich plötzlich mehrfach. Der Gesprächspartner selbst hat hingegen lediglich den Eindruck, die Verbindung sei unterbrochen worden. Auch der Autor dieser Zeilen durfte oft diese Erfahrung machen. Den Vogel abgeschossen habe jedoch eine Aktion, die zu einer Verbalnote der Deutschen Botschaft an das türkische Außenministerium führte, erzählt Volker. Er geht davon aus, dass der türkische Geheimdienst die Federführung bei der Aktion gehabt habe.

Romana Königsbrun, ehemalige Leiterin des österreichischen Kulturforums in Istanbul, habe am Telefon angekündigt, ein Bote werde am nächsten Tag ein Dokument in das Goethe-Institut zur Unterzeichnung bringen. Etwa 15 Minuten vor dem verabredeten Abholzeitpunkt sei ein Mann gekommen und habe nach dem Dokument gefragt. Es sei ihm ausgehändigt worden. Fünfzehn Minuten, nachdem er das Institut verlassen hatte, habe sich herausgestellt, dass der Mann nicht der eigentliche Bote war, denn dieser sei dann erst angekommen. Volker nennt das ironisch einen »Gruß aus der Küche«. Später habe er sich das Video der Überwachungskamera am Eingang des Instituts angesehen. Der Geheimdienstler, der das Dokument abgeholt habe, sei lächerlich klassisch aufgetreten. Lederjacke, an der Taille durch eine Waffe ausgebeult. Die Verbalnote der Botschaft und die Forderung, das Dokument zurückzubekommen, führte zu keinem Ergebnis.

Selbst in der Anklageschrift gegen Kavala zitiert zu werden, bleibt dem Institut zur Kultur- und Sprachvermittlung nicht erspart. Die Einrichtung steht zusammen mit mehr als 30 zivilgesellschaftlichen und diplomatischen Institutionen auf einer Liste, die der Staatsanwalt von der Internetseite des Anadolu Kültür-Instituts abgeschrieben hat. Kavalas Kontakte zum Goethe-Institut und den anderen Institutionen sollen ein Beleg für sein weit verzweigtes internationales Netzwerk sein. Mit Unterstützung dieses Netzwerks habe Kavala der Türkei Schaden zugefügt, so der Tenor.

Die im März 2019 veröffentlichte 657 Seiten lange Anklageschrift versucht, Kavala als Organisator und Initiator der Gezi-Proteste von 2013 darzustellen, und ist ein Sammelsurium an Banalitäten. So weisen die offenbar im Auftrag des Palastes engagierten Juristen darauf hin, Kavalas Verein Anadolu Kültür habe in der Vergangenheit Kontakte zur SPD-nahen Friedrich-Ebert-Stiftung, zur Grünennahen Heinrich-Böll-Stiftung und eben auch zum Goethe-Institut gehabt. Um zu beweisen, dass diese Kontakte tatsächlich existieren, wird Kavalas Telefon abgehört. Bei einem solchen Gespräch kann das lauschende Geheimdienstpersonal mithören, wie sich der Kulturförderer mit der ehemaligen Leiterin des Goethe-Instituts, Claudia Hahn-Raabe, zum Abendessen verabredet.

So zitiert das Abhörprotokoll auf Seite 337 der Anklageschrift Kavala folgendermaßen: »Okay, ich spreche mit Ayşe (Kavalas Ehefrau). Wir würden uns freuen, wenn wir uns treffen könnten.«

Claudia sagte: »Wunderbar, vielen Dank.«

Kavala sagte, »Nächste Woche treffen wir uns, vielleicht besuche ich dich im Büro, wenn du Zeit hast.«

Hugh Williamson, Europa- und Asiendirektor der Menschenrechtsorganisation Human Rights Watch, stellte der türkischen Justiz ein miserables Zeugnis aus. Eine sorgfältige Überprüfung der Anklageschrift gegen Osman Kavala und fünfzehn weitere Personen bestärke die Sorge, dass eine politisch motivierte, von höchsten Stellen der türkischen Regierung vorangetriebene Schmierenkampagne die Grundlage einer polizeilich-gerichtlichen Verfolgung sei, so Williamson.

»Dort drüben steht immer ein kleiner mit dem Nötigsten gepackter Koffer«, sagt Oya Baydar. »Kommt die Polizei und nimmt mich fest, habe ich, was ich brauche – falls es länger dauern sollte«, fährt sie mit einem bittersüßen Lächeln fort. Man müsse davon ausgehen, dass es länger dauern könnte, so Baydar. Inhaftierungen von Schriftstellern, Journalisten und Oppositionellen seien Teil der beruflichen Realität in der Türkei. Angst habe sie jedoch keine, betont die 75-Jährige. Dann ginge sie eben ins Gefängnis. Viel stehlen könnten sie ihr von ihrem Leben in diesem Alter sowieso nicht mehr.

Baydar und ihr Ehemann Aydın Engin sitzen in der gemeinsamen Wohnung im Istanbuler Stadtteil Levent. Beide sind um die 75 Jahre alt, sprechen Deutsch mit leichtem Akzent und haben ihr ganzes Leben lang als regierungskritische Journalisten und Schriftsteller gearbeitet. Sie sind eher klein gewachsene Menschen. Doch wenn sie sprechen, füllen ihre Worte und Gesten den ganzen Raum. Sprache ist ihr Element. Auf den Schränken stehen Bücher und Porzellankatzen. Baydar sitzt hinter einem Schreibtisch mit Blick auf eine große Fensterfront. Engin sitzt auf seinem Sessel und sieht sich rauchend Fotos von Osman Kavala an. Es gibt keinen für die Türkei typischen Tee aus geschwungenen Gläsern, sondern Filterkaffee. Eine Angewohnheit aus den zwölf Jahren Exil in Frankfurt am Main.

Der charmante, etwas gebückt laufende Herr saß selbst mehrfach wegen kritischer Berichte im Gefängnis. 1980 verließ er nach dem Militärputsch die Türkei und lebte mit seiner Frau in Deutschland.

Er sei Taxi gefahren und habe dabei Joschka Fischer, der damals ebenfalls Taxi fuhr, als Kollegen kennengelernt, sagt Engin. Dann sortiert er die Fotos, kommentiert hier und da die Ereignisse, bei denen die Bilder aufgenommen wurden. Was könnte der Grund für Erdoğans Groll gegen den Kulturförderer Kavala sein?

Engin blickt ernst und analysiert die Inhaftierung seines Freundes Osman. Erdoğans polarisierende Reden, die qualitativ miserable Anklageschrift, der folgende Prozess, all das seien Teile einer Inszenierung. Nichts habe mit der Realität zu tun. Er glaube fest daran, seinen Freund eines Tages noch einmal umarmen zu können. Noch weiß Engin nicht, dass es dazu nie kommen wird.

Begonnen habe alles mit den sogenannten Gezi-Protesten, erklärt er. Erdoğan, damals noch Ministerpräsident, hatte große Mühe, den Aufstand zu bändigen. Genau für diese Proteste mache nun die türkische Staatsanwaltschaft Kavala verantwortlich, so Engin. Er soll mit Geld aus dem Ausland die Demonstrationen organisiert haben. Ein bizarrer Vorwurf.

Februar 2020. Polizisten in Kampfmontur haben sich vor dem Gericht in Silivri aufgebaut. Offenbar will der Staat deutlich machen, hier wird der Prozess eines Schwerverbrechers verhandelt. Zwei Monate zuvor hat der Europäische Gerichtshof für Menschenrechte in Straßburg geurteilt, die Türkei müsse Kavala aus Mangel an Beweisen freilassen. Jetzt liegt es am türkischen Richter zu entscheiden, ob er das Urteil umsetzt.

Aydın Engin lässt den Verhandlungstag Revue passieren. Kavala sei aus dem Hochsicherheitsgefängnis in das direkt daneben liegende Gerichtsgebäude gebracht worden. Viele Freunde und Unterstützer sind im Saal. Alle, so Engin, auch der vorsitzende Richter, die Polizisten und der Staatsanwalt, seien sich im Klaren darüber gewesen, dass der Angeklagte seit mehr als zwei Jahren allein aus politischen Gründen in Untersuchungshaft sitze. Beobachter rechnen mit einer weiteren Verzögerung des Prozesses. Das ginge, indem Gericht und Staatsanwaltschaft immer wieder neue Gründe fänden, um die Verhandlung zu verschieben. Anwälte und

Staatsanwaltschaft plädieren. Im Anschluss nehme der Richter von seinem Recht auf eine kurze Verhandlungspause Gebrauch, beschreibt Engin.

Das Unerwartete geschieht. Kavala wird vom Vorwurf der Finanzierung der Gezi-Proteste und der Planung eines Umsturzes freigesprochen. Der Richter folgt dem Urteil des Europäischen Gerichtshofs für Menschenrechte. Umgehend verbreitet sich die Neuigkeit wie ein Lauffeuer bei denen, die die Hoffnung auf einen türkischen Rechtsstaat noch nicht aufgegeben haben. Fernsehteams fahren nach Silivri. Üblicherweise bringen Gefängniswärter Freigelassene zu einer nur wenige 100 Meter entfernten Autobahnraststätte, wo Verwandte oder Freunde diese abholen können. Dort warten auch die Kameramänner auf Kavala. Mehrere Stunden vergehen. Irgendwann beginnt Kavalas Anwalt, Alarm zu schlagen, und erklärt, er wisse nicht, wo sich sein Mandant aufhalte. Nach einem Freispruch müssen Gefangene üblicherweise noch einmal ins Gefängnis, um ihre Sachen zu packen und bei der Inhaftierung abgegebene Wertgegenstände zurückzuerhalten. Das kann eine Weile dauern. Aber der Grund für die Verzögerung ist ein anderer.

Kurz nach dem Urteil wird es kafkaesk. Ein Richter in Istanbul, der offenbar den Befehl zum Handeln bekommen hat, erlässt einen neuen Haftbefehl wegen Beteiligung am Putschversuch des Jahres 2016. Jemand in Ankara habe angeordnet, Osman solle weiterhin eingesperrt bleiben, analysiert Engin. Präsident Erdoğan rechtfertigt den neuen Haftbefehl und sagt, dieser müsse respektiert werden. Der damalige Bundesaußenminister Heiko Maas kommentiert die Festnahme als »nicht nachvollziehbar«. Urteil, Freilassung, neuer Haftbefehl und erneute Festnahme. Alles an einem Tag. Ein Beleg dafür, wie marode der türkische Rechtsstaat sei, so Engin.

Am nächsten Tag heißt es in den Medien, der Rat der Richter und Staatsanwälte ermittle gegen die Mitglieder des 30. Gerichts für schwere Straftaten, das Kavala freigelassen habe. Er habe schon viel erlebt und gesehen, sagt Aydın Engin. Aber dieser Vorgang sei selbst für ihn bestürzend. Oya Baydar sitzt hinter dem Schreibtisch, blickt ihren Mann an und fragt nüchtern, was er sonst erwartet habe.

Herbst 2021. Er habe Hoffnung, sagt Aydın Engin. Es bestehe eine Chance, dass Osman bald freikomme. Nachdenklich blickt er aus dem Fenster auf den Gezi-Park hinab. Auf einem Spielplatz schaukeln Kinder. Laub liegt auf den Grünflächen.

Engin steht in der Redaktion der Internetzeitung T24. Hier sei einer der wenigen Orte in der Türkei, an denen unabhängige Nachrichten produziert werden, erklärt er. In Kürze findet erneut eine Verhandlung gegen Kavala statt. In den Tagen davor müsse T24 mehrere Berichte zum Prozess und den Hintergründen veröffentlichen, fordert Engin und blickt dabei streng Richtung Chefredakteur am anderen Ende des Raumes.

Aus Straßburg höre er, der Europarat, zu dem neben mehr als 40 europäischen Ländern auch die Türkei gehört, wolle Druck auf Präsident Erdoğan ausüben, Kavala frei zulassen. Der europäische Gerichtshof für Menschenrechte gehört institutionell zum Europarat. Die Mitgliedsländer, also auch die Türkei, haben sich zur Umsetzung der Urteile des Gerichtshofs verpflichtet. Die Vorwürfe in der neuen Anklageschrift gegen seinen Freund hielten die Richter in Straßburg für genauso belanglos wie in der ersten, betont der Journalist. Das werde er in seinem nächsten Artikel schreiben, kündigt er an. Durch Osmans Inhaftierung habe Rechtsstaatlichkeit für die Redaktion eine neue Relevanz bekommen. Ständig sei das Thema im Portal.

Die Redaktion befindet sich in einem der oberen Stockwerke eines Gebäudes direkt am Taksim-Platz. Um den von der Justiz veranstalteten Irrsinn in Gänze zu verstehen, sei es gut, mit ihm in den Park zu gehen. Dort setzt er sich auf eine Bank und lacht über die türkische Justiz. Um Beweise zu konstruieren, stelle die Staatsanwaltschaft kühne Behauptungen auf. So habe Kavala, um laut Anklageschrift den Aufstand zu organisieren, während der Gezi-Aktion täglich Protestierende getroffen. Als Beweis dafür habe das Mobiltelefon des Kulturförderers herhalten müssen. Dieses habe sich täglich in der Funkzelle des Gezi-Parks eingeloggt. Was die Staatsanwaltschaft jedoch verschweige, sei die Tatsache, dass Kavalas Büro direkt neben dem Gezi-Park liege und er allein aufgrund des allmorgendlichen Gangs zur Arbeit in die Funkzelle eingeloggt worden sei, so Engin.

Weil er mit Kavala befreundet ist, steht auch sein Name in der Anklageschrift. Wahrscheinlich sei er für den Staat deshalb auch eine Art Terrorist, sagt er schmunzelnd. Er habe schon viel erlebt in diesem Land. Aber die vom Staat ausgehenden Repressionen seien noch nie so schlimm gewesen wie unter Erdoğan. Dennoch denkt er, dass Kavala beim nächsten Prozesstag wenigstens in den Hausarrest entlassen werden könnte. Der türkische Präsident wolle sicherlich kein Strafverfahren des Europarats gegen die Türkei riskieren. Am Ende des Verfahrens könne sogar der Ausschluss aus dem Rat drohen, warnt Engin. Immerhin sei diese seit 1950 Mitgliedsland des Europarats und habe letztendlich stets die Urteile des Europäischen Gerichtshofs für Menschenrechte umgesetzt.

In der zweiten Oktoberhälfte fahren zu unterschiedlichen Uhrzeiten zehn Limousinen zum Außenministerium in Ankara. In einem der Autos sitzt der deutsche Botschafter Jürgen Schulz. Das Ministerium hat ihn einbestellt. Einbestellung bedeutet eine untere Stufe einer diplomatischen Sanktion. Der Botschafter muss dem Ruf ins Ministerium Folge leisten und darf sich dort zu einem Sachverhalt eine Rüge anhören. Neben Schulz sind dessen Amtskollegen aus den USA, Frankreich, Kanada, Dänemark, den Niederlanden, Norwegen, Schweden, Finnland und Neuseeland einbestellt worden. Was ist geschehen?

Die Botschaften der zehn Länder haben gemeinsam die sofortige Freilassung Kavalas gefordert. Es sei der vierte Jahrestag seit der fortgesetzten Inhaftierung, heißt es in einer Erklärung, die am 18. Oktober 2021 veröffentlicht wurde. Und weiter: Die ständigen Verzögerungen des Prozesses und das Vermischen und Erfinden bestehender und neuer Vorwürfe, nachdem Kavala bereits einmal freigesprochen wurde, werfen einen Schatten auf die Achtung von Demokratie und Rechtsstaatlichkeit sowie die Transparenz der türkischen Justiz.

Der als strammer Nationalist geltende türkische Innenminister Süleyman Soylu beschwert sich umgehend öffentlich. Inakzeptabel seien Botschafter, die gegenüber der Justiz während eines laufenden

Verfahrens eine Forderung stellen, so Soylu. Kurz darauf schäumt Erdoğan auf einer Kundgebung, er habe das Außenministerium beauftragt, die zehn Botschafter so schnell wie möglich zu »Personae non gratae« zu erklären. Die Ausweisung der Diplomaten stehe bevor.

Das gab es noch nie. Die Regierung eines NATO-Landes will die Botschafter mehrerer Verbündeter vor die Tür setzen. Erdoğan habe Maß und Ziel verloren, heißt es in diplomatischen Kreisen der türkischen Hauptstadt. Zwischen Washington, Berlin, Paris, den anderen sieben Hauptstädten und Ankara glühen die Drähte. In der Türkei lebende Staatsbürger der betroffenen Länder fragen sich, was das in letzter Konsequenz für deren Aufenthaltsstatus bedeuten könnte. Jedem ist klar, sollten die Botschafter erst einmal die Türkei verlassen, kommt monatelang kein Nachfolger. Viele diplomatische Vorgänge werden verschleppt. Die durch Corona sowieso gebremste Bearbeitung von Visaanträgen türkischer Staatsbürger könnte ins Schneckentempo fallen. Das türkische Außenministerium könnte wiederum die Bearbeitung von Anträgen der Bürgerinnen und Bürger besagter zehn Länder aussetzen.

Es wäre ein diplomatisches Fiasko mit extremen Konsequenzen für den Wirtschaftsstandort Türkei. Die türkische Währung Lira reagiert umgehend auf Erdoğans Groll und fällt auf ein Rekordtief. Der türkische Präsident benutzt regelmäßig außenpolitische Eklats, um Wählerinnen und Wähler zu mobilisieren.

Steffen Seibert, damaliger Sprecher des Bundeskanzleramtes, erklärt in Berlin, die Bundesregierung nehme Erdoğans Drohung mit Sorge und Unverständnis zur Kenntnis. Der CDU-Bundestagsabgeordnete Jürgen Hardt telefoniert mit Kontakten in Ankara und sagt, im direkten Umfeld des türkischen Präsidenten sei man besorgt, der Schritt könne der Türkei massiv schaden. İbrahim Kalın, Erdoğans außenpolitischer Berater, und Außenminister Mevlüt Çavuşoğlu wüssten, Erdoğan müsse vom Baum geholt werden. Dafür benötige er ein Entgegenkommen der zehn Länder. Etwas, das er nach der harten Ankündigung seiner Klientel als Entschuldigung und Kniefall des Auslands verkaufen kann.

Und tatsächlich schafft es vor allem Kalın, Washington eine For-
mulierung abzuringen, die jedoch banaler kaum hätte sein können.
Diese wird auf Twitter verbreitet und lautet,»im Zusammenhang
mit Fragen, die den 18. Oktober betreffen, bekennen sich die USA
weiterhin zum Artikel 41 der Wiener Konvention«. Das bedeutet,
Diplomaten sind verpflichtet, die Rechtsvorschriften des Gastgeber-
landes zu beachten. Erdoğans Palastschreiber bekommen die Inst-
ruktion, den Tweet der USA als großen Kotau zu verkaufen. Die
deutsche Botschaft retweetet die Veröffentlichung der USA. Die anderen acht Länder machen es ähnlich. Niemand verliert das Gesicht.
Der Sturm im Wasserglas ist beendet. Aber die Botschaften haben es
geschafft, den Fall Kavala der gesamten Türkei in Erinnerung zu
rufen. Ob das für den Prozess die richtige Strategie war, daran zweifeln Beobachter.

Çağlayan ist mit 300.000 Quadratmetern das größte Gericht Europas. Ein gigantischer Bau in Istanbul, der die hinein- und hinaus-
gehenden Menschen sehr klein wirken lässt. Auf dem Gebäude steht
in großen Lettern »Justizpalast«. Davor liegt ein Platz, über den in
der kalten Jahreszeit ein eisiger Wind fegt. Findet ein politischer
Prozess statt, so postieren sich vor dem Gericht dutzende Bereitschaftspolizisten mit Knüppeln, Schilden und Schusswaffen. Neben
den Bussen, die die Einsatzkräfte herbringen, steht ein »Toma«-Fahr-
zeug. Toma ist die Abkürzung für *Toplumsal Olaylara Müdahale Aracı*.
Ins Deutsche übersetzt bedeutet das, Fahrzeug für die Intervention
bei sozialen Ereignissen. Kommt es zum sogenannten sozialen Er-
eignis, kann das auf ein Fahrgestell der Marke Mercedes Benz gebaute und gepanzerte Toma mit einem Wasserwerfer auf dem Dach
die Ereignisteilnehmer auseinandertreiben. Widerstand ist zwecklos.
Aydın Engin schreitet schnellen Schrittes in gebücktem Gang mit
dem Gehstock in der Hand auf den Justizpalast zu. Dort warten
internationale Journalisten und Unterstützer Kavalas auf den Ausgang des Prozesstages. Çağlayan ist berüchtigt.
2011 wurde das Gericht eingeweiht. Seitdem saßen dutzende
Journalisten, Menschenrechtsaktivisten und Oppositionelle als An-

geklagte nur deshalb in den verschiedenen Sälen, weil sie das in der türkischen Verfassung verbriefte Recht auf freie Meinungsäußerung wahrgenommen haben. Präsident Erdoğan habe 2017 der Welt gezeigt, dass ein Grundgesetz auch nur eine Ansammlung von Wörtern sein kann, sagt Engin. Die Geschichte zeige, autoritäre, ihr Volk fest im Griff habende Führer ließen die Verfassung zum geeigneten Zeitpunkt nach ihren Vorstellungen umschreiben.

Engin begrüßt zahlreiche Bekannte. Die Polizisten in Kampfmontur beäugen die Menschen, die wegen des Prozesses gekommenen sind, misstrauisch. Neben den Ordnungshütern stehen Kollegen in Zivil. Sie tragen keine Uniform, doch ihr Auftreten und ihr Erscheinungsbild sind so konform, dass jeder sofort weiß, zu welcher Berufsgruppe sie gehören. Viele der Kavala-Unterstützer haben die Hoffnung, der Fall könne sich an diesem Tag zum Guten wenden. Immer wieder heißt es, der Europarat mache Druck. Erdoğan wolle die Eskalation mit dem Gremium sicherlich vermeiden.

Auch Engin hat das gesagt. Doch er betont gleichzeitig, es sei ein rein politischer Prozess. Nicht das Gericht urteile, sondern Staatsanwälte und Richter wüssten bereits, wie sie heute zu entscheiden haben. Die auf dem Platz Stehenden haben Übung beim Spekulieren, welches Urteil der Richter fällen könnte. Engin sagt, zumindest bestehe die Chance, dass sein Freund in den Hausarrest entlassen wird.

Auch Ayşe Buğra, Kavalas Frau, kommt auf den Platz vor dem Gerichtsgebäude. Lange war sie nicht mehr in der Öffentlichkeit zu sehen. Aus ihrem Umfeld heißt es, sie ertrage die Ungerechtigkeit ihrem Mann gegenüber in den eigenen vier Wänden besser als bei öffentlichen Veranstaltungen.

Die Professorin für politische Ökonomie führt kurze Gespräche. Bekannte umarmen sie und klopfen ihr auf die Schulter. Sie lächelt unsicher. Ihre Begleiterin signalisiert ihr, es sei Zeit, in das Gericht zu gehen. Der Prozess kann bald beginnen. Kavala nimmt an der Verhandlung per Video vom Gefängnis aus teil. Er äußert sich nicht. Im Oktober sagte er bereits, die Vorwürfe gegen ihn basierten auf

Verschwörungstheorien, beruhten auf keinerlei Beweisen und über-
schritten die Grenze der Vernunft. Irgendwann muss er resigniert
haben, denn er entschied, vor Gericht nicht mehr zu sprechen.

Am späten Nachmittag sitzt Aydın Engin auf einer der Bänke, die
vor dem Justizpalast stehen. Die Hände liegen auf dem Gehstock und
stützen den Oberkörper, auf den eine unermessliche Last zu drücken
scheint. Sein Blick geht ins Unbestimmte. Ayşe Buğra kommt aus
dem Justizpalast. Ihr Gesicht spiegelt Schmerz wider. Die Augen sind
glasig. Die Frau wirkt zerbrechlich. Etwa zwanzig Fernsehteams und
noch einmal so viele Zeitungs- und Radiojournalisten haben auf den
Ausgang des Prozesstages gewartet. Keiner der Berichterstatter stellt
eine Frage. Für einen kurzen Moment ist es zeitlos still auf dem Platz
vor dem Gebäude, das für viele Türkinnen und Türken zu einem mit
Beton gebauten Symbol des Unrechts geworden ist.

Es gehe immer so weiter, sagt Kavalas Frau mit brüchiger Stimme.
Das sei doch nicht normal und habe mit Justiz und Menschenrechten
nichts mehr zu tun. Niederschmetternd sei dieser Prozesstag für
Kavala, seine Frau und seine Freunde, so Engins Urteil. Die Verhandlung werde fortgesetzt. Der Angeklagte bleibe in Haft. Das sei
wie ein weiterer Sargnagel für den türkischen Rechtsstaat. Der Richter habe den Willen des Präsidenten verkündet, so die Überzeugung
des Journalisten. Erdoğan wolle Kavala weiter eingesperrt sehen und
nehme das angedrohte Strafverfahren des Europarats offenbar kal-
kuliert in Kauf.

Warum hält der türkische Staat Kavala seit so langer Zeit fest?
Engin antwortet, er habe darüber immer wieder nachgedacht und
nur eine Antwort gefunden. Die fortgesetzte Inhaftierung sei eine
Art Mahnung. Erdoğan lasse Kavala im Gefängnis schmoren, weil
dieser ein Symbol und eine Botschaft an die Intellektuellen des Landes sei. Wer gegen Erdoğan opponiere, ende wie Osman.

Zwei Wochen später eröffnet der Europarat das Strafverfahren
gegen Ankara. Der in der parlamentarischen Versammlung der Organisation sitzende SPD-Bundestagsabgeordnete Frank Schwabe
mahnt die türkische Regierung, der Europarat habe nun das ihm

schärfste zur Verfügung stehende Schwert gezogen. Erdoğan selbst hält sich bei einem öffentlichen Auftritt zurück mit Kommentaren. Ahmet Ünal Çeviköz, außenpolitischer Sprecher der Oppositionspartei CHP, bedauert den Vorgang und kommentiert, es gebe leider keinen Rechtsstaat in der Türkei. Das schade dem internationalen Ansehen des Landes.

Der Winter am Bosporus ist selten mild. Es regnet viel. Hin und wieder schneit es. Aydın Engin geht es schlecht. Der Rücken schmerze zunehmend. Am 24. März stirbt Kavalas Freund, ohne dass sich die beiden noch einmal sehen konnten. Engins Analyse, der gesamte Fall Kavala sei eine Inszenierung, klingt im Rückblick schlüssig. Nicht nur Kavalas Umfeld, sämtlichen Künstlern und Menschenrechtsaktivisten hängt der Fall wie ein Damoklesschwert über dem Kopf, und sie wissen, dass ihnen ähnliches blühen kann, wenn sie aufbegehren.

Gleichzeitig gibt es zwischen dem türkischen Staat und dem Westen einen anhaltenden Konflikt, der Erdoğan stark und mächtig wirken lässt, wenn er sich den Forderungen ausländischer Regierungsvertreter oder des Europarats nach einer Freilassung Kavalas widersetzt. Wie wenig das Ausschlussverfahren Erdoğan beeindruckt, zeigt sich einen Monat später in Istanbul. Das Gericht verurteilt den Demokratieförderer zu lebenslanger Haft unter erschwerten Bedingungen. Freunde und Unterstützer buhen die Richter im Çağlayan-Justizpalast nach Verkündung des Urteils aus. »Überall ist Widerstand«, rufen sie. Kavala muss das Drama per Video aus dem Gefängnis mitverfolgen.

Der Platz vor dem Gerichtssaal ist voll mit Journalisten, Oppositionspolitikern, Anwälten, Menschenrechtsaktivisten, Künstlern und mal wieder vielen Sondereinsatzkommandos der Polizei. Ahmet Şık, ehemaliger Journalist und inzwischen Abgeordneter der linken Partei TİP, formuliert seine Kritik gegenüber dem Gericht und der Regierung scharf. Er spricht von einer »Bande«, einer »Mafia«. Richter und Staatsanwälte seien nicht ernst zu nehmen. Emma Sinclair-Webb,

die seit Jahren mit viel Mut der Erdoğan-Regierung die Stirn bieten-
de Türkei-Repräsentantin der Menschenrechtsorganisation »Human
Rights Watch«, hat Tränen in den Augen. Jahrelang ergriff sie für
Kavala das Wort. Die Britin mahnt mit grenzenloser Geduld die
Missstände in der Türkei an, auch weil sie familiäre Bindungen zu
dem Land hat. Doch das Urteil gegen Kavala schien ihr für einen
Moment lang den Glauben an die Sache genommen zu haben. Es sei
noch schlimmer, als alles, was man erwartet habe, sagt sie. Es fühle
sich an wie eine Trotzreaktion des Präsidentenpalastes. Trotz gegen-
über der EU. Trotz gegenüber Washington, weil die Botschaften
Partei ergriffen hatten. Trotz gegenüber den Demokraten im Land.

Vier Monate später kommt Bundesaußenministerin Annalena
Baerbock nach Ankara. In der Berichterstattung heißt es, sie habe sich
ein Wortgefecht mit ihrem Amtskollegen Çavuşoğlu auf offener
Bühne geliefert. Baerbock fordert von Çavuşoğlu, Kavala freizulassen,
denn die Türkei müsse Urteile des Europäischen Gerichtshofs für
Menschenrechte achten. Dass Baerbocks Amtskollege keinem Streit
aus dem Weg geht, ist bekannt. Er wirft der Bundesregierung vor,
den Fall Kavala gegen die Türkei zu instrumentalisieren. Deutschland
habe auch nicht jedes Urteil des Menschenrechtsgerichtshofs umgesetzt, kontert Çavuşoğlu und wirft der Bundesaußenministerin
Doppelmoral vor.

Baerbock bekommt für ihren Auftritt positive Kritik in Deutschland. Selbst die eher konservative *Frankfurter Allgemeine Zeitung*
kommentiert, die Grünen-Politikerin habe den Konflikt nicht gescheut.
Denn »gerade gegenüber einer Regierung wie der türkischen, deren
Repräsentanten selbst gern austeilen, empfiehlt sich ein klares Wort
auch in der Öffentlichkeit«, so der FAZ-Redakteur Peter Sturm.

Andere sehen die Auftritte westlicher Politiker rein innenpolitisch
motiviert. Das inflationäre Fordern von Menschenrechten in Ägypten,
China oder der Türkei verkomme zu Lippenbekenntnissen, wenn kein
Hebel eingesetzt werde, um konkrete Ergebnisse zu erreichen. Nach
Aydın Engins Analyse ist jedoch Baerbock auch nur eine Figur in
Erdoğans Inszenierung. Ihr Engagement ist deutlich, doch folgenlos.

»Die reden und reden nur«, war eines seiner letzten Zitate, das ich in meinem Notizbuch gefunden habe. Deshalb mache Erdoğan immer so weiter, ergänzte er.

Am 2. Oktober 2022 wurde Osman Kavala 65 Jahre alt. Kemal Kılıçdaroğlu, Vorsitzender der CHP, hat versprochen, Kavala komme nach einem politischen Wandel frei. Wird Erdoğan nicht abgewählt, kann der Kulturförderer nur noch hoffen, dass das Strafverfahren des Europarats den türkischen Präsidenten zum Einlenken bewegt. Sollte er die Wahl im Frühjahr 2023 gewinnen, müsse er keine Angst mehr vor Demokratieförderern haben. Bis dahin dürfte Kavala in Haft bleiben. Ein mit dem Vorgang bestens vertrauter Bundestagsabgeordneter schreibt mir im September 2022, der Europarat werde sein Strafverfahren sicherlich nicht vor der Wahl zum Abschluss bringen. Offenbar hat man in Europas Hauptstädten inzwischen erkannt, dass Erdoğan das Vorgehen des Europarats gegen die Türkei innenpolitisch nutzen könnte, um das Narrativ des äußeren Feindes zu beschwören und den Nationalismus anzuheizen.

KAPITEL 7: Zypern

»Ankara behandelt Nordzypern wie eine Kolonie«, ärgert sich Doğuş Derya. Das müsse aufhören.

Die türkische Zypriotin ist 44 Jahre alt, groß, hat langes braunes Haar und wache Augen. Sie lebt im Norden der geteilten Mittelmeerinsel. Derya ist Abgeordnete der oppositionellen »Cumhuriyet Türk Partisi«, kurz CTP. Sie sitzt mit mehreren Mitstreiterinnen in der Parteizentrale, im historischen Zentrum des türkischen Teils von Lefkoşa. Die Frauen überlegen, wie sie junge, türkische Zyprioten überzeugen können, auf der Insel zu bleiben. Das sei die wichtigste politische Herausforderung in den kommenden Jahren, sagt Derya. Denn mit jeder jungen Frau und jedem jungen Mann, die Nordzypern verließen, nehme der Einfluss des türkischen Präsidenten Erdoğan zu. Die um Derya in einem Halbkreis sitzenden Frauen nicken.

Seit 1974 zieht sich eine Waffenstillstandslinie durch die Insel, die den türkisch geprägten Norden vom griechisch geprägten Süden trennt und inzwischen die Funktion einer Grenze hat. Auch die auf Türkisch Lefkoşa, auf Griechisch Lefkosia und auf Deutsch Nikosia genannte Hauptstadt der Insel ist wie einst Berlin durch die Grenze in zwei Hälften geteilt. Der Norden ist von der Türkei seit mehr als 48 Jahren militärisch besetzt. Viele gingen, sagen sie.

Die 23-jährige Nesrin Canbaz erzählt, sie habe im Ausland Psychologie studiert. Ihre Familie hätte die Gebühren für die Universität mit großer Mühe aufbringen können. Sie wollte zurück in die Heimat. Doch hier verdiene sie kaum Geld. Sie habe Verständnis für alle, die gehen wollen.

Tülay Sönmez ist 63 Jahre alt. Sie sagt, ihre Tochter sei in Schweden. Die komme nicht wieder. Weil die Jüngeren die Insel verließen, gleite ihnen das Land aus den Händen. Jeden Tag gebe es viele Einbürgerungen, und wenn man dagegen etwas sage, werde einem Rassismus vorgeworfen. Gemeint sind Siedler, die aus der Türkei nach Nordzypern umziehen, eine Arbeitserlaubnis und Aufenthaltsgenehmigung bekommen, schnell eingebürgert werden, an Wahlen in Nordzypern teilnehmen dürfen und so Erdoğans Einfluss stärken. Ankara greife in die Demografie der türkischen Zyprioten ein, warnt Derya.

Türkische Nordzyprioten und Türken sprechen dieselbe Sprache. Sie hören dieselbe Musik. Sie gehören zur selben Volksgruppe. Doch es gibt wichtige Unterschiede. Nordzyprioten sind zwar Muslime, doch gleichzeitig zu fast 100 Prozent säkular. Die meisten sind fest davon überzeugt, die Justiz müsse von der Politik unabhängig sein. Der Rechtsstaat ist britisch geprägt. Nordzyprioten identifizieren sich mit der Mittelmeerinsel, weniger mit der Türkei. Dennoch gibt es auch aufgrund der zyprischen Historie eine bestimmte Art von türkischem Nationalismus. Türken und Griechen auf der Insel haben sich viel Leid angetan. Das sei der erste Grund, weshalb der konservative Erdoğan-Freund Ersin Tatar bei der Präsidentschaftswahl 2020 gewinnen konnte, so Derya.

Der zweite Grund sei, der türkische Präsident Erdoğan schicke Jahr für Jahr mehr Türken auf die Insel. Inzwischen seien um die 50 Prozent der wahlberechtigten Bewohner Nordzyperns türkische Siedler. Andere Beobachter sagen, es seien um die 25 Prozent. Genaue Zahlen gibt es nicht. Deshalb kämpft Derya so leidenschaftlich um die jungen Nordzyprioten und natürlich auch darum, dass diese ihre Partei CTP wählen. Gewännen die Erdoğan-Unterstützer langfristig die Oberhand, sei die Zukunft der liberalen, säkularen türkisch-zyprischen Kultur in Gefahr, so die Abgeordnete. Die gesamte Insel Zypern gehört zur EU. Nicht nur die griechischen Zyprioten im Süden der geteilten Insel, auch die türkischen Zyprioten sind Bürger der Europäischen Union und können deshalb jederzeit in ein anderes EU-Land auswandern. Eingebürgerte Türken haben dieses Privileg nicht. Sehen türkisch-zypriotische Jugendliche keine Zukunft auf der Insel, kehren sie ihr den Rücken zu.

Nordzypern eng an die Türkei zu binden, ist keineswegs nur ein strategisches Ziel des türkischen Präsidenten, sondern gleichsam türkische Staatsräson. Die Opposition in Ankara hat Erdoğans Zypernpolitik nie fundamental infrage gestellt. Es gibt keine relevante politische Gruppe in der Türkei, die einen Abzug türkischer Soldaten von Nordzypern fordert. In der Zypernfrage, so scheint es, ist sich die Nation einig. An einem Referendum für eine Wiedervereinigung der Insel gibt es in der Türkei kaum Interesse. Die enge Bindung des türkisch geprägten Nordens an Ankara passt zum in den letzten Jahren mehr und mehr beliebten Narrativ des Blauen Vaterlandes, auf Türkisch »Mavi Vatan«. Mit »Blauem Vaterland« ist ein 462.000 Quadratkilometer großer Meeresstreifen entlang der türkischen Küste gemeint, den Ankara als Teil des türkischen Staatsgebiets proklamiert. Zum Vergleich: Deutschland hat eine Fläche von etwa 357.500 Quadratkilometern.

Zum Blauen Vaterland gehören ein kaum umstrittenes Gebiet entlang der türkischen Schwarzmeerküste, die halbe Ägäis und ein Gebiet entlang der türkischen Mittelmeerküste, das tief in die Zone zwischen Kreta und Zypern hineinreicht. Allein die Türkei hat nach der Doktrin Anspruch auf die Ausbeutung des Blauen Vaterlandes. Zypern wird westlich, nördlich und östlich der Insel ein kleiner Streifen an eigenem Gewässer zugestanden. Südlich der Insel öffnet sich der Streifen Richtung Libanon und Israel. Bewohnte, direkt vor der türkischen Küste liegende griechische Inseln haben nach der Doktrin auf der Land- beziehungsweise Seekarte kein Anrecht auf ein eigenes Seegebiet.

Ein türkischer Admiral außer Dienst entwickelte das zu Erdoğans Machtfantasien wie angegossen passende, aber mit griechischen und südzyprischen Interessen kollidierende Konzept. Athen hat im Gegensatz zur Türkei das internationale Seerechtsabkommen der Vereinten Nationen unterzeichnet. Dieses gesteht bewohnten Inseln zu, das Gewässer vor der Küste wirtschaftlich zu nutzen. Die im Süden Zyperns lebenden griechischen Zyprioten gehen davon aus, ihre Heimat – ein souveräner EU-Staat – habe ebenfalls ein Anrecht auf die vor den Küsten liegenden Gewässer im Mittelmeer.

Die Doktrin des Blauen Vaterlandes verschärft den Streit um Erdgas zwischen der Türkei und den beiden Nachbarn Griechenland und Zypern. 2011 entdeckt das Unternehmen Noble Energy südlich von Zypern das Gasfeld Aphrodite. Es liegt auf etwa 1.700 Metern Tiefe. Die potenzielle Größe wird auf etwa 129 Milliarden Kubikmeter geschätzt. Das wäre für den Verbrauch der Insel eine stattliche, aber für den Export laut Experten nur geringe Menge. Die Exploration ist aufgrund der Tiefe sehr teuer. Lohnen könnte es sich, wenn das Gasfeld im Verbund mit anderen Feldern ausgebeutet wird.

Das griechisch geprägte Südzypern und die EU gehen davon aus, dass allein der international anerkannte Teil der Insel einen legitimen Anspruch auf die Ausbeutung der Ressource hat. Erdoğan sieht das diametral anders. Könnte die Türkei gemeinsam mit Nordzypern die Ressource für sich und den Export nutzen, und zusätzlich Gas anderer Länder als Verteilerland nach Europa liefern, brächte das Erdoğan wirtschaftliche Freiheiten und würde die geopolitische Stellung seines Landes deutlich stärken. Ankara erkennt die Regierung von Südzypern nicht an. Gleichzeitig ist die Türkei das einzige Land der Welt, welches das De-facto-Regime in Nordzypern anerkennt. Um seinen Anspruch auf Gas aus zyprischen Gewässern geltend zu machen, setzt Erdoğan auf Kriegsschiffe. In der EU nimmt man sein Gebaren als Hybris wahr.

Südzypern hat sich zwischen 2003 und 2010 mit den drei im Osten beziehungsweise im Süden der Insel liegenden Ländern Libanon, Israel und Ägypten auf Grenzen ausschließlicher Wirtschaftszonen im östlichen Mittelmeer geeinigt. Die Grenzziehung findet gemäß des internationalen Seerechtsabkommens der Vereinten Nationen statt, dem die Türkei nie beigetreten ist. Demnach hat jedes an einem Meer gelegene Land einen Festlandsockel, dessen natürliche Ressourcen nur dieses Land ausbeuten darf. Die vom Festlandsockel abgeleitete Ausschließliche Wirtschaftszone kann bis zu 200 Seemeilen, also etwa 370 Kilometer betragen. Da die Küsten der um das östliche Mittelmeer liegenden verschiedenen Länder in den meisten Fällen weniger als 400 Kilometer voneinander entfernt sind, können bilaterale Grenzen der Ausschließlichen Wirtschaftszonen vereinbart werden, die jedoch für Drittstaaten nicht bindend sind.

Die Türkei erhebt als Interessenvertreter Nordzyperns Anspruch auf Erdgas im Süden Zyperns. Südzypern könne die Ressource nur in Übereinkunft mit Nordzypern ausbeuten, so Ankara. Das sei jedoch erst möglich, wenn die Zypernfrage grundsätzlich gelöst sei. Um die türkische Position zu untermauern, vereinbart Ankara mit dem De-facto-Regime der Türkischen Republik Nordzypern im Jahr 2011 Seegrenzen. Im Anschluss fordert Nordzypern die staatliche türkische Bohrgesellschaft auf, Erkundungen rund um Zypern vorzunehmen. Südzypern bemüht sich in den Jahren nach dem Fund ebenfalls um Bohrunternehmen in Form von Ausschreibungen. Ein gefährlicher Konflikt bahnt sich an.

Doğuş Derya hebt die Hand für das Victory-Zeichen. Es ist das Ende einer Rede im Parlament, bei der sie wieder einmal Erdoğan scharf angegriffen hat. Diesmal wettert sie gegen eine der türkischen Militäroffensiven in Nordsyrien. Als sie sich vom Rednerpult entfernt, wirft der nationalistische Abgeordnete Bertan Zaroğlu der Parlamentskollegin Derya ein zusammengeknülltes Papier an den Kopf. Er ist Mitglied einer Partei, die vor allem die Interessen türkischer Siedler vertritt, und offensichtlich kein Gentleman. Die in einem Youtube-Video festgehaltene Szene hat etwas Verstörendes.

Derya blickt nachdenklich auf den Monitor. Ihre offen Erdoğan-kritische Haltung war für die Politikerin zeitweise ein lebensbedrohliches Risiko. Erdoğan wolle Nordzypern islamisieren und turkisieren, sagt sie. In einer anderen Rede beklagt sie mit scharfen Worten, Erdoğan habe, ohne die Nordzyprioten zu fragen, entschieden, am Rande der Hauptstadt Lefkoşa einen Präsidentenpalast bauen zu lassen. Solche verbalen Angriffe auf den türkischen Machthaber führten dazu, dass türkische Nationalisten Derya vor ein paar Jahren mit Mord drohten. Vorübergehend zog sie mit ihren Eltern in ein anderes Haus, bekam Polizeischutz. Oppositionelle, die sich mit Erdoğan so konfrontativ anlegen wie Derya, sind offenbar auch auf der Mittelmeerinsel Zypern nicht sicher.

Regierungsnahe Medien in der Türkei haben wiederholt hasserfüllte Berichte über die Abgeordnete veröffentlicht. Der türkische Außenminister Çavuşoğlu soll sie als PKK-Unterstützerin bezeichnet haben. Derya muss vorsichtig sein. Dennoch will sie das deutsche

Fernsehteam an zwei Orte auf Nordzypern führen, wo der wachsende Einfluss Erdoğans deutlich zu sehen sei. Auch will sie zeigen, wie sie versucht, junge Menschen zu motivieren, Nordzypern nicht aufzugeben.

Ihre Partei lag bei den vergangenen Wahlen bei unter 40 Prozent. Mit dem Wahlsieger Ersin Tatar konnte der türkische Präsident einen Statthalter in der sogenannten Türkischen Republik Nordzypern installieren. Dieser sieht seine Aufgabe offenbar im Umbau des Inselteils zur 82. Provinz der Türkei.

Zypern hat eine blutige Historie. Von 1570 bis 1878 gehörte es zum Osmanischen Reich. Dann kontrolliert das Vereinigte Königreich die Insel. Vom Griechisch-Türkischen Krieg in den Jahren 1921/22 bleiben die Zyprioten verschont. In den folgenden Jahrzehnten wehrt sich der griechische Teil der Bevölkerung zunehmend gegen die britische Besatzung. Ziel ist es, zu Griechenland zu gehören. Großbritannien will das verhindern, doch 1960 erlangt die Insel die Unabhängigkeit. Die türkisch-zypriotische Minderheit von circa 18 Prozent habe kein Interesse an der Vereinigung mit Griechenland gehabt und deshalb mit den Briten kooperiert, so Hubert Faustmann, Professor für Geschichte und internationale Beziehungen an der »University of Nicosia«. Es sei zu bürgerkriegsähnlichen Auseinandersetzungen und einem Kompromiss gekommen, den keiner gewollt habe. »Ein unabhängiger Staat, basierend auf einer Machtteilung zwischen der circa 78 Prozent umfassenden griechisch-zypriotischen Mehrheit und den durch die Briten von einer Minderheit zu einer zweiten Volksgruppe aufgewerteten türkischen Zyprioten, die durch Vetorechte politisch nahezu gleichberechtigt sind«, so Faustmann. Großbritannien, die Türkei und Griechenland erklären sich zu Garantiemächten der zyprischen Verfassung, die sowohl auf die griechische als auch die türkische Ethnie ausgerichtet ist. Britische Soldaten sind weiterhin auf der Insel stationiert.

Der Präsident soll stets griechischer und der Vizepräsident türkischer Zypriot sein. Die Rangordnung ist dem Größenverhältnis der beiden Bevölkerungsgruppen geschuldet. Präsident und Vizepräsident können politische Entscheidungen durch ein Veto blockieren. Das

bremst den Aufbau eines funktionierenden Staates. 1963 will Präsident
Makarios die Verfassung ändern und die Vetorechte der türkisch-
zypriotischen Seite aufheben lassen. Der türkische Teil der Regierung
lehnt die Idee ab. Die politische Lage ist hoch angespannt.

Am 21. Dezember töten griechisch-zypriotische Polizisten türkisch-
zypriotische Zivilisten. In der Folge kommt es zu weiteren Ausschreitungen und blutigen Kämpfen. Dabei sollen mehrere Hundert türkische und viele griechische Zyprioten getötet worden sein. Die Rivalen Griechenland und Türkei sind kurz davor, sich militärisch
einzumischen. Schließlich sollen Blauhelme der Vereinten Nationen
den Konflikt befrieden. Türkische Zyprioten fliehen in auf der Insel
verstreute Enklaven, wo sie über Jahre hinweg unter ökonomisch
äußerst schwierigen Bedingungen leben.

1967 kommt ein rechtsextremes, griechisches Militärregime in
Athen an die Macht. Zwar verabschiedet sich der griechisch-zyprische
Präsident Makarios von der Idee eines Anschlusses der Insel an
Griechenland. Dennoch putschen 1974 griechisch-zyprische Soldaten
gegen die Makarios-Regierung. Daraufhin besetzt die türkische Ar-
mee den Norden der Insel. Bei Kämpfen werden mehrere Tausend
Menschen getötet.

Ankaras Soldaten bleiben. Im Zuge der türkischen Militärinter-
vention verschwinden mehr als 1.000 griechische Zyprioten. Die juristische Verantwortung dafür wird nicht festgestellt. Etwa 200.000 Menschen werden zwangsumgesiedelt. Türkische Zyprioten, die bis dato
im Süden lebten, »fliehen in britische Militärbasen, werden von dort
in die Türkei gebracht und gelangen schließlich in den Norden Zyperns«, so Professor Faustmann. Griechische Zyprioten werden in
den Süden vertrieben.

In den Folgejahren bemühen sich die Vereinten Nationen und die
Europäische Union wiederholt um eine Wiedervereinigung der Insel.
Der absolute Tiefschlag dabei ist die Ablehnung des sogenannten
Annan-Plans im Jahr 2004. Zwar stimmen mehr als 60 Prozent der
türkischen Zyprioten für die durch den Plan vorgesehene Wiedervereinigung, doch mehr als 70 Prozent der griechischen Zyprioten
lehnen das Vorhaben ab. Beide Seiten hätten zustimmen müssen.

Dennoch tritt die Insel als Ganzes am 1. Mai 2004 der Europäischen Union bei. Sowohl griechische als auch türkische Zyprioten sind seitdem Bürger der EU, türkische Siedler jedoch nicht.

Alle folgenden Verhandlungen für eine Wiedervereinigung der Insel scheitern. Die Türkische Republik Nordzypern bleibt ein lediglich von der Türkei anerkanntes und von türkischen Truppen besetztes Regime. Das zweigeteilte Zypern ist zwischen der Türkei und Griechenland gefangen und spiegelt das Verhältnis der beiden seit Jahrhunderten im Streit liegenden Rivalen wider. Erst auf eine tiefgreifende und ehrliche Aussöhnung zwischen Ankara und Athen, so scheint es, kann auch eine Lösung des Zypernkonflikts folgen. Doch solange beide Länder nicht davon ablassen wollen, die Gegnerschaft rund um die Ägäis immer wieder aufs Neue zu befeuern, werden auch die Inselbewohner nicht zueinanderfinden.

2011 schickt Erdoğan ein Erkundungsschiff in die von Südzypern beanspruchten Gebiete. Der Einsatz führt zu keinem neuen Gas-Fund. In den Folgejahren beklagt sich die griechisch-zypriotische Regierung wiederholt, türkische Kanonenboote würden von Südzypern beauftragte Erkundungsschiffe bedrängen. Ankara pocht auf das Argument, auch Nordzypern habe Anspruch auf südlich der Insel gelegene Gasfelder. Die Türkei, Nordzypern und Südzypern melden folglich Ansprüche auf sich überschneidende Gewässer an. Ein gordischer Knoten.

2018 sucht im Auftrag der südzyprischen Regierung ein Erkundungsschiff des italienischen Unternehmens *Eni* nach Gas. Doch es kommt zu einem ähnlichen Vorfall wie einige Jahre zuvor. Die türkische Marine habe das Erkundungsschiff von Bohrungen abgehalten, beklagt sich die südzypriotische Regierung. Der griechisch-zypriotische Präsident Anastasiades spricht vom Bruch internationalen Rechts. Der nie um deutliche Töne verlegene Erdoğan beschimpft internationale Bohrfirmen als »Seeräuber«, denen man nicht das Feld überlassen werde. Seine Strategie, Bohrrechte mit Kanonenbooten durchsetzen zu wollen, wird immer offensichtlicher.

Südzypern verfügt selbst über keine schlagkräftige Marine. Das kleine Land kann lediglich die Europäische Union um Hilfe bitten.

Werden sich die Mitgliedsländer der EU für Südzypern stark machen und dafür einen Konflikt mit der Türkei eingehen? Im Juni 2019 meldet die regierungsnahe türkische Zeitung *Daily-Sabah*, Ankara habe das Bohrschiff Yavuz, begleitet von der Fregatte Fatih, in zyprisches Gewässer geschickt.

Im Sommer 2019 verhängen die EU-Außenminister Sanktionen gegen Ankara und mahnen, Erdoğan müsse von Kriegsschiffen begleitete Erkundungen einstellen. Die EU kürzt Beitrittshilfen, stoppt Verhandlungen für ein Luftverkehrsabkommen und fordert die Europäische Investitionsbank auf, eine Einschränkung ihrer Kredite für die Türkei zu prüfen. Michael Roth, Europastaatsminister im Auswärtigen Amt, sagt, türkische Provokationen seien inakzeptabel, und man stünde an Zyperns Seite. Sollte die Türkei nicht einlenken, seien auch andere Arten von Sanktionen denkbar, droht der SPD-Mann.

Am 27. November 2019 unterzeichnen Ankara und Tripolis eine Absichtserklärung zur Festlegung gemeinsamer Seegrenzen. Ein raffinierter Schachzug des türkischen Präsidenten, der den Druck im Gasstreit erhöhen soll. Erdoğan unterstützt Libyens international anerkannten Regierungschef Fayez al-Sarraj mit Kampfdrohnen im Bürgerkrieg gegen den Warlord Chalifa Haftar. Folglich ist al-Sarraj dem türkischen Präsidenten einen Gefallen schuldig. Durch die Absichtserklärung macht die Türkei deutlich, dass sie einen großen Teil des östlichen Mittelmeers für sich beansprucht. Die in dem Abkommen vereinbarte Seegrenze läuft direkt an der Ostküste Kretas entlang und spricht der griechischen Insel das Recht auf eine eigene Ausschließliche Außenwirtschaftszone völlig ab. Durch das Vorgehen unterstreicht Erdoğan, dass ihn EU-Sanktionen kalt lassen. Griechenland schließt im Gegenzug im Jahr 2020 ein Abkommen mit Ägypten und macht so seine Ansprüche deutlich. Erneut kommt es zu gefährlichen Überschneidungen von Gebietsansprüchen aufgrund nicht abgesprochener Vereinbarungen der Seegrenzen. Die Lage wird immer verfahrener.

»Ich traue Erdoğan alles zu«, sagt Kyriakos Hadjiyiannis. Der Abgeordnete blickt im Februar 2020 hinaus aufs Meer und sagt mit fester Stimme: »Das Gewässer vor uns, bis weit hinter dem Horizont, ist Teil der zyprischen Ausschließlichen Außenwirtschaftszone. Die Vereinbarung ist mit Libanon und Israel getroffen worden. Ignoriert Erdoğan dies, bricht er internationales Recht«. Hadjiyiannis warnt, Erdoğan sei auch zu einem militärischen Konflikt bereit. Die griechischen Zyprioten seien von einer Militärmaschine bedroht. Zypern selbst verfüge nur eingeschränkt über Streitkräfte, gibt er zu. Natürlich gebe es ein echtes und unberechenbares Risiko für die Sicherheit der Insel, und das seien Erdoğans Schiffe, die vor der Küste kreuzen. Aber die EU lasse die Zyprioten nicht allein, hofft er.

Erdoğans Argument, Zypern könne nur mit Beteiligung des türkisch besetzten Nordens der Insel Gas aus dem Meeresboden explorieren, sei vorgeschoben. Man habe sich Gedanken gemacht, wie der Norden zu seinem Recht kommen könnte. Entsprechend der Anzahl der im Norden lebenden original türkischen Zyprioten könnten Erlöse aus dem gewonnenen Gas auf ein Konto einbezahlt werden, auf das die türkischen Zyprioten spätestens bei der Wiedervereinigung der Insel Zugriff bekämen. Wenn den Betroffenen dieses Angebot nicht gefalle, könnte man über alternative Lösungen nachdenken.

Aber Erdoğan gehe es doch gar nicht um die Nordzyprioten, empört sich Hadjiyiannis. Es gehe ihm darum, dass die Türkei Zugriff auf eine günstige Energiequelle bekommt, denn dann wäre Erdoğans Wiederwahl, die aufgrund wirtschaftlicher Schwierigkeiten gefährdet sei, im Jahr 2023 gesichert. Leider verstünde der türkische Machthaber nur eine Sprache, so Hadjiyiannis, und deshalb wolle er uns etwas zeigen. Eine knappe Stunde dauert die Fahrt mit dem Auto in den Süden der Insel nach Limassol. Im Hafen der Stadt liegt ein gigantisches Schiff. Ein Flugzeugträger. Der französische Präsident Macron habe die »Charles de Gaulle« geschickt, damit Erdoğan zur Vernunft komme, so der Abgeordnete. Eine eindrucksvolle Demonstration der Macht. Bringt sie Erdoğan zum Einlenken? Auf dem Deck stehen Rafale-Kampfflugzeuge französischer Bauart. Ein in Istanbul stationierter NATO-Offizier erklärt, man müsse wissen, der Flugzeugträger sei nicht allein unterwegs. In seinem Umfeld bewegten sich weitere Schiffe der französischen Marine wie ein Bienenschwarm um die

Königin. Die Überwachungstechnologie dieser Flotte könne jede Bewegung anderer Schiffe im östlichen Mittelmeer verfolgen.

Ende Februar 2020 erweitert die Europäische Union die Sanktionen aufgrund des Gasstreits. Zwei Manager eines staatlichen türkischen Gas- und Ölkonzerns sind betroffen. Sie dürfen nicht mehr in die EU einreisen, und ihre Vermögen werden eingefroren. Unternehmen in der EU, die mit den beiden Geschäfte machen, müssen mit Strafmaßnahmen rechnen. Kein Grund für Erdoğan einzulenken.

Am 11. August 2020 sticht das Explorationsschiff *Oruç Reis* in See. Die Erkundungstour gilt als Reaktion auf das bereits erwähnte, nur fünf Tage zuvor, zwischen Griechenland und Ägypten geschlossene Abkommen. Das Bohrschiff wird von mehreren Kanonenbooten begleitet. Die türkische Marine stellt martialische Drohnenaufnahmen der Flotte internationalen Nachrichtenagenturen zur Verfügung. Die Bilder laufen auf allen Fernsehsendern weltweit. Die Botschaft ist offensichtlich. Die Türkei werde ihren Anspruch unter Umständen mit Waffengewalt einfordern. Diesmal bewegen sich die Schiffe in griechischem Gewässer östlich von Kreta. In der Absichtserklärung mit Tripolis hat die Türkei den Meeresstreifen neben der griechischen Insel bereits für sich beansprucht.

Noch einmal mahnt die Europäische Union Ankara zur Mäßigung. In Brüssel laufen die Drähte heiß, denn allen ist klar, Griechenland wird eine Provokation nicht ohne Weiteres hinnehmen und hat im Gegensatz zu Südzypern eine schlagkräftige Marine, um der Türkei Antwort zu geben.

Die griechische Marine nimmt die Fährte der *Oruç Reis* auf. Am 12. August sind das türkische Bohrschiff und die begleitenden türkischen Fregatten in Sichtweite der Griechen. Laut eines Medienberichts versucht der Kapitän des türkischen Kriegsschiffs *Kemal Reis*, der griechischen Fregatte *Limnos* den Weg abzuschneiden. Ein Ausweichmanöver im letzten Moment scheitert. Die *Limnos* rammt und beschädigt das türkische Schiff. Kurz nach dem Vorfall teilen die türkischen Streitkräfte ein Video, das den einwandfreien Zustand der Fregatte *Kemal Reis* belegen soll. Es sieht so aus, als wolle man in keinem Fall eine Niederlage eingestehen. Präsident Erdoğan warnt am nächsten Tag, wer das türkische Bohrschiff angreife, werde einen hohen Preis bezahlen. Der griechische Regierungschef Mitsotakis mahnt Erdoğan, vernünftig zu bleiben, und droht ebenfalls, man werde Provokationen beantworten.

Unterdessen legt ein Kriegsschiff der US-Streitkräfte im Hafen von Kreta an. Ein Schiff der russischen Marine kreuzt im östlichen Mittelmeer. Nach einem Gespräch zwischen dem französischen Präsidenten Macron und dem griechischen Regierungschef Mitsotakis erklärt das französische Präsidialamt, Frankreich verstärke seine Militärpräsenz im östlichen Mittelmeer, um die Einhaltung internationalen Rechts sicherzustellen. Macron entscheidet, der Flugzeugträger *Charles de Gaulle* soll in die umstrittenen Gewässer fahren. Die Fregatte *La Fayette* ist bereits vor der Ostküste Zyperns im Einsatz. Ein gefährliches Kräftemessen bahnt sich an.

Macron sieht Erdoğans expansionistische Außenpolitik als ernsthafte Bedrohung für den Frieden im östlichen Mittelmeer. Mehrere Ereignisse sind Grund eines tiefen Misstrauens zwischen den beiden Präsidenten. Nach dem türkischen Einmarsch im Herbst 2019 in Nordsyrien spricht Macron vom Hirntod der NATO. Erdoğan entgegnet, Macron solle sich am Hirn untersuchen lassen. Eine Beleidigung, auf die es zur passenden Zeit aus französischer Sicht eine Antwort geben muss. Im Dezember fragt Macron mit Blick auf die Türkei bei einem Besuch in Washington vor Medien, wie man gleichzeitig NATO-Mitglied sein und von Russland ein Raketenabwehrsystem kaufen könne. Eine Botschaft, die das Ziel hat, US-Senatoren und Kongressabgeordnete gegen die Türkei aufzubringen.

Im Juni 2020 nimmt ein türkisches Kriegsschiff die französische Fregatte *Courbet* vor der libyschen Küste dreimal mit dem Feuerleitradar ins Visier. Die *Courbet* ist im Rahmen des NATO-Überwachungsmandats »Sea Guardian« im Einsatz. Ziel des Mandats ist die Verhinderung von Waffenlieferungen in das umkämpfte Libyen. Der Türkei wird von verschiedenen Seiten vorgeworfen, das Embargo zu unterlaufen. Ankara spielt den Vorfall herunter. Ein irritierendes Intermezzo zwischen NATO-Partnern.

Die »Grand Nation«, eine Atommacht mit dem Selbstverständnis, Europa militärisch anzuführen, sieht Erdoğan seit Längerem skeptisch. Ex-Präsident Sarkozy sagte bereits 2007, der Platz der Türkei sei nicht in Europa. Macron nimmt Erdoğans expansionistische Außenpolitik in Syrien, Irak oder Libyen als Provokation wahr. Paris sieht Syrien und auch nordafrikanische Länder wie Libyen aufgrund des französischen Mandats zwischen 1920 und 1946 als Teil seiner Einflusssphäre, und unabhängig davon, ob das historisch stimmt, hat sich die Türkei aus Sicht des Élysée-Palasts dort zurückzuhalten.

Im Gasstreit versucht auch der deutsche Außenminister Heiko Maas, zwischen Athen und Ankara zu vermitteln. Sein Handeln wird von der griechischen Regierung als zu türkeifreundlich wahrgenommen. Vor einer Reise in beide Hauptstädte erklärt er, die Länder seien NATO-Verbündete. Lösungen für die Streitfragen um Erdgasvorkommen im östlichen Mittelmeer könne es nur auf Grundlage des Völkerrechts und im aufrichtigen Dialog miteinander geben. Von einer klaren Verurteilung Erdoğans hält er Abstand. Ob Frankreich und Deutschland in dem Konflikt an einem Strang gezogen haben, ist unklar. Erdoğan kennt die Schwäche der Europäischen Union, in heiklen Situationen nationale Interessen vor die des Staatenbündnisses zu stellen, und weiß dies auszunutzen. Von dem von Maas geforderten aufrichtigen Dialog sind die beiden Kontrahenten Türkei und Griechenland weit entfernt. Athen startet stattdessen ein dreitägiges Militärmanöver.

Der deutsche Außenminister klingt nach Gesprächen mit dem Amtskollegen in der griechischen Hauptstadt besorgt. »Wenn in der Region Kriegsschiffe mit scharfer Munition üben, können Unfälle zu einer militärischen Eskalation führen«, warnt er. Beim Ende August stattfindenden informellen Außenministertreffen der EU lehnt die Bundesregierung schärfere Sanktionen gegen die Türkei ab und fordert eine diplomatische Lösung. Auf demselben Gipfel sollten wegen manipulierter Präsidentschaftswahlen Strafmaßnahmen gegen Belarus beschlossen werden. Zypern droht aufgrund der deutschen Zurückhaltung gegenüber der Türkei, die Strafmaßnahmen gegen Belarus zu boykottieren. Eine Entscheidung über Sanktionen wird dem Anfang Oktober tagenden Rat der EU-Regierungschefs überlassen.

Am 12. September besucht US-Außenminister Pompeo Zypern. Er fordert die Türkei auf, Handlungen, die zu Spannungen im Mittelmeer führen, einzustellen. Die Beteiligten sollen zur Diplomatie zurückkehren. Die USA seien äußerst beunruhigt über die fortgesetzte Suche der Türkei nach Erdgas in Gebieten des östlichen Mittelmeers, auf das Griechenland und Zypern Anspruch haben. Zypern habe das Recht, Erdgas vor seiner Küste zu fördern. Sein Besuch auf der Insel könne als Ergänzung zu Telefonaten des US-Präsidenten Trump mit Erdoğan und Mitsotakis verstanden werden, sagt der US-Außenminister zu Journalisten. Plötzlich kühlt sich Erdoğans Gemüt ab. Offenbar muss erst Washington mit einer klaren Ansage deutlich machen, wo die roten Linien liegen.

Am 13. September kehrt die *Oruç Reis* in den Hafen von Antalya zurück. Das Risiko eines bewaffneten Konflikts im östlichen Mittelmeer ist vorerst gestoppt. Aus NATO-Militärkreisen heißt es, Erdoğan habe die Sanktionsdrohungen der EU kaum ernst genommen. Diese halte Erdoğan für Papiertiger, denn echte Strafmaßnahmen seien ein zweischneidiges Schwert. Aufgrund wirtschaftlicher Verflechtungen mit der Türkei schadeten harte Sanktionen gegen Ankara immer auch den Ländern der EU selbst. Die Bundesregierung schrecke im Übrigen vor einer Eskalation zurück, weil man Erdoğan dankbar sei, dass er die Grenzen im Osten der Türkei geschlossen halte und weitere Flüchtlingsbewegungen verhindere, so die Informationen aus der NATO. Vielmehr haben Erdoğan einerseits die Entscheidung des Élysées-Palasts, französische Marine in das östliche Mittelmeer zu schicken, und andererseits die Mahnung des US-Präsidenten zum Einlenken bewegt. Eine Rolle dürfte auch die Beteiligung der Türkei am französisch-italienischen Abwehrraketensystem SAMP/T gespielt haben. Seit 2017 hat Ankara Aussichten, bei der Entwicklung des Systems dabei zu sein. Eine Konfrontation mit Frankreich hätte diese Option zunichte gemacht.

Die Allmacht hat Grenzen. Der Gasstreit hat die Lage im östlichen Mittelmeer nachhaltig verändert. Beobachter sagen, ein so hohes

Risiko für eine ernsthafte kriegerische Auseinandersetzung zwischen der Türkei und Griechenland habe seit Jahrzehnten nicht mehr bestanden. Erdoğans Kanonenbootpolitik im östlichen Mittelmeer ist konfrontativ und hochgefährlich. Die Gefahr besteht, dass er im Wahlkampf vor dem Urnengang 2023 erneut ein Bohrschiff mit Marinebegleitung losschickt, um eine weitere Krise zu provozieren und nationalistische Gemüter in der Türkei in Wallungen zu bringen. Solch ein Momentum könnte seine Chancen auf einen Wahlsieg deutlich erhöhen.

»Da, noch ein Bordell, und dort noch eins«, ärgert sich Derya. Die eine Hand hat sie am Steuer, mit der anderen zeigt sie auf Gebäude, an deren Wänden schillernde Namen wie Pascha, Playboy oder Prinzessin zu lesen sind. Glücksspiel und Prostitution haben in Nordzypern Konjunktur, so die Abgeordnete. Zuhälter und Menschenhändler meldeten in den vergangenen sechs Jahren junge Frauen an den zahlreichen privaten Universitäten an, damit diese als Sexsklavinnen arbeiten. Da die Türkische Republik Nordzypern kein anerkannter Staat ist, haben Interpol und Co. keine Chance, das organisierte Verbrechen im De-facto-Regime zu bekämpfen. Inzwischen gibt es etwa 100.000 Studenten in Nordzypern. Der Großteil kommt aus der Türkei. Viele stammen aber auch aus zentralafrikanischen Ländern. In manchen Vierteln Lefkoşas dominieren sie inzwischen das Straßenbild. Ein Teil von ihnen bringt ausreichend Geld mit, um sich die Kosten für das Studium leisten zu können. Andere müssen als billige Arbeitskräfte auf dem Schwarzmarkt einem Job nachgehen. Zumindest gebe es kaum rassistische Ausfälle gegenüber den aus Afrika stammenden Studierenden, sagt Derya. Nicht wenige türkische Zyprioten haben Wohnungen gekauft, die sie an Studenten vermieten. Ein lukrativer Nebenerwerb auf einer Insel, die kaum Wirtschaftsstruktur hat. Glücksspiel, Prostitution und Universitäten. Ein ungutes Gemisch. Derya fährt an einer großen Baustelle vorbei. Hier werde der Präsidentenpalast gebaut. Ein Symbol für die Kolonialisierung durch die Türkei, kritisiert sie. Etwas weiter am Stadtrand steht die überdimensionale, durch eine religiöse türkische Stiftung finanzierte Hala-Sultan-Moschee, erbaut zwischen 2013 und 2019. Zum

Gotteshaus gehört die religiöse Hala-Sultan-Schule für Theologie, um Kindern und Jugendlichen neben Mathematik und Geografie ein islamisches Weltbild zu vermitteln. 20 Millionen Dollar sollen die beiden Gebäude gekostet haben. Professor Faustmann bestätigt Deryas Kritik. Ein massiver Druck werde ausgeübt, Religion in den Schulen zu verankern und Moscheen zu bauen, sagt Faustmann. Der Versuch einer kulturellen Transformation werde aggressiv vorangetrieben. All das mache es so schwierig, junge türkische Zyprioten davon zu überzeugen, hier zu bleiben, so Derya.

Von der Zahrastraße in Lefkoşa aus kann man über einen großen Graben Richtung Südzypern blicken. Ein Pick-Up der Vereinten Nationen fährt in der Grenzanlage Patrouille. Es ist die Pufferzone zwischen der geteilten Stadt. Obwohl Nordzyprioten in den Süden fahren können und Südzyprioten in den Norden, soll die Pufferzone bis heute beide Seiten vor Übergriffen schützen. In der Zahrastraße stehen Häuser im levantinischen Baustil. Vor Cafés und Restaurants sitzen junge Menschen in moderner Kleidung, mit mondänen Sonnenbrillen. Manche Männer tragen Hipster-Bärte. Sie unterscheiden sich von den Gleichaltrigen auf der anderen Seite der Grenze lediglich, indem sie Türkisch sprechen.

Viele kennen Doğuş Derya und grüßen sie. Die Abgeordnete setzt sich an einen der Tische, unterhält sich, steht auf, geht zum nächsten Tisch. Sie hört konzentriert zu, erklärt, versucht zu überzeugen. Einer der jungen Männer erzählt, er sehe hier keine Perspektive, und auf der griechischen Seite auch nicht. Seinen Namen will er lieber nicht nennen. Er plane, nach London zu gehen. Auf die Frage, warum ein Leben im griechischen Süden keine Alternative wäre, antwortet er, die griechischen Zyprioten seien Rassisten. Derya versucht, ihn vom Bleiben zu überzeugen. Das Gespräch endet erfolglos. Dann trifft sie Simge Ozankaya und ihren Mann. Ozankaya trägt blondes Haar, ist tätowiert, hat Piercings in der Nase und an den Augenbrauen. Ihr Ehemann trägt das schwarze Haar lang. Auch er hat Tätowierungen auf den muskulösen Oberarmen. Ein bisschen erinnern die beiden an Figuren aus einem Quentin Tarantino-Film. »Er ist Festlandtürke«, sagt Ozankaya auf ihren Mann deutend und ergänzt, in der Türkei wolle er aufgrund der politischen Bedingungen lieber nicht leben. An ihren Beinen hält sich ihr 3-jähriger Sohn fest. Die Frau in den Zwanzigern sagt, sie werde bleiben und für ein von der Erdoğan-Regierung unabhängiges Nordzypern kämpfen. Sie seien sonst nicht mehr sie selbst. Ozankaya blickt auf Derya und sagt, »damit wir auf der Insel frei leben könnten, sind Menschen wie Doğuş nötig«. Die Abgeordnete nickt, lächelt und sagt: »Wir haben noch nicht aufgegeben.«

KAPITEL 8: Flüchtlinge – Sturm auf die Grenze

Anfang März 2020, Grenzregion Edirne. »Stopp, militärisches Sperr-gebiet. Hier geht es nicht weiter.« Etwa 2 Kilometer vor dem Über-gang Pazarkule nach Griechenland hält der türkische Gendarm alle ausländischen Journalisten auf. Es ist gegen 22.00 Uhr. Im Licht der Scheinwerfer von Geländewagen sind Gesichter vorbeiziehender Flüchtlinge aus aller Welt zu sehen. In 20 Minuten glaubt man, Wort-fetzen zehn verschiedener Sprachen zu hören. Arabisch, Farsi, Pasch-tu, Suaheli. Sie gehen Richtung Grenzübergang, wo inzwischen nach offiziellen Angaben Tausende Menschen auf die Ausreise nach Grie-chenland hoffen. Um tatsächlich berichten zu können, was dort los ist, müsste man dort auch hin – direkt zum Übergang. Doch die türkischen Sicherheitskräfte lassen nicht mit sich reden. Ein Kamera-team der staatlichen Nachrichtenagentur Anadolu darf hingegen anstandslos weiter. Warum die und wir nicht? Die Gendarmen schütteln mit dem Kopf. Wieder heißt es, militärisches Sperrgebiet. Ein absurdes Argument, denn während des Gesprächs laufen Dut-zende junger Männer mit großen Reisetaschen Richtung Grenzüber-gang.

Ein syrischer Familienvater erreicht mit der Tochter im Kinder-gartenalter auf dem Arm die Kreuzung. Seine Frau trägt das wenige Monate alte Baby. Er fragt mit erschöpftem Blick auf Englisch, wo es nach Griechenland ginge. Die Sicherheitskräfte zeigen ihm den Weg. Auf die Frage, was er vorhabe, erzählt er, die Grenze nach Griechen-land sei offen. Jeder könne in die EU einreisen. Er habe seine kleine Wohnung in Istanbul aufgegeben und wolle mit seiner Familie nach Deutschland oder Schweden. Dort gebe es Arbeit, soziale Unterstüt-zung vom Staat, medizinische Versorgung, gute Bildung. Auf die Nachfrage, woher er wisse, dass die Grenze offen sei, antwortet er, der türkische Präsident habe das im Fernsehen gesagt. Die Familie zieht weiter auf der Suche nach dem Glück in der EU.

Was passiert direkt am Grenzübergang? Was sollen die ausländischen Journalisten nicht zu sehen bekommen? Ein Transporter und mehrere Pkw kommen an der Kreuzung an. Zehn türkische Männer steigen aus den Autos. Sie seien aus Istanbul angereist, erzählen sie. Einer von ihnen, offenbar der Chef der Gruppe, unterhält sich etwas abseits mit den Gendarmen. Im Interview erklärt er, er sei Geschäftsmann und wolle den Flüchtlingen helfen. Seine Mitarbeiter öffnen den Transporter und beginnen, in Plastiktaschen verpackte Wolldecken abzuladen. Innerhalb weniger Minuten bildet sich eine Menschenschlange. Weil die Temperatur nachts bis auf drei Grad Celsius fällt, sind die Decken für die in Zelten oder im Freien schlafenden Flüchtlinge ein Segen. Schließlich stehen weit über 100 Frauen und Männer in einer Reihe. Jeder bekommt eine Decke, bis der Transporter leer ist. Auf den Pkw der Menschenfreunde aus Istanbul kleben Sticker mit Wolfsköpfen. Das Symbol türkischer Nationalisten. Seit wann setzen sich Nationalisten für Flüchtlinge ein?

Es wirkt, als ob sich jemand größte Mühe macht, damit die Hierhergekommenen in jedem Fall im Grenzgebiet bleiben. Dritter Versuch, die Gendarmen zu überreden. Keine Chance. Was kann der türkische Staat dagegen haben, dass internationale Fernsehsender die Schicksale der Flüchtlinge direkt am Grenzzaun zeigen? Was soll den Pressevertretern verheimlicht werden?

Mit näher rückenden Präsidentschafts- und Parlamentswahlen sind syrische Flüchtlinge zu einem der zentralen politischen Themen in der Türkei geworden. Präsident Erdoğan verfolgt den vor Bomben und Tod aus dem Nachbarland geflohenen Menschen gegenüber viele Jahre eine Politik der offenen Arme. Nach offiziellen Angaben leben derzeit 3,6 Millionen Syrer in der Türkei. Damit hat das Land die höchste Zahl an Flüchtlingen weltweit. Internationale Politiker loben die außerordentlichen Anstrengungen des türkischen Staates in Sachen humanitäre Hilfe zu Recht regelmäßig.

Seit 2011 sind im Zuge des syrischen Bürgerkriegs Jahr für Jahr erst Tausende und später Hunderttausende Syrer in die Türkei gekommen. Zu Beginn lebten viele von ihnen in Lagern. Inzwischen haben sich die meisten Syrer Wohnungen und Arbeit in türkischen

Städten gesucht. Ein Großteil bemüht sich um Integration in der türkischen Gesellschaft, soweit diese das zulässt. Laut Regierungsangaben haben 211.000 syrische Flüchtlinge die türkische Staatsbürgerschaft angenommen. 120.000 davon sind wahlberechtigt. Während in den Anfangsjahren der Migrationsbewegung viele Türken große Hilfsbereitschaft zeigen, ist die Stimmung im Land inzwischen gekippt. Die Mehrheit der Türken will, dass die Syrer so bald wie möglich wieder in ihre Heimat zurückkehren.

1.300 Kilometer weiter südöstlich. Die Provinz Idlib im Nordwesten des umkämpften Landes Syrien, wenige Tage vor dem Ansturm der Flüchtlinge auf die türkisch-griechische Grenze. Ende Februar rücken syrische Regimesoldaten auf das von einer radikalislamischen Miliz kontrollierte Idlib vor. Die sogenannte »Hay'at Tahrir Al-Sham«, kurz HTS, gilt als gemäßigter syrischer Arm der berüchtigten Al-Qaida-Terrortruppe, kontrolliert Idlib und leistet seit Jahren erbitterten Widerstand gegen den syrischen Diktator Assad. Dieser gibt der Offensive seiner Soldaten den Hollywoodtitel »Dawn of Idlib 2«, also Morgendämmerung in Idlib, zweiter Teil.

Granaten schlagen in Stellungen der HTS-Rebellen ein. Die syrische Luftwaffe unterstützt die Bodentruppen mit Bomben. Beobachter sagen, die Offensive löst eine Kettenreaktion aus, die den Ansturm der Flüchtlinge auf die türkisch-griechische Grenze zur Folge hat und zum Ende des Flüchtlingsabkommens zwischen der EU und der Türkei führt.

Die Provinz Idlib liegt direkt an der türkischen Grenze. Mehr als 2 Millionen syrische Binnenflüchtlinge sitzen dort in Lagern fest. Rechts und links der etwa 40 Kilometer langen Straße vom türkisch-syrischen Grenzübergang Bab al-Hawa nach Idlib-Stadt steht eine Zeltsiedlung nach der anderen. Zehntausende Zelte. Es sind Menschen aus ganz Syrien, die vor Bomben und Staatsterror nach Idlib geflohen sind.

Das größte Flüchtlingslager liegt rund um das Dorf Atmeh direkt hinter der Grenzmauer, die Syrien von der Türkei trennt. Allein dort leben unter hygienisch prekären Umständen mehrere Hunderttausend Menschen. Türkische Hilfsorganisationen versorgen die Flüchtlinge.

Täglich fahren Lkw mit Lebensmitteln, Zelten und Kleidung durch den Grenzübergang in die zahllosen, über die Region Idlib verteilten Zeltstädte. Ein gigantischer logistischer Aufwand.

Immer wieder hat Assads Militär in der Vergangenheit hemmungslos Flüchtlingslager angegriffen, damit die Menschen noch weiter Richtung Westen an die türkische Grenze drängen. Um das zu verhindern, unterstützt Erdoğans Militär die Rebellen im Kampf gegen Assads Soldaten und hat mehrere Beobachtungs-Stützpunkte in der Region aufbauen lassen. Die türkische Mission in Idlib hat nicht, wie in Nordsyrien, das Ziel, ein Gebiet von einer Miliz zu befreien und anschließend zu erobern. Es geht allein um das Aufhalten der syrischen Armee, denn ein groß angelegter Angriff hätte zwangsläufig eine Flüchtlingsbewegung Richtung Westen zur Folge. Irgendwann würde der Druck an der syrisch-türkischen Grenze so dramatisch steigen, dass Erdoğan diese öffnen müsste. Das wäre aufgrund der skeptischen Stimmung, die Syrern gegenüber in der Türkei immer mehr zunimmt, innenpolitisch schwierig. Um Assads Schergen zu stoppen, gibt es zur militärischen Kooperation der türkischen Armee mit der radikalislamischen HTS kaum eine Alternative.

Gelegentlich lässt der türkische Staat westliche Journalisten nach Idlib, damit diese über das Leid der Flüchtlinge und Assads Angriffe auf Zivilisten berichten und so die Öffentlichkeit in der EU für die Lage in Idlib sensibilisieren können. In der Vergangenheit hatte Erdoğan vorgeschlagen, gemeinsam mit anderen NATO-Armeen Sicherheitszonen in Syrien zu schaffen. Doch die EU zeigte kein Interesse. Mit Russlands Präsident Putin hat der syrische Diktator einen mächtigen Verbündeten. Russische Truppen sind in Syrien stationiert und unterstützen das Militär des Regimes im Kampf gegen Rebellen. Gleichzeitig arbeitet Putin seit Jahren an einer stärkeren Bindung des NATO-Mitglieds Türkei an Russland.

Am 27. Februar 2020 bewegt sich im Süden der Provinz Idlib ein Bataillon der türkischen Armee im Konvoi auf der Straße zwischen den Orten al-Bara und Balyun. Am späten Nachmittag bringen Kampfflugzeuge den Konvoi mit Raketen zum Stoppen. Türkische Soldaten gehen in Gebäuden am Straßenrand in Deckung. Eine bunkerbrechende Bombe schlägt in das Dach eines der Gebäude ein und tötet nach offiziellen türkischen Angaben mehr als 30 Soldaten des Bataillons. Es ist einer der größten Verluste seit der Invasion auf Zypern im Jahr 1974.

Metin Gürcan, Journalist der Internetzeitung *Al-Monitor*, schreibt, Augenzeugen berichten von zwei russischen Su-34 und zwei syrischen Su-22-Kampfjets, die die Angriffe durchführten. Ein NATO-Offizier sagt im Hintergrundgespräch für dieses Buch, der Einsatz russischer Su-34 sei »sehr wahrscheinlich«. Die russische Aggression dürfte eine Reaktion auf vorhergehende Angriffe der türkischen Armee gewesen sei, schreibt Gürcan. Demnach haben türkische Infanteriesoldaten in den Tagen vor der Bombardierung des türkischen Konvois mit Luftabwehrraketen auf Kampfjets der Russen und Syrer geschossen.

Doch Ankara beschuldigt allein Assads Luftwaffe für den Tod der mehr als 30 türkischen Soldaten und greift in den folgenden Tagen Stellungen der syrischen Armee an. Dabei sollen nach türkischen Angaben mehr als 300 syrische Soldaten getötet worden sein. Die Internetzeitung *Middle East Eye* veröffentlicht im November 2021 einen Bericht, in dem sie anonyme Quellen des türkischen Militärs zitiert. Die syrische Luftwaffe könne präzise Schläge, wie gegen die türkischen Soldaten, nicht durchführen, heißt es. Es seien russische Kampfflugzeuge gewesen. Ankara will einen Angriff russischer Kampfjets jedoch nicht bestätigen. Eine offizielle Untersuchung wird nie durchgeführt. Nach einem Telefonat zwischen Erdoğan und dessen Amtskollegen Putin meldet der Kreml, die beiden Staatsführer hätten ihre Besorgnis ausgedrückt und sich auf Maßnahmen zur Beruhigung der Lage geeinigt. Ein Konflikt mit dem Machthaber in Moskau passt Erdoğan offenbar nicht ins Konzept.

Einen Tag später, am 28. Februar, erklären hochrangige Regierungsmitarbeiter in Ankara, die Türkei habe die Grenze in die EU für Flüchtlinge geöffnet. Erdoğan bestätigt bei einer Rede, »Wir haben bereits vor Monaten gesagt, wenn es so weitergeht, sind wir gezwungen, die Grenzen zu öffnen. Das hat denen nicht gepasst. Aber was haben wir gestern getan? Wir haben die Grenzen geöffnet«.

Mit »denen« meint er offenbar die EU. In kürzester Zeit verdrängt die Meldung zur Grenzöffnung den Luftangriff auf die türkische Armee aus den Nachrichten. Bilder von Flüchtenden auf dem Weg nach Edirne bestimmen das türkische Fernsehprogramm. Das Interesse der Öffentlichkeit dreht sich weg von Idlib und hin zur türkisch-griechischen Grenze. Türkische Kamerateams filmen junge, teilweise vermummte Männer, die versuchen, gewaltsam den an einem Waldrand gelegenen Grenzübergang zu passieren. Die griechische Polizei hält sie mit Tränengas zurück. Rädelsführer rufen Parolen.

Erdoğan spricht von »18.000 Flüchtlingen«, die zur Grenze gekommen sein sollen. Es dürften »25.000 bis 30.000« werden, kündigt er an. Zahlen, die von internationalen Medien schnell übernommen werden. In den folgenden Tagen versuchen Gruppen von jungen Männern wiederholt, den Zaun an verschiedenen Stellen entlang der Grenze zu stürmen. Das griechische Fernsehen berichtet, sie würden Tränengasgranaten und Steine auf griechische Polizisten werfen. Diese setzten wiederum Ventilatoren ein, um Rauchschwaden und Gas zurückzutreiben. Journalisten berichten von Flüchtlingsfamilien mit Kleinkindern, die bitterer Kälte schutzlos ausgeliefert sind und auf die Ausreise hoffen. Doch der Traum der Flüchtlinge auf eine bessere Zukunft ende am Stacheldrahtzaun der EU, so der Tenor.

Der türkische Präsident habe zwei Gründe gehabt, die Grenzen als offen zu erklären, so Gerald Knaus, Ideengeber des Flüchtlingsabkommens zwischen der Türkei und der Europäischen Union. Zum einen habe Erdoğan versucht, von dem Angriff auf die türkischen Soldaten in Idlib abzulenken. Zum anderen glaubte er, die Flüchtlinge als Druckmittel gegen Brüssel einsetzen zu können. Er habe Flüchtlinge benutzen wollen, um Macht auszuüben, und sei dabei gescheitert, sagt Knaus im Interview.

Der Think-Tank »Brussels International Center« veröffentlicht im Januar 2020, also noch vor dem Ansturm auf die Grenze, eine Publikation mit dem Titel »Die Türkei und Syrische Flüchtlinge als Waffe«. Autor Arthur Jennequin beginnt mit einem Zitat des türkischen Präsidenten vom 10. Oktober 2019 bezüglich des Einmarsches der türkischen Armee in Nordsyrien. »Wenn die EU versuchen sollte unsere Operation als Invasion zu brandmarken, haben wir ein einfaches Mittel. Wir öffnen unsere Tore und schicken 3,6 Millionen Migranten zu Euch«, so Erdoğan.

Mit dem Öffnen der Tore habe er kurz zuvor schon zweimal gedroht, schreibt der Autor. Jennequin analysiert, die aggressiven Äußerungen zeigten, in welchem Ausmaß das türkische Regime die Krise syrischer Flüchtlinge zum eigenen Vorteil instrumentalisiere. Die Erdoğan-Regierung habe die Syrer in eine Waffe verwandelt, mit der sie der Europäischen Union drohe. Der Autor unterstellt der türkischen Regierung, Migration als Hebel einzusetzen, um andere Länder zu Zugeständnissen zu bewegen. Die bevorzugten Ziele einer solchen Methode seien fortschrittliche liberale Demokratien, da diese eher bereit seien, die international anerkannten Normen des Schutzes von Flüchtlingen anzuerkennen und umzusetzen. Jennequin weist jedoch auch auf das Problem des Narrativs »Flüchtlinge als Waffe« hin, weil es die Gefahr in sich berge, das menschliche Leid von Kriegsflüchtlingen in Anbetracht eines Sicherheitsrisikos aufgrund einer größeren Migrationsbewegung zu ignorieren. Das 2016 mit der Türkei ausgehandelte Flüchtlingsabkommen habe unter anderem zur Folge, dass die Europäische Union die Türkei als Torwächter anerkenne, was dazu geführt habe, dass Erdoğans zukünftige Verhandlungsmacht und seine Möglichkeiten, Flüchtlinge als Waffe einzusetzen, deutlich gewachsen seien.

Stakkatoartig tönt es aus den Boxen des Computers. Syrer sollen kein Geld aus der Stadtkasse erhalten und keine Läden oder Unternehmen eröffnen dürfen, sagt die Stimme. Der Blumenhändler Mehmet Fahir İleri ist begeistert, wenn sein politisches Idol spricht. Tanju Özcan, Oberbürgermeister der anatolischen Stadt Bolu, hat es in kurzen, schnellen Sätzen auf Flüchtlinge aus dem Nachbarland abgesehen. Er wolle nicht, dass sich diese in Bolu niederlassen oder überhaupt in der Türkei bleiben. İleri nickt zustimmend.

Der Florist hat lange, graue, zu einem Zopf lose zusammengebundene Haare, trägt Brille und Musketier-Bart. Er ist kein religiöser Mensch, knapp 70 Jahre alt, unverheiratet, rüstig. Ein bisschen sieht der Blumenhändler wie ein in die Jahre gekommener Hippie aus. Aufgrund der Wirtschaftskrise würden die Menschen sparen, und da seien Blumen etwas, auf das man verzichten könne, beklagt er sich im Interview. Also hat der Anhänger der als sozialdemokratisch geltenden größten türkischen Oppositionspartei CHP genügend Zeit, die Facebook-Seite des Oberbürgermeisters anzusehen.

Der hat es weit über die türkischen Grenzen hinaus zu zweifelhaftem Ruhm gebracht. Er wollte für die in Bolu lebenden syrischen Flüchtlingen das Heiraten deutlich verteuern und eine Ausgangssperre nach 21.00 Uhr gegen sie verhängen. Ein Verwaltungsgericht stoppte seine Pläne.

Das kann den Blumenhändler nicht beirren. İleri verfolgt weiter gebannt das hetzerische Video des Kommunalpolitikers. Bolu hat zwar einen CHP-Oberbürgermeister, bei den Wahlen 2018 bekamen Präsidentschaftskandidat Erdoğan und seine AKP jedoch deutlich mehr Stimmen als die CHP. Inzwischen hat sich die Stimmung in Bolu gedreht und einige glauben, Erdoğan trage zumindest eine Teilschuld daran, dass in der Türkei mehr als 3 Millionen Syrer leben. Stadtoberhaupt Özcan wird aufgrund seiner menschenverachtenden Aussagen gegenüber Flüchtlingen, aber auch gegenüber Frauen, wiederholt von der CHP verwarnt. Im September 2022 entscheidet sich das zuständige Parteigremium, seine Mitgliedschaft für ein Jahr auszusetzen. Der Grund für die Disziplinierung: Özcan hat sich im Stadtparlament frauenfeindlich verhalten. Seine Ausfälle gegen Syrer spielen keine Rolle.

İleri zieht sich seine Jacke an und lädt das Fernsehteam ein, seinen Nachbarn zu besuchen. Der habe auch einiges über Flüchtlinge zu sagen, kündigt der Blumenhändler an.

»Hey Welt, die Türkei wird nicht dein Flüchtlingslager sein. In zwei Jahren wird man die Flüchtlinge verabschieden, die Kontrolle über die Landesgrenze zurückgewinnen und aus dem Abkommen mit der EU austreten.«

Markige Sprüche auf Plakaten der oppositionellen CHP. Daneben das Konterfei Kemal Kılıçdaroğlus, Chef der als sozialdemokratisch geltenden Partei und Angehöriger der alevitisch-kurdischen Minderheit der Türkei. Die Botschaft ist einfach zu verstehen. Sollte ein Präsidentschaftskandidat Kılıçdaroğlu Erdoğan ablösen, müssen die 3,6 Millionen syrischen Flüchtlinge die Türkei verlassen. Von freiwillig ist die Rede, doch das klingt wie das Kleingedruckte auf einem Arzneibeipackzettel.

Die Kontakte zwischen der CHP und der Sozialdemokratischen Partei Deutschland sind eng. Der ehemalige SPD-Parteichef Martin Schulz kommt Ende November 2022 für ein Treffen mit dem CHP-Chef in die Türkei. Beide kennen sich seit vielen Jahren. Rückführungsparolen gehören nicht zum verbalen Repertoire deutscher Sozialdemokraten. Bei einem gemeinsamen Auftritt wird das Thema Flüchtlinge umschifft. Dabei wäre die Gelegenheit gut gewesen, Kılıçdaroğlu mit dessen Plan zu konfrontieren.

Bei einer Parteikonferenz im August 2022 verspricht dieser, sich mit dem syrischen Diktator Assad zusammenzusetzen und für das Thema eine Lösung zu finden. Für eine Rückführung seien eine funktionierende Infrastruktur, Krankenhäuser, Schulen und Kindergärten in Syrien wichtig. Diese werde die Türkei bauen, so der CHP-Chef. Und mit welchem Geld? Mit Geld aus Fonds der Europäischen Union, ergänzt er. Im Übrigen werde die Türkei auch für die Sicherheit der Zurückgekehrten sorgen, indem man mit Assad eine entsprechende Vereinbarung treffe. Und schließlich sollen die Syrer in türkischen Fabriken arbeiten, die in Syrien stehen und derzeit aufgrund des Krieges nicht produzieren könnten. Dass sich dort nach wie vor Islamisten, Kurdenmilizen, Regimetruppen, russische und iranische Soldaten, die Hizbullah und US-Streitkräfte bekämpfen, blendet Kılıçdaroğlu aus. Warum EU-Bürger bereit sein sollen, Steuergelder für seinen Plan auszugeben, bleibt ebenfalls unklar. All das hätte Schulz ihn fragen können.

Erdoğans Ziel, eine Million Syrer in ihre Heimat zurückzuschicken, sei schon fast eine maßvolle Reaktion auf die Pläne des CHP-Chefs, heißt es in Diplomatenkreisen in Ankara. Kılıçdaroğlu Populismus birgt die Gefahr, zusätzlichen Hass auf Flüchtlinge zu schüren. Es stellt sich die Frage, auf welcher gesetzlichen Grundlage die

Rückführung von mehr als 3 Millionen Menschen durchgeführt werden soll. Ist ein Präsident Kılıçdaroğlu tatsächlich bereit, den Rechtsstaat zu achten, wenn er solche Maßnahmen ergreifen will?

Es seien Hunderttausende Kinder und Jugendliche, die in der Türkei zur Schule gehen, die exzellentes Türkisch sprechen, auf Universitäten gehen, viele junge erfolgreiche Syrer, mahnt Emma Sinclair-Webb, Türkei-Büroleiterin der Menschenrechtsorganisation »Human Rights Watch«. Für Menschen, die sich in der Türkei etwas aufgebaut hätten, sei es nachvollziehbar, dass sie ihr Leben dort weiterführen und bleiben wollen, ergänzt sie. Ob Fernsehbilder von gewaltsamen Massenrückführungen nach Syrien zu weiterer Bereitschaft der EU für die Finanzierung von Hilfsprojekten führen, ist fraglich.

Der Florist İleri muss nur die Straßenseite wechseln, um seinen Freund und Nachbarn zu treffen. Aydın Güngör verkauft modebewussten Jugendlichen mit kleinem Geldbeutel günstigen Schmuck. Es glitzert und blinkt in jeder Ecke des Ladens. İleri setzt sich auf den Stuhl, auf dem er immer sitzt, wenn er Güngör besucht. Der hagere Mann, ungefähr dasselbe Alter wie İleri, lehnt an der Verkaufsvitrine, in der Herzchen-Ohrringe liegen. Auch bei ihm kommt zurzeit nicht viel Kundschaft. Die Inflation sei schuld daran, dass die Menschen jede Lira zweimal umdrehen. Schnell sind die beiden bei ihrem Lieblingsthema. Flüchtlinge!

Der Schmuckverkäufer erklärt dem Blumenhändler, wenn nur die Syrer im Land wären, das wäre ja noch erträglich. Aber dazu kämen auch noch Afghanen, Iraker und Iraner. »Dein Nachbar ist doch sogar Iraner«, spricht Güngör İleri mit besorgtem Blick an. Dieser entgegnet, das eigentliche Problem des Oberbürgermeisters seien jedoch zu Recht die Syrer, und er stimme diesem in jeder Hinsicht zu, denn erst seitdem diese im Land seien, gebe es so viele Schwierigkeiten. Später wolle er einen Spaziergang durch die Innenstadt machen. Dort seien sicher wieder viele Flüchtlinge zu sehen.

Emma Sinclair-Webb ist besorgt. Türkische Staatsbürger verarmen, erklärt die Britin im Interview. Es gebe eine massive Wirtschaftskrise im Land, und Teile der Politik und der Gesellschaft machen

Flüchtlinge und Ausländer dafür verantwortlich. Sie seien die Sündenböcke, so Sinclair-Webb.

Im Sommer 2021 stürmen mehrere 100 türkische Staatsbürger in das vor allem von Syrern bewohnte Viertel Altındağ in der Hauptstadt Ankara. Anlass ist eine Messerstecherei zwischen syrischen und türkischen Jugendlichen, bei der ein 18-jähriger Türke getötet wird. Menschenrechtler nennen die Ausschreitungen die seit Jahren gravierendste von mehreren in der Türkei begangenen ausländerfeindlichen Gewalttaten. Die Beteiligten brüllen in besagter Nacht, Syrer sollen verschwinden. Sie greifen syrische Läden an, plündern und zerstören diese, werfen Steine auf von Syrern bewohnte Häuser und zünden deren Autos an. Die Betroffenen erklären gegenüber »Human Rights Watch«, sie hätten um ihr Leben gefürchtet. Zwar sei die Polizei gekommen. Die Sicherheitskräfte hätten sich jedoch zurückgehalten und die Randalierer gewähren lassen. Familien, die in der Nacht ihre Wohnungen fluchtartig verlassen mussten und am nächsten Tag wiedergekommen seien, hätten erschrocken festgestellt, dass ihnen Hab und Gut gestohlen worden sei.

Nach den Ausschreitungen beschließt die Regierung laut »Human Rights Watch« eine »Ausdünnungs-Politik« für das betroffene Viertel, die Tausende dazu zwingt, sich eine andere Bleibe zu suchen. Sicherheitsbehörden nehmen mindestens zehn syrische Männer mehrere Monate in Haft, weil sie in sozialen Medien in arabischer Sprache gepostet haben, man solle sich gegen die Randalierer wehren. Ein Syrer wird nach »Human Rights Watch« Informationen in ein Abschiebelager und seine Familie in ein Flüchtlingslager in der türkischen Grenzstadt Kilis gebracht. Schließlich stimmt er seiner und der Rückführung seiner Angehörigen nach Syrien zu. Freiwillig sei das nicht passiert, sagt er Mitarbeitern von »Human Rights Watch« am Telefon nach seiner Deportation. Die Haft habe ihn verrückt gemacht. Der 48-Jährige sagt, er habe in Altındağ einen Laden mit gebrauchten Möbeln betrieben. Dieser sei in besagter Nacht angegriffen und niedergebrannt worden. Zwei Tage später seien türkische Polizisten in ziviler Kleidung gekommen, hätten ihn auf den Boden geworfen, die Hände mit Handschellen auf dem Rücken gefesselt und ihn abgeführt.

Als Beweismittel im Prozess gegen ihn habe der Staatsanwalt ein Jahr später dem Richter Posts in sozialen Medien präsentiert. Dazu habe ein Video gehört, auf dem ein Mann mit einer Gasflasche in den Händen sagt: »Die Ängstlichen sollen bei den Frauen sitzen. Wir aber bleiben die ganze Nacht wach.« Allein der Besitz des Videos sei von der Justiz als Vorbereitung einer Gewalttat gewertet worden. Aufgrund der Angriffe gegen seinen Laden habe der syrische Möbelhändler mehrere Tausend Euro verloren. Seine Rückführung nach Syrien ist kein Einzelfall.

Nadiya Sincar sitzt mit ihrer Tochter Rama, Sohn Cevad und Ehemann Hüseyin in einer Mietwohnung im Istanbuler Stadtteil Zeytinburnu. Die Krankenschwester aus Syrien ist Ende Dreißig und trägt im für ihre Heimat typischen Stil ein Kopftuch, das Haare und Hals bedeckt. Die 16-jährige Tochter Rama verzichtet auf die religiöse Verhüllung. Sie spricht im Gegensatz zu den Eltern fließend türkisch. Ehemann Hüseyin dreht sich Zigaretten und raucht nahezu Kette. An den ansonsten kargen Wänden stehen alte Sofas. Aus dem Fenster kann man in einen tristen Hinterhof blicken.

Die syrische Flüchtlingsfamilie sieht sich gemeinsam auf dem Mobiltelefon der Tochter ein Video an. Schreie und Schüsse sind zu hören. Menschen rennen nachts vor einem Laden aufgebracht hin und her. Nadiya fragt ihre Tochter, wer dort mit wem streite. Rama erklärt, es sei vor einem syrischen Geschäft in Istanbul zu einer Prügelei gekommen. Türkische Männer würden den Laden angreifen. Das Video zeigt eine Gruppe von etwa 40 Türken, die aufgrund einer Auseinandersetzung zwischen einem Landsmann und einem Syrer im Viertel Esenyurt randalieren. Die Polizei schreitet ein. Türken rufen im Chor, man sei hier nicht in Syrien, sondern in der Türkei. Es kommt zu Festnahmen. Aus Fenstern der umstehenden Häuser richten Bewohner ihre Mobiltelefone auf die Straße und filmen die Übergriffe.

Nadiya fühlt sich durch die Bilder bedroht. Sie leben bereits seit zwei Jahren in Istanbul. Der Ehemann ist arbeitslos und hat gesundheitliche Probleme. Sie kann in einem syrischen Krankenhaus in

Fatih Geld verdienen. Sohn und Tochter arbeiten in der Textilindustrie. Mit den gemeinsamen Löhnen kommen sie über die Runden, und es sei besser, als im syrischen Bürgerkrieg um sein Leben zu fürchten, sagt Nadiya. Aber wenn die türkische Gesellschaft sie nicht mehr haben wolle, wo sollen sie dann hingehen? In die EU weiterzuziehen sei nicht mehr möglich. Griechische und bulgarische Grenzpolizisten gingen gegen illegal einreisende Flüchtlinge mit Gewalt vor.

Tochter Rama übersetzt die Parolen des Videos und erklärt der Familie, die Türken würden die Syrer beschuldigen. Nadiya blickt ängstlich in die Runde und bittet Mann und Kinder, gut aufzupassen. Gott bewahre uns davor, nach Syrien zurückgeschickt zu werden. Vor allem ihrem Sohn redet Nadiya ins Gewissen. Gerät er am falschen Ort mit den falschen Leuten in eine Dummheit, sitzt er umgehend in einem Abschiebelager und dann möglicherweise im Bus nach Syrien.

Das Video verbreitet sich in der Türkei wie ein Lauffeuer. Florist İleri fragt Schmuckverkäufer Güngör, ob er von den Ausschreitungen in Esenyurt gehört habe. Dieser verneint. Beide blicken gebannt auf den Bildschirm des Mobiltelefons. Schreie, Parolen, Gewalt. Einen Moment lang scheinen die beiden darüber nachzudenken, wer auf den Bildern die Aggressoren und wer die Opfer sind. Schließlich entscheidet sich Güngör. Schau dir diese Syrer an, kommentiert er das Gesehene. Polizei sei auch da, und es werde geschossen. Aber wenn so viele Syrer hierhergebracht würden, sei das ja normal, so Güngör.

In Esenyurt leben laut amtlichen Angaben knapp eine Million Menschen. Davon sollen etwa 127.000 syrischer Herkunft sein, was 13 Prozent der Bevölkerung entspricht. Eine beträchtliche Zahl. Ganz anders sieht es in İleris und Güngörs Heimatstadt Bolu aus. Dort leben etwa 300.000 Menschen. 4200, also 1,4 Prozent der Gesamtbevölkerung, sollen syrischer Herkunft sein. Doch für den Floristen, den Schmuckhändler und den Bürgermeister ist offenbar jeder in Bolu lebender Syrer einer zu viel.

Nadiya Sincar blickt in Gedanken versunken aus dem Wohnzimmerfenster. Sie wartet auf Sohn Cevad, der mit Freunden unterwegs ist. Momente der Ungewissheit. Wenn Cevad ausgeht, ist seine Mutter besorgt, dass ihm etwas zustoßen könnte. Ehemann Hüseyin raucht. Auf dem Boden liegt auf einer Unterlage Tabak und Zigarettenpapier. Er dreht wieder einmal eine nach der anderen. Beide Eltern schweigen.

Türkische Polizisten würden wahllos vor allem junge Männer aufgreifen und in Abschiebelager bringen, heißt es unter Flüchtlingen. In den Abendnachrichten laufen gelegentlich Bilder, auf denen Nicht-Türken kurz vor der Deportation zu sehen sind. Nadiya glaubt, die wirtschaftliche Lage des Landes sei ein Grund für das Vorgehen des Staates. Manchen Türken gefalle es nicht, dass Syrer eigene Geschäfte haben oder arbeiten, sagt sie. Die würden denken, man nehme ihnen die Jobs weg. Die Familie versucht, ein Leben in Istanbul unter dem Radar der türkischen Mehrheitsgesellschaft zu führen. Sie vermeide Gespräche mit Türken, sagt Nadiya. Es seien keine schlechten Menschen. Sie habe fast nur freundliche Türken kennengelernt. Doch solange sie kein gutes Türkisch spreche, könnte sie jemanden verärgern, und das wolle sie vermeiden. Nadiyas Mann verlässt kaum das Haus. Er sitzt im Wohnzimmer und starrt apathisch vor sich hin. Der Krieg in Syrien habe ihn krank gemacht.

Wenn sie am Arbeitsplatz Menschen helfen könne, mache sie das glücklich, sagt Nadiya. Dort sammle sie Selbstbewusstsein und Kraft für den Alltag. Manchmal bekomme sie Angst und frage sich, ob es den Kindern gut gehe. Dann müsse sie schnell alle anrufen, um zu wissen, wo sie sind.

Tochter Rama nennt das, was in der Türkei passiert, Rassismus. Sie sehe diesen Rassismus in den sozialen Medien, erklärt sie. Abfällige Äußerungen über Flüchtlinge könne man dort lesen.

Der Vater spricht von Zukunftsängsten. Ja, sie hätten Angst, sagt er, denn ihre Zukunft sei unklar. Ständig stelle er sich die Frage, ob sie abgeschoben werden oder in der Türkei bleiben könnten. Nadiya blickt auf die Uhr. Cevad ist immer noch nicht zurück.

Immer wieder spricht sie Hüseyin deshalb an. Er versucht sie zu beruhigen. »Der Junge wird schon nach Hause kommen«, sagt er.

»Sorge dich nicht, Nadiya.« Vor ihnen liegen abgezählt türkische Lira. Nadiya hat einen Block und einen Stift in der Hand. »Brauchen wir Tomaten?«, fragt sie Hüseyin. »Zwei Kilo wären gut«, antwortet er. »Aber wenn wir auch Obst kaufen wollen, sollte man vielleicht auf ein Kilo Tomaten verzichten«, bremst sie ihn.

Endlich klingelt es an der Wohnungstür. Nadiya beeilt sich, aufzustehen, und sagt auf dem Weg durch den Flur, »Hoffentlich ist es Cevad«. Stundenlang hat sie gewartet und sich Sorgen gemacht. Auf die Nachricht mit dem Handy habe er zwar sofort geantwortet, aber beruhigt ist sie erst, wenn er durch die Tür kommt.

»Cevad ist zurück«, ruft sie erleichtert ins Wohnzimmer. Nadiya küsst ihren Sohn auf die Stirn. Obwohl sie die Antwort kennt, fragt die besorgte Mutter, wo er gewesen sei. Er muss keine Antwort geben. Beide lächeln.

Im Grenzdorf Doyran. Nachts seien sie auf das Boot gestiegen und schweigend über den Fluss Evros gepaddelt. Lange habe es nicht gedauert. Vielleicht zehn Minuten. Als ein Baby anfing zu wimmern, habe dessen Mutter dieses schnell gestillt. Einer nach dem anderen sei vom Schlauchboot gestiegen. Der Schleuser habe in eine Richtung gedeutet, und in diese sei die Gruppe dann gelaufen. Sobald man den Fluss überquert habe, sei man in Griechenland und somit in der Europäischen Union. Freiheit, Rechtsstaat, Hilfe für Hilfsbedürftige, Asyl für Kriegsflüchtlinge, habe es geheißen. Doch nach zwei Stunden seien sie von griechischen Polizisten aufgegriffen worden. Diese hätten sie verprügelt, Kleider, Schuhe und Telefone abgenommen und mit einem Boot zurück auf die türkische Seite des Evros gebracht. Jetzt säßen sie hier fest, erzählt ein afghanischer Flüchtling im Interview.

Es ist eine der Push-back-Geschichten, die sich seit dem 28. Februar, also seit dem Sturm auf die Grenze häufen. Sechs Tage sind vergangen, seit Ankara behauptet hat, die Tore nach Griechenland seien offen. Doch Athens Grenzschützer haben bisher keinen der Flüchtlinge freiwillig ins Land gelassen. Die Zurückgeschickten haben am Flussufer eine spontane Demonstration organisiert. Auf ein Schild haben sie »öffnet die Grenze« geschrieben. Mehrere Fernsehteams sind auf die Wiese zwischen den Häusern des Dorfes und dem Fluss gekommen, um den unbeholfenen Protest zu filmen. Bei den Gestrandeten macht sich Frust breit. Sie schimpfen über die Griechen, fragen sich aber auch, warum sie Erdoğan hierhergeschickt hat. Wenn die Türkei und die EU ein Problem haben, sollten sie das untereinander lösen, aber uns nicht einbeziehen, sagt der Afghane. »Wir sind die Opfer eines Konflikts«. In der Nacht wollen sie es vielleicht noch einmal versuchen, den Fluss zu überqueren, kündigt er an. Andere Flüchtlinge in Doyran packen ihre Sachen und machen sich auf den Weg zurück nach Istanbul.

Sobald die Nachricht von der offenen Grenze verbreitet wurde, sei er ins Auto gestiegen und Richtung Griechenland gefahren. Er ist Mitarbeiter der Sicherheitsbehörde eines EU-Landes. Seinen Namen will er nicht veröffentlicht sehen. Im Rückblick kritisiert er, die von den Medien transportierten Zahlen seien völlig übertrieben gewesen. Aus seiner Sicht waren drei- bis maximal 4.000 Menschen in das Grenzgebiet gekommen. Familien seien kaum dabei gewesen.

Trotz seines Ausweises, der belegt, dass er Mitarbeiter einer Sicherheitsbehörde ist, habe die türkische Polizei auch ihn ein oder zwei Kilometer vor dem Grenzübergang gestoppt. Kollegen eines anderen EU-Landes hätten es bis zum Übergang geschafft. Als sie zurück zu ihrem Dienstwagen kamen, seien die Reifen zerstochen gewesen. Bemerkenswert seien Busse gewesen, die junge Frauen und Männer zur Grenze gebracht hätten. Diese seien ausgestiegen, Richtung Übergang gegangen, um irgendwann zurückzukommen und sich in den Bussen auszuruhen. Insgesamt habe er drei Wochen im Grenzgebiet verbracht und mit vielen Flüchtlingen gesprochen. Einige davon wollten über die grüne Grenze nach Bulgarien ausreisen. Die türkische Polizei habe diese jedoch an den Grenzübergang Pazarkule geschickt. Aus Sicht des Beamten sollte der Druck auf die griechischen Sicherheitskräfte erhöht werden. Familien, die anfangs noch vereinzelt zu sehen waren, seien innerhalb kürzester Zeit wieder verschwunden. Offenbar seien sie enttäuscht nach Istanbul oder in andere türkische Städte zurückgekehrt. Nach zwei Wochen sei die Luft raus gewesen. Danach habe sich die Zahl der Flüchtlinge im Grenzgebiet schnell reduziert.

Einen knappen Monat nach dem Ansturm meldet der Spiegel, der Bundesnachrichtendienst gehe davon aus, dass der türkische Staat die Ausschreitungen absichtlich angefacht haben könnte. Türkische Behörden hätten sogar Flüchtlinge in Busse gezwungen und diese ins Grenzgebiet gefahren. Unter die Menschenmenge sollen sich staatliche Kräfte gemischt haben, zitiert das Nachrichtenmagazin den deutschen Auslandsdienst. Diese hätten die Krawalle an den Zäunen befeuert. Ähnliche Vorwürfe machten laut Spiegel griechische Beamte der Türkei. Vertreter des türkischen Sicherheitsapparates hätten die Vorwürfe jedoch bestritten.

»Diese Grenze ist nicht nur eine griechische, sondern auch eine europäische Grenze. Unsere oberste Priorität ist es, dafür zu sorgen, dass die Ordnung an der griechischen Außengrenze, die auch die europäische Grenze ist, aufrechterhalten wird.«

Die Worte der EU-Kommissionspräsidentin Ursula von der Leyen an der griechisch-türkischen Grenze im März 2020 waren für Gerald Knaus das Ende des Versuchs, durch das EU-Türkei-Flüchtlingsabkommen irreguläre Migration im Einklang mit EU-Recht zu reduzieren. Erdoğan habe sechs Tage zuvor das Abkommen gebrochen, als er Migranten in Bussen an die Landgrenze zu Griechenland bringen ließ, im Glauben, die EU so unter Druck zu setzen. Doch die Europäische Union entschied sich für Gewalt, und tatsächlich kamen seit März weniger Asylsuchende über die griechische Grenze. Gewalt aber, so Knaus, bedeute systematische Push-Backs, und die sind nach EU-Recht ein permanenter Rechtsbruch. Die dadurch gesunkenen Zahlen irregulärer Migration reduzierten für die EU den Anreiz, das Abkommen durch Verhandlungen wiederzubeleben.

Der heute in Berlin lebende Forscher Knaus hat sich sein ganzes berufliches Leben mit Flucht und Migration beschäftigt. Er war Ideengeber für das im April 2016 vereinbarte und jahrelang erfolgreiche EU-Türkei-Flüchtlingsabkommen. Nach dessen Abschluss im März

2016 war die Zahl der illegalen Grenzübertritte sofort drastisch zurückgegangen. Die türkische Polizei habe Anfang April Hunderte von der griechischen Polizei aufgegriffene Migranten zurückgenommen. Dafür durften Tausende Syrer legal in die EU kommen. Gleichzeitig versprach die EU 6 Milliarden Euro in vier Jahren zur Finanzierung von Hilfen für Flüchtlinge in der Türkei. In der zweiten Jahreshälfte 2019 habe Erdoğan angefangen zu fragen, wann die EU weiteres Geld anbieten würde. Als es aus Brüssel darauf keine Antwort gab, begann er, mit einer Grenzöffnung zu drohen. Nach einem Luftangriff auf seine Soldaten in Idlib verlor er die Geduld.

Die EU habe sich mit ihrer Reaktion an der Grenze 2020 vom Rechtsstaat verabschiedet, so Knaus. Das Vorgehen Polens 2021, als dort massenweise Flüchtlinge aus Belarus illegal einreisen wollten, sei einer ähnlichen Logik gefolgt. Auch dort habe Gewalt die Zahl der irregulär Einreisenden reduziert, sagt der Experte. Seit März 2020 sei die Zahl aus der Türkei nach Griechenland eingereister Flüchtlinge so gering wie seit Jahren nicht mehr. Push-Backs sind das Mittel der Wahl. Flüchtlingshelfer in Istanbul zitieren Syrer oder Afghanen, die kurz vor dem Übertritt nach Mazedonien von griechischen Polizisten aufgegriffen und gewaltsam in die Türkei zurückgeschickt wurden. Von der Leyen lobt Griechenlands Grenzschützer. Die Konsequenz für den türkischen Präsidenten ist, dass er beim Thema Flüchtlinge von nun an auf die EU verzichten muss. Ein weiteres Mal hat er zu hoch gepokert. Ob ihm das Thema bei der Wahl auf die Füße fällt, wird sich zeigen.

Einer nach dem anderen packt seine Sachen. Selbst die mit Lebensmitteln, Kleidern und Hygieneartikeln gefüllten, nach Doyran kommenden Transporter türkischer Hilfsorganisationen können bei den hier Gestrandeten keinen Enthusiasmus mehr auslösen.

Sawah blickt mutlos Richtung Griechenland auf die andere Seite des Flusses. Dort seien immer wieder griechische Soldaten zu sehen, sagt er. Diese hätten jetzt eine Strecke von 20 oder 30 Kilometern permanent im Blick. In der Nacht könnte man noch Glück haben und es vielleicht schaffen. Aber dann schnappen sie dich irgendwann hinter der Grenze und schicken dich zurück. Wenn man Pech hat, verprügeln sie einen zuvor. Auf die Frage, was er nun machen wolle, sagt er, sein Geld sei alle. Er wisse es auch nicht so recht. Hier auf der Wiese wolle er nicht mehr länger ausharren.

Plötzlich kommt ein Dolmus-Bus, also eine Art Sammeltaxi, angefahren. Sofort verhandeln mehrere Männer mit dem Chauffeur Preise für die Fahrt nach Istanbul. Nach einer halben Stunde ist der Bus voll. Der Traum von der Reise in die EU ist an der Wiese zwischen der letzten Häuserreihe des Dorfes Doyran und dem Grenzfluss Evros zuende. Am Straßenrand der Autobahn E 80 von Edirne nach Istanbul laufen junge Männer mit leeren Mägen zurück in die Metropole am Bosporus. An einer Tankstelle sagt einer von ihnen, jetzt müsse er sich alles von vorne neu aufbauen. Ein zweites Mal werde er es sicherlich nicht versuchen nach Griechenland zu gelangen, wenn Erdoğan behauptet, die Grenze sei offen.

KAPITEL 9: Eine Geschichte der Inflation

»Lüge nicht«, sagt die Frau in der Schlange und lacht etwas spöttisch. Auf die Frage, was an der Aussage des Mannes vor ihr gelogen sei, blickt sie mürrisch weg. Etwa 20 Menschen warten in Istanbul an einer Straßenecke vor einem Häuschen, auf dem »Halk Ekmek« steht. Die beiden türkischen Wörter bedeuten Volksbrot. Aus dem Häuschen wird frisches Brot verkauft. Es ist eine von dutzenden »Halk Ekmek«-Verkaufsstellen in Istanbul.

Zurück zur Lüge. Die Frage an den Mann in der Schlange war, warum hier so viele stehen. Seine Antwort: »Das Brot schmeckt gut«. Daher nun die nächste Frage an die Frau, ob das Brot denn nicht gut schmecke. Jetzt blickt sie nicht mehr weg, sondern erklärt: »Das Brot schmeckt natürlich gut, aber das ist nicht der Grund, warum hier so viele stehen. Der Grund ist allein der Preis«. Ein 250 Gramm-Laib Weißbrot kostet hier Ende des Jahres 2021 1,25 Lira. Deutlich weniger als in den normalen Bäckereien des Stadtteils.

»Halk Ekmek« ist ein Projekt der Stadtverwaltung Istanbul, um sozial schwachen Menschen die Möglichkeit zu geben, günstiges Brot zu kaufen. Weil sich der Brotpreis in Bäckereien und Supermärkten, wie auch die Preise für alle anderen Lebensmittel, deutlich erhöht haben, kommen immer mehr Menschen zu »Halk Ekmek«. In den sozialen Medien sehen sich Zehntausende Videos von Schlangen vor Brotverkaufsstellen an, auch weil viele der dort Befragten emotionale Antworten geben und auf die politische Führung schimpfen. Das Video eines wartenden Mannes, der in Tränen ausbricht, führt zu besonders vielen Kommentaren. Er sagt »hakkımı helal etmiyorum«, was bedeuten soll, »Ich verzeihe nicht«. Der Satz ist im Islam schwerwiegend, denn die affirmative Variante kommt aus dem Totengebet. Die muslimische Gemeinde wird vom Vorbeter drei Mal gefragt, ob sie dem Verstorbenen verzeiht. Drei Mal bejaht die Gemeinde, damit werden dem Verstorbenen die irdischen Sünden verziehen. Die

Aussage des Mannes ist an die politischen Verantwortlichen gerichtet. Er will ihnen nicht vergeben. Man kann davon ausgehen, diese verstehen aufgrund ihrer religiösen Herkunft die Botschaft sofort.

Bei den Diskussionen in den Schlangen vor den Verkaufsstellen geht es um den Brotpreis und gleichzeitig um das viel größere Thema Inflation. Brot ist in der Türkei wesentlich teurer geworden, weil Mehl- und Strompreise gestiegen sind. »Zam« ist eines der in diesen Tagen oft gebrauchten und ungeliebten Wörter. Es steht für Preiserhöhung. Ständig gibt es für irgendetwas »Zam«. Die Inflation hat ein Ausmaß angenommen, das für den türkischen Präsidenten bei der kommenden Wahl zum Problem werden könnte. Es sind nicht die rechtsstaatlichen Einschränkungen oder die Spaltung der Gesellschaft, die in der Türkei Massen in Aufruhr bringen. Wer sich nicht oppositionell betätigt, bekommt keine Probleme in Erdoğans Reich. Doch wenn bei den oft mehrköpfigen Familien, die den Präsidenten bisher bei Wahlen unterstützt haben, abends nicht genug zu essen auf dem Tisch steht, kommen Zweifel auf.

Jetzt ist die Frau an der Reihe und kauft drei Laibe Weißbrot. Auf die Frage, ob die ständigen Preiserhöhungen Einfluss auf die kommenden Wahlen haben könnten, antwortet sie, eigentlich ja. Aber es gebe Nachbarn, die behaupten, das habe nichts mit der Politik des Präsidenten zu tun, denn in der Europäischen Union gebe es schließlich auch Inflation.

Derweil wird Erdoğan vom Türkeimanager zum Getriebenen. Anfang der 2000er-Jahre steht er für eine wirtschaftsorientierte und EU-nahe Politik. Zahlreiche Unternehmen der Euro-Zone entscheiden sich für Direktinvestitionen in der Türkei. Fabriken schießen wie Pilze aus dem Boden. Arbeitsplätze entstehen. Internationale Journalisten am Bosporus singen das Hohelied eines Regierungschefs, der endgültig das seit dem Zusammenbruch des Osmanischen Reichs immer wieder gerne benutzte Bild des kranken Mannes am Bosporus in die Geschichtsbücher verbannen würde. Dass die Vorgängerregierung und der Internationale Währungsfonds die dringend nötigen Reformen auf den Weg gebracht hatten, war schnell vergessen.

2004 lag das Wirtschaftswachstum bei sagenhaften 9,8 Prozent. 2011 nach einer Delle aufgrund der Weltfinanzkrise sind es sogar 11,2 Prozent. In dieser Phase bringen es viele Türkinnen und Türken zu bescheidenem Wohlstand. Das Vertrauen in den Präsidenten wächst. Die Bürger des Landes können sich Wohnungen und Autos kaufen und ins Ausland reisen. Zwischen den Jahren 2000 und 2010 steigt die Einwohnerzahl der Metropole Istanbul von knapp 9 Millionen auf 13,5 Millionen Einwohner. Im Wirtschaftszentrum des Landes entstehen kontinuierlich neue Arbeitsplätze. Die Zahl der landesweiten Flughäfen nimmt deutlich zu. Erdoğan genießt hohes Ansehen innerhalb und außerhalb der Türkei. In den Folgejahren fällt das Wachstum jedoch rapide, stagniert wegen der Pandemie auf tiefem Niveau, um 2021 erneut auf 11,4 Prozent zu steigen. Doch der Erfolg ist zeitlich begrenzt und hat viel mit den schlechten Zahlen des Vorjahres zu tun, sodass sich der Wert im Jahr 2022 halbiert.

Ende November vergangenen Jahres heißt es auf der Internetseite von »Germany Trade and Invest«, die türkische Regierung strebe mit einer Niedrigzinspolitik ein starkes kurzfristiges Wachstum an, das mit hohen Finanz- und Wirtschaftsrisiken einhergehe. Die Auslandsschulden der Unternehmen und des Staates würden Anlass zur Sorge geben. Die Inflation hat das Land fest im Griff und ist eine der größten Herausforderungen des türkischen Präsidenten. Dollar- und Euroreserven sind auf äußerst niedrigem Niveau. Reichen sein wirtschaftspolitischer Instinkt und seine Macht aus, um sich aus der Klammer der Geldentwertung zu befreien? Viele Menschen im Land haben den Glauben an den Türkeimanager verloren.

Atatürk Flughafen Istanbul. Januar 2016. In der großen Halle nach der Zoll-Kontrolle befinden sich mehrere Wechselstuben. Der Kurs liegt bei 3,25 Lira pro Euro. Ein Jahr später liegt dieser bei 4,11 Lira pro Euro. Damals lautet die Überschrift eines Berichts der regierungsnahen Zeitung *Yeni Şafak* »Deutsche Bank Terror«. Im Text behauptet der Journalist Cahit Saraçoğlu, die Bank führe ein Netzwerk aus Finanzinstituten und dem Bundesnachrichtendienst an, das die Lira unter Druck setzen und Wirtschaftsterror gegen die Türkei betreiben solle. Das Netzwerk habe Operationen gegen in Euro verschuldete türkische Unternehmen gestartet. Im Sommer 2018 geben die Wechselstuben für einen Euro 7,5 Lira. Glaubt man der in der *Yeni Şafak* geschriebenen Verschwörungstheorie, so war das Deutsche-Bank-Netzwerk äußerst erfolgreich und wird in den nächsten Jahren zu Hochtouren auflaufen.

Türkischer Staat und Zentralbank bekommen nach dem Chaosjahr 2016 die Geldentwertung nicht in den Griff. Zentralbanken können theoretisch den Leitzins erhöhen und so die Geldentwertung einbremsen. Der türkische Präsident spricht sich jedoch wiederholt gegen Zinserhöhungen aus. Ein ungewöhnlicher Kurs, denn in erfolgreichen Industrieländern mischen sich Regierungen üblicherweise nicht in die Fiskalpolitik der Zentralbanken ein.

»Diejenigen, die Zins nehmen, werden eines Tages nicht anders dastehen als einer, der vom Satan erfasst und geschlagen ist«, heißt es im Koran. Ein zur islamisch-konservativen Milli Görüş-Gemeinschaft gehörender Deutschtürke erklärt, man bewerte Zinsen im Islam mit dem Adjektiv »haram«, also unrein. Das sei Erdoğans Antrieb, den Leitzins niedrig zu halten. Seine Stammwähler sind zu einem Großteil gläubige Muslime, die hohe Zinsen als Tabu sehen. Internationale Wirtschaftsexperten kritisieren Erdoğans Einmischung in die Zinspolitik und prophezeien, das Land fahre ohne Kurskorrektur finanzpolitisch gegen die Wand. Geht es Erdoğan tatsächlich nur um religiöse Symbolik? Der türkische Präsident gilt als Politiker, der seinem Land über viele Jahre hinweg ein nie dagewesenes Wirtschaftswachstum verschafft hat. Der ökonomische Fortschritt ist das Geheimnis seines Erfolgs. Er weiß um die Verflechtungen des internationalen Finanzmarkts, dem sich kein Land der Welt entziehen kann. Kann es also sein, dass er die Lira allein einer Koransure opfert?

Monatlich veröffentlicht das staatliche türkische Statistikamt »TÜIK« die Inflationszahl. Im April 2020 lag diese noch bei für türkische Verhältnisse moderaten 10 Prozent. Im Januar 2022 sind es bereits zwischen 30 Prozent und 40 Prozent. In den Folgemonaten verteuern sich Produkte im Vergleich zum Vorjahr dramatisch. Der vorläufige Spitzenwert von amtlichen 85 Prozent wird im Oktober 2022 erreicht. Danach geht die Inflation leicht zurück, insbesondere, weil sich Strom und Gas in der Türkei verbilligen. Viele Türkinnen und Türken fragen sich in den vergangenen zwei Jahren jedoch, wie die Zahl zustande kommt. Sie haben insbesondere bei Lebensmitteln und anderen Produkten des täglichen Bedarfs den Eindruck, die amtliche Inflationszahl entspreche nicht der Realität.

2020 gründen Ökonomen unter der Leitung des Wirtschaftswissenschaftlers Prof. Veysel Ulusoy die Organisation »ENAG«. »ENAG« steht für *Enflasyon Araştırma Grubu*, also Organisation zur Untersuchung der Inflation. Ulusoy und seine Mitarbeiter veröffentlichen Monat für Monat eine Inflationszahl nach ihrer Berechnung. Der entscheidende Unterschied zu den Statistikern des »TÜIK«-Amtes ist ihre politische Unabhängigkeit. Schnell wird deutlich, die amtlichen Zahlen liegen weit unter den »ENAG«-Berechnungen. Nach Umfragen sehen 50 Prozent der Menschen im Land die Zahlen des Statistikamtes kritisch, so die Internetzeitung *Duvar*. Viele seien der Meinung, die subjektiv erlebte Preissteigerung passe besser zu den »ENAG«-Zahlen als zu denen von »TÜIK«. Im Oktober 2020 liegt die Inflation nach Berechnung der unabhängigen Ökonomen bei 185 Prozent, also 100 Prozent über dem amtlichen Wert. Im Dezember geht die Zahl auf 137 Prozent zurück.

Dass der Regierung diese Parallelzahlen nicht gefallen, war absehbar. Der Palast ist stets darum bemüht, dem Volk allein seine Wahrheit zu vermitteln. Im Sommer 2022 erklärt Prof. Ulusoy, der Staat führe bei »ENAG« eine Steuerprüfung durch. Grund ist eine Einnahme von sage und schreibe 6 Lira. Zuvor stellte das staatliche Statistikamt nach Medienberichten bereits Strafanzeige gegen Ulusoy, weil er »TÜIK« auf unfaire Art angreifen würde, um die Glaubwürdigkeit der Institution zu beschädigen. Außerdem wurde gefordert, das Gericht solle »ENAG« die Erhebung und Veröffentlichung von Inflationszahlen untersagen. Die Anzeige des Statistikamtes sei abgewiesen worden, so Ulusoy. Erdoğan-Unterstützer und Trolle in den sozialen Medien haben »ENAG« inzwischen ins Visier genommen. Wer die Zahlen der Wirtschaftswissenschaftler beispielsweise auf Twitter veröffentlicht, wird erbost darauf hingewiesen, dass »ENAG« und »TÜIK« mit verschiedenen Rechenmodellen arbeiteten. Dennoch hat das Statistikamt ein zunehmendes Glaub-würdigkeitsdefizit.

Rückblick. In der zweiten Hälfte 2016 hüllen sich deutsche Unternehmen in Schweigen. Die Pressestelle antwortet über Wochen hinweg nicht. Die Istanbuler Niederlassung eines deutschen Konzerns mit weltweit mehreren Hunderttausend Mitarbeitern hat offenbar kein Interesse an einem Gespräch mit einem Journalisten. Sicherlich war es ein ungutes Jahr. Putschversuch, mehrere Terroranschläge, eine Regierung, die außer Rand und Band gegen Oppositionelle vorgeht. Aber keine Antwort auf mehrere Anfragen per E-Mail? Das war ungewöhnlich. Schließlich ist die Unternehmenszentrale in Deutschland bereit, das Treffen mit dem Geschäftsführer der Niederlassung in Istanbul zu organisieren. Ein Informationsgespräch sei möglich, ein Interview jedoch nicht. In solch angespannten Zeiten möchte man Stellungnahmen zu wirtschaftspolitischen Rahmenbedingungen in der Türkei vermeiden, heißt es.

Um zu verstehen, wie sich innenpolitisches Chaos, Inflation, aber auch zunehmend feindliche Töne aus Ankara gegenüber dem Westen auf die Stimmung in den Unternehmen und auf mögliche Investitionen am Standort Türkei auswirken, sind für die zweite Hälfte 2016 Interviews mit Vertretern deutscher Firmen geplant.

Nach dem Putschversuch Mitte Juli haben einige aus Deutschland befristet entsandte Mitarbeiter das Land mit ihren Familien Hals über Kopf verlassen beziehungsweise sind nach den Sommerferien nicht zurückgekommen. In einigen Fällen sollen es die Ehefrauen gewesen sein, die gesagt haben, es reicht. Auf Anfragen nach Interviews oder Informationsgesprächen kommt eine Absage nach der anderen. Am Schluss sind es eine Handvoll, die einwilligen. Ein mageres Ergebnis, denn nach Angaben der Deutsch-Türkischen Handelskammer soll es immerhin 7.000 registrierte deutsche Unternehmen in der Türkei geben. Nach dem Putschversuch heißt es bei in Istanbul lebenden Deutschen, ein türkischer Mitarbeiter eines deutschen Energieunternehmens sei wegen Terrorvorwürfen festgenommen worden. Offenbar ist die Angst groß, etwas zu sagen, das für die Niederlassung zu Schwierigkeiten führen könnte.

Erst zwei Jahre später macht Johannes Teyssen, damaliger Chef des Energieversorgers E.ON, bei einem Besuch der Hauptstadt Ankara deutlich, man wünsche sich von Erdoğan Rechtssicherheit. Die wenigen zu Gesprächen bereiten Geschäftsführer sagen, die Zentralen in Deutschland hätten Investitionsentscheidungen auf unbestimmte Zeit verschoben. Bei der Frage, was unabhängig von dem Chaos aufgrund des vereitelten Umsturzes verbesserungswürdig sei, geben alle die gleiche Antwort. Das Bildungssystem lasse zu wünschen übrig. Studenten kämen mit guten Abschlüssen von den Unis, hätten jedoch keinerlei Praxiserfahrung, weil sie während des Studiums keine Praktika absolvieren. Die Englischkenntnisse seien nicht ausreichend. In Deutschland gebe es die Kombination von Berufsschule und praktischer Ausbildung im Betrieb. Dort hätten Facharbeiter ein Grundwissen und könnten sich zügig einarbeiten. In der Türkei müssten die Firmen viel Zeit in das Anlernen von Mitarbeitern investieren. Selbst solche Aussagen sind jedoch offenbar so kritisch, dass sich deutsche Unternehmen im Spätherbst 2016 nicht trauen, vor die Kamera zu gehen und eine Reform des Bildungssystems zu fordern. Dabei ist Deutschland der wichtigste Handelspartner der Türkei. Alle haben Angst vor Erdoğans Groll.

Vom türkischen Präsidenten kommen in dieser Phase keine versöhnlichen Worte. Er ist verärgert über kritische Töne aus Berlin zum Vorgehen des türkischen Staates gegen sein Volk. In Berliner Regierungskreisen steht die Frage im Raum, ob Erdoğan den versuchten Staatsstreich missbraucht, um seine Macht auszubauen. Viele spannende Themen und damit beste Voraussetzung für ein interessantes Gespräch mit dem Geschäftsführer.

Die Pressesprecherin der Niederlassung des besagten deutschen Unternehmens wartet bereits am Eingang. Auf Smalltalk während der Fahrt mit dem Aufzug in das oberste Stockwerk des modernen Gebäudes lässt sie sich nicht ein. Offenbar hat die Organisation des Termins über die Zentrale in Deutschland im Haus keine Begeisterung ausgelöst. In einem Konferenzsaal stehen zwei Kaffeetassen und

Gläser. Der Geschäftsführer lässt fünf Minuten auf sich warten, um beim Betreten des Raums zitronensauer zu lächeln. Visitenkarten werden ausgetauscht. Auf seiner steht »Präsident« in der Türkei und dem Nahen Osten. Er freue sich, dass der Termin endlich zustande gekommen sei, behauptet er. Honigsüßes Baklava-Gebäck wird serviert. Dann greift er zum Telefon und ruft die Abteilung für Öffentlichkeitsarbeit in der Konzernzentrale in Deutschland an. Dort antwortet eine leitende Angestellte und erklärt, sie würde dem Gespräch gerne zuhören.

Nach einer Einführung in allgemeine Daten der Niederlassung, kommt die ein halbes Jahr nach dem Putschversuch, massenhaften Festnahmen und Foltervorwürfen gegen die türkische Polizei naheliegende Frage, wie man als deutsches Unternehmen unter aktuellen Bedingungen in der Türkei arbeiten könne. Er antwortet, all das habe keine Relevanz für Entscheidungen und Investitionen. Auf die Nachfrage, wie er persönlich die Stimmung im Land wahrnehme, sagt er, alles sei prima. In der deutsch-türkischen Geschäftsführer-Welt heißt es, der Mann habe in Ankara erstklassige Kontakte und bekomme jederzeit einen Termin beim Präsidenten. Manche halten ihn für einen Angeber. Er spricht wie ein Anwalt des Staates, der die Lage schönreden will.

In der Hoffnung, etwas Sinnvolles zu erfahren, kommt die Überleitung zum türkischen Bildungssystem. Doch selbst bei diesem Thema stimmt er eine Lobeshymne an. Junge Türkinnen und Türken seien im weltweiten Wettbewerb auf Spitzenniveau. Die Gegenrede, dass Geschäftsführer anderer deutscher Niederlassungen seine Position nicht teilen, ignoriert er. Es scheint, als ob der lange Arm des Palastes bis in das oberste Stockwerk der Istanbul-Niederlassung des weltweit bekannten deutschen Unternehmens reicht. Eine Machtdemonstration, ohne dass der Machthaber anwesend ist. Das Hintergrundgespräch führt zu keinerlei neuen Erkenntnissen. Der »Präsident« sagt, er hätte sich gerne über deutschen Fußball unterhalten, aber dafür sei wohl keine Zeit mehr.

Zurück zum Ausgang, wo bereits ein Taxi wartet. Auf halbem Weg zum Studio ruft die leitende Mitarbeiterin der Abteilung für Öffentlichkeitsarbeit aus Deutschland an. Sie entschuldigt sich, denn sie sei mit den Äußerungen des »Präsidenten« überhaupt nicht einverstanden gewesen und wolle sich als Sprecherin der Unternehmenszentrale deutlich distanzieren. Die rechtsstaatlichen Defizite in der Türkei seien seit dem Putschversuch offensichtlich und würden der Firmenleitung in Deutschland große Kopfschmerzen bereiten. Das Bildungsthema sei sehr wohl in der Vergangenheit immer wieder intern diskutiert worden, und das Unternehmen würde viel Geld aufwenden, um türkische Mitarbeiter aus- und fortzubilden. Auf die erneute Frage, ob denn jemand in Deutschland vor die Kamera gehen würde, kommt die Antwort, nein, ein Interview sei leider derzeit nicht möglich.

Erdoğans Finanzpolitik der vergangenen Jahre war geprägt von einem ständigen Austausch relevanter Entscheidungsträger. Bis zur Einführung des Präsidialsystems im Jahr 2018 hatte der renommierte Ökonom und Vize-Premier Mehmet Şimşek großen Einfluss auf die fiskalischen Geschicke der Türkei.

Şimşek war vor seiner politischen Laufbahn bei der Deutschen Bank, der Schweizer Bank UBS sowie dem Investmentspezialisten Merill Lynch beschäftigt und gilt als Verfechter einer orthodoxen Wirtschaftslehre. Sein Wirken erbringt jedoch nicht das von Erdoğan erwartete Wachstum. Nach dem Wechsel zum Präsidialsystem macht Erdoğan seinen Schwiegersohn Berat Albayrak, bis dato Geschäftsführer einer regierungsnahen Holding, zum Finanzminister.

Während Albayraks Amtszeit schmelzen die Dollar- und Eurorücklagen der türkischen Zentralbank dahin. Die Oppositionspartei CHP startet deshalb eine vielbeachtete Kampagne mit dem Slogan: »Wo sind die 128 Milliarden Dollar?« Im November 2020 postet der damals 42-jährige Albayrak auf Instagram, er trete aus gesundheitlichen Gründen zurück. Am Vortag hatte Erdoğan den Posten des Zentralbankchefs neu besetzt. Türkische Medien spekulieren, es sei deshalb zu Meinungsverschiedenheiten zwischen Präsidenten und Schwiegersohn gekommen.

Nächster Finanzminister wird der Bauingenieur und Wirtschaftswissenschaftler Lütfi Elvan. Erdoğan übt weiterhin großen Druck

aus und fordert Zinssenkungen. Elvan bietet deshalb dem Regierungschef seinen Rücktritt an, heißt es in türkischen Medien. Dieser stimmt
nicht sofort zu. Während einer Rede im November 2021 erklärt der
türkische Präsident vor der Fraktion seiner Partei AKP, er bekämpfe
hohe Zinsen. Elvan verweigert demonstrativ den Applaus. Erst dann
zieht Erdoğan die Konsequenz und benennt den Politikwissenschaftler Nureddin Nebati als neuen Finanzminister.

Eine ähnlich sprunghafte Personalpolitik betreibt der Präsident
bei der türkischen Zentralbank. Von 2016 bis Juli 2019 heißt der No-
tenbankchef Murat Çetinkaya. Dieser wird von Murat Uysal abgelöst.
Im November 2020 entlässt Erdoğan Uysal und ernennt den AKP-
Abgeordneten und ehemaligen Finanzminister Naci Ağbal zum
Präsidenten der türkischen Zentralbank. Im März 2021 erhöht Noten-
bankchef Ağbal den Leitzins auf 19 Prozent und fällt damit in Erdoğans
Ungnade. Noch im selben Monat übernimmt Şahap Kavcıoğlu Ağbals
Posten. Seit Kavcıoğlus Amtsübernahme ist der Leitzins von 19 auf
9 Prozent gefallen. Offenbar hat er verstanden, welche Zinspolitik
Erdoğan vorschwebt, und setzt dessen Wünsche um.

Vier Finanzminister und vier Zentralbankchefs innerhalb von vier
Jahren. Die meisten internationalen Ökonomen haben es inzwischen
aufgegeben, die für eine stabile Lira wichtige Unabhängigkeit der
türkischen Zentralbank anzumahnen. Das Vertrauen der Märkte in
die Währung ist nachhaltig beschädigt. Lehrbücher warnen vor
politischer Einflussnahme in die Zinspolitik, weil Regierungen zur
Finanzierung von Staatsausgaben Geld drucken lassen können. Beliebt ist auch, in Wahlkampfzeiten durch günstige Kredite ein Strohfeuer zu entfachen, um vorübergehend Wirtschaftswachstum zu
erzeugen.

Bemerkenswert sind neben den Neubesetzungen im Finanzministerium und der Zentralbank die personellen Veränderungen beim
staatlichen Statistikamt, das unter anderem die Inflationszahl veröffentlicht. Zwischen 2019 und heute wird unter Erdoğan die Be-
hördenspitze viermal neu besetzt. Des Weiteren werden 20 Leiter
bedeutender Regionalbüros wie Istanbul, Ankara oder Antalya ausgetauscht.

Im Januar 2017 hat die Lira innerhalb eines Jahres 20 Prozent ihres Wertes verloren. Erdoğan fordert das türkische Volk auf, patriotisch zu handeln und Dollar beziehungsweise Euro in die heimische Währung zu tauschen, um den Lira-Kurs zu stützen. Es gebe keinen Unterschied zwischen einem bewaffneten Terroristen und einem, der Devisen und Zinsen für seine Zwecke einsetze, so der Machthaber in Ankara. Das gemeinsame Ziel beider sei es, »die Türkei auf die Knie zu zwingen«. Dass der Verfall der Währung etwas mit innen- und außenpolitischen Entscheidungen nach dem Putschversuch im Vorjahr zu tun haben könnte, wird nicht in Betracht gezogen.

Das Verhältnis der Türken zu ihrer Währung ist angespannt. Während Deutsche ihre D-Mark und später den Euro seit Jahrzehnten in Sparschweine werfen oder auf Sparbüchern hegen und sammeln, wollen Türken ihre Lira am liebsten sofort loswerden, bevor das Geld seinen Wert verliert. Deshalb kaufen sie ständig Gold, Dollar, Euro, Immobilien oder sogar Kryptowährungen. Hauptsache, sie machen mit der eigenen Währung keinen Verlust. Das gesamte türkische Volk blickt permanent auf den Euro- oder Dollarwechselkurs.

Zwischen Januar 2017 und August 2018 fällt der Wert der Lira um 100 Prozent. Erdoğan fordert seine Landsleute erneut auf, Dollar- und Euroersparnisse in die Landeswährung zu tauschen, um diese zu stärken. Gleichzeitig gibt er den USA die Schuld für den Währungsverfall. Das türkische Volk müsse sich gegen finanzpolitische Angriffe aus Washington wehren, so Erdoğans Worte. Vorausgegangen war ein Streit zwischen US-Präsident Trump und Erdoğan um den wegen Terrorvorwürfen in der Türkei inhaftierten, angeklagten und später in einen Hausarrest entlassenen US-amerikanischen Pastor Andrew Brunson. Die türkische Justiz unterstellt dem evangelikalen Pastor unter anderem Spionage. Trump bezeichnet Brunson als Geisel, droht Erdoğan mit Sanktionen und verdoppelt Zölle auf Aluminium und Stahl. Dem US-Präsidenten sitzen protestantisch-fundamentalistische Stammwähler im Nacken, die Brunson frei sehen wollen. Dass dieser eine Geisel ist, liegt auf der Hand. Erdoğan selbst hatte vorgeschlagen, den Pastor gegen den im US-Exil lebenden Islamprediger Fethullah Gülen auszutauschen.

Im Zuge des Konflikts um Brunson gerät die Lira immer stärker unter Druck. Im Herbst 2018 beschließt das zuständige Gericht die Aufhebung von Brunsons Hausarrest und lässt ihn ausreisen. Die zum Spielball von außenpolitischen Eskapaden gewordene türkische Währung reagiert sofort und gewinnt an Wert.

In den Folgejahren setzt die Pandemie die Weltwirtschaft unter Druck. Die Inflation steigt weiter. Üblicherweise bringen Touristen in den Sommermonaten Devisen ins Land, was zur Stabilisierung der türkischen Währung führt. Durch Corona geht die Zahl der Urlauber jedoch deutlich zurück. Im Herbst 2020 steht der Wechselkurs bei 1 Euro zu 10 Lira. Im Folgejahr schafft es die Türkei durch günstige Preise, hohe Hygienestandards in Hotels und preisgünstige PCR-Tests erneut mehrere Millionen Touristen ins Land zu locken. Mit den Gästen kommen Devisen. Erst nach der Urlaubssaison verliert die Lira dramatisch an Wert. Im Dezember 2021 geben Wechselstuben für 1 Euro 15 Lira.

Bulgaren nutzen den Verfall der Währung und kommen massenhaft zum Großeinkauf in die türkische Grenzstadt Edirne. Danach gehen sie in Restaurants der Stadt günstig essen. Viele bleiben das gesamte Wochenende. Selbst hochpreisige Hotels sind für Gäste aus dem Nachbarland erschwinglich. Die Markthändler schreiben auf Preisschilder neben dem Lira-Betrag auch den in der bulgarischen Währung Lew. Bilder kaufwütiger Bulgaren in Edirne laufen im türkischen Fernsehen. Was den Gästen Freude bereitet, ist den in ihrem Nationalstolz verletzen Türken ein Ärgernis.

Die Gewerkschaftsvorsitzende Arzu Çerkezoğlu wirft dem Präsidenten vor, er wolle die Türkei zum Billiglohnland machen. Die Inflation hat in dieser Phase ein solches Ausmaß angenommen, dass Besitzer von Gemischtwarenläden nahezu wöchentlich Preisschilder austauschen. Eine Flasche Sonnenblumenöl habe im Frühjahr 30 Lira gekostet, jetzt seien es 100 Lira, moniert ein Ladenbesitzer im türkischen Fernsehen. Der Druck auf den Präsidenten steigt, endlich Maßnahmen zu ergreifen. Im Dezember verliert die Lira innerhalb weniger Wochen im Vergleich zum Euro um weitere 5 Punkte. Zum ersten Mal gibt es für einen Euro 20 Lira.

Erdoğan zieht die Reißleine. Er verkündet ein Maßnahmenpaket und verspricht den Bürgern, wenn sie ersparte Dollar und Euro in der heimischen Währung anlegen, gleiche der Staat bei einem weiteren Verfall den Verlust gegenüber Devisen aus. Am Morgen nach Erdoğans Erklärung kann die Lira deutlich an Wert gewinnen, was aber auch an massiven Devisenmarktinterventionen der Notenbank und der Staatsbanken gelegen haben dürfte. Innerhalb von drei Tagen verdoppelt sich der Wert nahezu. Wer in den Tagen zuvor türkisches Geld in Devisen getauscht hat, um sich vor Verlusten zu schützen, steht jetzt vor einem Scherbenhaufen. Die Opposition moniert, Spekulanten, die Dollar oder Euro zum richtigen Zeitpunkt in Lira getauscht haben, konnten hingegen erhebliche Gewinne einfahren. CHP-Chef Kılıçdaroğlu fragt, wer im Vorfeld Bescheid wusste? Doch der Versuch der Opposition, den Vorgang im Parlament aufklären zu lassen, scheitert an der Mehrheit des Erdoğan-Lagers.

Anfang Januar 2022 erlässt der Präsident ein Dekret, das in der Türkei produzierende und exportierende Unternehmen aufschrecken lässt. Ulrich Leuchtmann, Chefanalyst der Commerzbank, spricht von einer »milden Form einer Kapitalverkehrskontrolle«. Demnach müssen Unternehmen ab jetzt 25 Prozent ihrer Dollar- und Euroerlöse in Lira umwechseln. Bei deutschen Unternehmern am Bosporus ist von »Zwangsumtausch« die Rede. Staatliche Banken flankieren Erdoğans Versprechen vom 20. Dezember mit dem Verkauf erheblicher Devisenbestände zur Stützung der Lira. Die Kapitalverkehrskontrolle hilft offenbar, leere Dollar- und Eurokassen der Notenbank aufzufüllen. Leuchtmann befürchtet, es könnte noch weitere ähnliche Schritte geben, solange die türkische Währung unter Druck ist.

Er behält Recht. Im Mai erhöht die Regierung den »Zwangsumtausch« auf 40 Prozent. In der Türkei ansässige Unternehmen bezahlen Strom, Treibstoff, Miete, Steuern und Löhne in Lira. Dafür benötigen sie türkisches Geld. In vielen Fällen ergeben diese Kosten jedoch keine 40 Prozent der Deviseneinnahmen. Für Importprodukte sind meist Dollar oder Euro zu erstatten. Folglich bleibt den Unternehmen nichts anderes übrig, als die umgetauschten Lira wieder in Devisen zurückzutauschen, was aufgrund der Wechselgebühren zu Unkosten führt. Commerzbankanalyst Leuchtmann moniert, Kapitalverkehrskontrollen schadeten dem Standort Türkei und hielten ausländische Unternehmen von Investitionen ab. Zwar beteuert Finanzminister Nebati im Verlauf des Jahres 2022 immer wieder, die Türkei bekomme die Inflation in den Griff. Doch die Währung verliert im Frühjahr, stabilisiert sich in den Sommermonaten, um im Herbst erneut abzustürzen.

Ende September erklärt Erdoğan, der Leitzins müsse auf einen einstelligen Wert, also unter 10 Prozent fallen. Der Wechselkurs reagiert für die Lira umgehend negativ. Die Zentralbank drückt den Leitzins, wie von Erdoğan angekündigt, auf 9 Prozent. Die Botschaft ist, der türkische Präsident hält Wort. Doch zu einem teuren Preis. Nach Angaben der Investmentbank »Goldman Sachs« gibt die Zentralbank zwischen März und September 2022 18 Milliarden Dollar zur Stabilisierung der Lira aus.

Da die Kaufkraft der Währung kontinuierlich abnimmt, erhöht Erdoğan im Dezember den Mindestlohn deutlich. Ein Geschenk an das Volk auf Kosten der Arbeitgeber. Der Wahlkampf ist in seinen Startlöchern. Im Herbst hatte der Präsident ein umfangreiches Sozialwohnungsbauprogramm angekündigt. Anfang 2023 gibt er ein Frühverrentungsprogramm für etwa 2 Millionen Bürgerinnen und Bürger frei, das er in der Vergangenheit strikt abgelehnt hatte. Journalisten kritisieren, Erdoğan mache Wahlkampfgeschenke mit Steuergeldern, also dem Geld des Volkes.

In anderen Regionen plagt die Menschen eine hohe Armut. Esengül Mutlu fühlt sich offensichtlich unwohl in ihrer Haut, während sie ihrer Mutter Suhal zuhört. Sie habe sechs Kinder, entschuldigt sich die 32-jährige Suhal. Vier davon gingen zur Schule, aber für die 14-jährige Esengül und ihre 15-jährige Schwester reiche das Geld nicht mehr. Außerdem hätten die Mädchen dort seit Längerem Probleme gehabt. Weil sie sich in den Pausen nichts zu essen kaufen konnten, sei getuschelt worden. Die Klassenkameradinnen hätten Esengül ihre

Armut spüren lassen. Die Tochter sei bisweilen völlig verstört nach Hause gekommen, habe geweint und gefragt, ob sich die finanzielle Situation der Familie irgendwann einmal ändern würde.

Suhal und Esengül sitzen in einem der beiden etwa zehn Quadratmeter großen Zimmer der achtköpfigen kurdischen Familie. Als der Vater hörte, dass ein Fernsehteam kommt, um über die wirtschaftliche Lage der Mutlus zu sprechen, habe er aus Scham das Weite gesucht, sagt Mutter Suhal. Nackte, kalte Betonstufen führen durch das Treppenhaus in den ersten Stock des Gebäudes, das im Viertel Sur, im historischen Zentrum der kurdisch geprägten Stadt Diyarbakır, steht. Die Fenster neben der Treppe haben keine Glasscheiben. Im Winter zieht die kalte Feuchte in das Haus. Im Wohnzimmer steht unter dem ständig laufenden Fernseher ein Elektroofen. Esengüls kleiner Bruder wärmt sich an diesem die Hände.

Für den geklauten Strom zapfen die Mutlus eine Leitung an, die zwischen ihrem und dem Nachbarhaus hängt. Die monatliche Miete beträgt 20 Euro. Suhal verdient zurzeit etwa 200 Euro im Monat. Gerne würde sie die Mädchen auf die Schule schicken, doch die Lehrer fordern neben den Ausgaben für das Pausenbrot, die Stifte und die Hefte auch noch, eine teure Schuluniform anzuschaffen. Zusätzlich sollen die Familien Geld für Klopapier, Seife und Reinigungsmittel spenden, denn der Staat bezahlt das nicht. Für die Mutlus war das nicht zu stemmen. Weil wir arm sind, konnte nichts gekauft werden, sagt Esengül. Die Lehrer hätten aber Druck gemacht. Dann habe sie die Schule verlassen.

Im Alter von 14 und 15 Jahren können die Mädchen Geld verdienen, anstatt es auszugeben, so die Überlegung der Eltern, und sie sind dabei nicht allein. 650.000 Kinder seien im laufenden Schuljahr zur Arbeit statt in den Unterricht gegangen, so eine Studie der auf Bildung spezialisierten Stiftung Tedmem. Das Bildungsministerium der Erdoğan-Regierung spricht von betroffenen 280.000 Kindern. Der Präsident selbst hat sich zu dem Thema bisher nicht geäußert. Laut Gesetz müssen Eltern, deren Kinder nicht in die Schule kommen, eine Geldstrafe bezahlen. Doch Behörden verfolgen die Abwesenheiten kaum. Im kurdisch geprägten religiös-konservativen Südosten sind es überwiegend Mädchen, die auf den Schulunterricht verzichten müssen, sagt Zülküf Güneş von der Lehrergewerkschaft »Eğitim Sen« im Interview. Und es seien vor allem Schulen in ärmeren Vierteln, in denen es oft Fehlzeiten gebe.

Die 14-jährige Esengül verkauft in einem Schmuckgeschäft billige Ketten und Ohrringe. Sie vermisse die Schule, sagt sie. Auch wenn sie sich dort nicht immer wohl gefühlt habe, so verstehe sie dennoch inzwischen den Wert des Unterrichts. Eine gute Freundin aus ihrer Klasse komme gelegentlich am Nachmittag vorbei und erzähle die Neuigkeiten aus der Klasse. Dann merke sie, wie sehr ihr die Schule fehle. Bist du einmal draußen, gebe es kein Zurück mehr, so Esengül. Umgerechnet 5 Euro am Tag bekomme sie für die Arbeit im Schmuckgeschäft. Das ist weit unter dem türkischen Mindestlohn, und gefühlt sei es jede Woche etwas weniger, weil die Preise aufgrund der Inflation dauernd steigen, der Lohn aber gleich bleibe.

Wie schafft es Erdoğan, sich trotz hoher Inflation dem Staatsbankrott entgegenzustemmen?

Ende Juli 2022 schreibt das Medienhaus Bloomberg, Russland schicke der Türkei 20 Milliarden Dollar für den Weiterbau des Atomkraftwerks Akkuyu. Das russische Unternehmen Rosatom baut das zwischen Antalya und Mersin gelegene Kraftwerk seit 2018. Im Internetportal der deutschen Gesellschaft für Außenwirtschaft heißt es, Ankara habe mit Südkorea, Katar und den Vereinigten Arabischen Emiraten Swap-Deals abgeschlossen, um sich Devisen zu beschaffen. Außerdem verhandle Erdoğan mit dem saudischen Kronprinzen über eine Finanzspritze von fünf Milliarden US-Dollar. Dazu kursieren unbestätigte Informationen, Russland wolle die Kosten für Gasexporte in die Türkei erst 2024 in Rechnung stellen. Doch all das dürfte kaum ausreichen, um ein knapp 85-Millionen-Einwohner-Land am Laufen zu halten.

Die Finanzexperten von »Global Source Partners« veröffentlichen Anfang Dezember 2022 eine bemerkenswerte Analyse. So sollen mehrere Milliarden Dollar aus nicht nachvollziehbaren Quellen ins Land geflossen sein. Sie spekulieren, es handle sich um Einnahmen aus Tourismus und Immobilienkäufen durch vornehmlich russische Staatsbürger, aber auch aus dubiosen Quellen.

Die Europäische Zentralbank hielt über Jahre hinweg Zinsen in der Eurozone niedrig, um Investitionen und Konsum anzukurbeln. Es ist naheliegend, dass der türkische Präsident ein ähnliches makroökonomisches Prinzip verfolgt. In einer dem Autor vorliegenden Kurznachricht aus dem Umfeld des Präsidenten heißt es, ein wichtiger Effekt des Wertverlustes der Lira sei eine Steigerung der Produktion. Diese Theorie stünde auch im Buch des ehemaligen Finanzministers Albayrak.

Ende Januar 2023 spricht sich Finanzminister Nureddin Nebati ganz offen für einen Wertverfall der Lira aus. Sei die Lira zu stark, würden Unternehmen die Produktion ins Ausland verlagern, was zu Arbeitslosigkeit führe. Finanzexperten halten dem entgegen, die Türkei benötige für ein nachhaltiges Wirtschaftswachstum Direktinvestitionen ausländischer Unternehmen, also beispielsweise den Bau von Produktionsstätten. Seit dem vom Putschversuch und Bombenanschlägen geprägten Jahr 2016 gehen jedoch Direktinvestitionen in der Türkei kontinuierlich zurück. Außenpolitische Verwerfungen, ein autoritärer Führungsstil, die damit einhergehende zunehmende Einschränkung des Rechtsstaats und Lieferkettenprobleme führten dazu, dass internationale Banken immer weniger Bereitschaft zeigen wollten, Türkei-Projekte investitionsinteressierter Unternehmen zu finanzieren.

Ein Paradebeispiel für das Revidieren einer bereits vorgenommen Investitionsentscheidung war die Ansage aus Wolfsburg, aufgrund des Einmarsches türkischer Truppen in Nordsyrien den von langer Hand geplanten Bau eines VW-Werks in der türkischen Stadt Manisa zu widerrufen. Das Projekt hätte Tausende Arbeitsplätze geschaffen. Doch Erdoğan bläst 2019 zum Feldzug gegen die Kurdenmiliz. Prompt stoppt VW das Projekt.

Nur noch selten entscheiden Firmenzentralen in Europa, eine Fabrik im Reich des türkischen Regierungschefs zu bauen. Doch für ein Land mit einer so großen Zahl an arbeitsfähigen jungen Menschen sind genau solche Investitionen existenziell. Was also tun, wenn diese ausbleiben? Die Türkei hat keine großen Rohstoffvorräte wie Russland oder Iran. Erdoğans Kapital im weltweiten Wettbewerb sind günstige Arbeitskräfte und die geografische Lage. Viele türkische Unternehmen importieren Produkte zur Weiterverarbeitung und müssen für diese in Devisen bezahlen. Allein aufgrund der niedrigen Löhne können sie wettbewerbsfähig in die EU exportieren. Erhöht die türkische Zentralbank den Leitzins, stabilisiert das die heimische Währung und die Preise. Gleichzeitig werden jedoch Löhne und Exportprodukte teurer. Im Übrigen verteuern sich Kredite, was für viele Unternehmen das Ende einer Refinanzierung bedeuten könnte. Weil Erdoğan seinen machtpolitischen, krisenorientierten Kurs mit ständigen Konflikten im In- und Ausland nicht aufgeben will, muss er an der Niedrigzinspolitik festhalten und die Inflation kleinreden.

Die Leidtragenden sind die Arbeitnehmer, weil ihre Kaufkraft im Laufe der Jahre kontinuierlich zurückgeht. Die Bereitschaft, für eine Änderung der Wirtschaftspolitik auf die Straße zu gehen, hält sich jedoch in Grenzen. Offenbar sieht ein Großteil des Volkes Erdoğan die Einschränkung der Lebensqualität nach. Ein Vorteil des Präsidenten ist, dass die von seinem Apparat gesteuerten Medienhäuser kaum einen Tag vergehen lassen, an dem sie nicht behaupten, Inflation sei weniger ein türkisches als ein weltweites Problem. Zur Untermauerung werden in Fernsehsendungen lange Schlangen an den »Tafel-Läden« in deutschen Innenstädten gezeigt.

Inzwischen haben Palast und Finanzministerium regulatorische Maßnahmen getroffen, um die Geldpolitik, soweit es geht, vom Leitzins zu entkoppeln, so Anfang Dezember ein in Istanbul arbeitender deutscher Finanzexperte. Ziel des Staates sei, das Kreditwachstum deutlich zu bremsen. Folglich wurde Banken verboten, zu viele Kredite an Unternehmen zu geben. Besitze ein Unternehmen mehr als fünf Millionen US-Dollar, habe es keinen Anspruch mehr auf geliehenes Geld. Somit sei der Effekt des Leitzinses marginal geworden und habe auch keinen konkreten Einfluss auf die Inflation. Verbraucherkredite lägen bei 30 Prozent. Kaum noch ein Bürger komme auf die Idee, solch einen Kredit aufzunehmen. Die Lira werde weiterhin, aber nicht dramatisch, an Wert verlieren, prognostiziert er. Das ganze System sei auf Kante genäht, könnte aber bis zur Wahl gut gehen.

Auch für die Bauwirtschaft sind die Folgen dramatisch. Zeynep Düzgünoğlu blickt nach oben. Rechts und links in der Sonne glitzernde Fassaden. 30 Stockwerke hohe Gebäude. Dazwischen das Minarett der Aklar-Moschee, die oberhalb der Autobahn steht, die von Istanbul nach Ankara führt. Eine neue, moderne Wohnung wurde Düzgünoğlu versprochen. Die 60-jährige Frau sieht müde aus. 43 Jahre arbeitete sie in der Textilindustrie in der Hoffnung, eines Tages in Ruhe ihre Rente im Haus ihrer Eltern in Fikirtepe genießen zu können. Stattdessen sitzt sie in einer etwa zwei Hektar großen Baugrube unter einem provisorischen Sonnensegel vor einem Container. Hier sei eine Siedlung weggerissen worden, sagt Düzgünoğlu. »Meine Siedlung und meine Heimat«, ergänzt sie. Etwa 250 Menschen haben hier gelebt. Jetzt halte sie Mahnwache.

Am anderen Ende der Baugrube, dort, wo keine Hochhäuser in den Himmel ragen, stehen Ein- und Mehrfamilienhäuser in bunten Farben. Eine typische Istanbuler Siedlung aus alten Tagen mit vereinzelten Bäumen in kleinen Gärten und Höfen. Düzgünoğlu zeigt auf die Häuser. So habe ihr Zuhause auch einmal ausgesehen. Natürlich sei es alt und renovierungsbedürftig gewesen. Aber sie habe ein Dach über dem Kopf gehabt, und es sei das Haus gewesen, wo sie aufgewachsen sei und seit ihrem zehnten Lebensjahr gewohnt habe. Eine glückliche Zeit sei das gewesen, sagt sie. Tränen stehen ihr in den Augen.

Es ist Herbst im Jahr 2018. An kalten Tagen bläst ein schneidiger Wind vom schwarzen Meer durch die Stadt und kündigt den Winter an. Dem Unternehmen »Pana« ist das Geld für das Bauprojekt ausgegangen, deshalb kann das Versprechen an Zeynep Düzgünoğlu nicht eingehalten werden. Sie beklagt sich, es sei nicht ihre Idee gewesen, ein Hochhaus hierhin zu stellen. Jahre zuvor habe der Staat für Fikirtepe einen umfassenden Bebauungsplan entschieden. Wer nicht einverstanden war, dem drohte die Enteignung. 2016 seien Mitarbeiter von »Pana« gekommen und hätten den Einwohnern angeboten, in Zukunft in einem Hochhaus ähnlich dem neben der Baugrube zu leben. Zusätzliche Kosten gebe es keine und während der Bauphase bekämen die Bewohner der Siedlung Miethilfe, hieß es.

Der Staat habe sie zur Unterschrift genötigt, sagt die Frau achselzuckend. Sie habe keine Alternative gehabt. Düzgünoğlu will mit den anderen Geschädigten der Siedlung rechtlich gegen »Pana« vorgehen. Einfach werde das nicht, denn die meisten Richter stünden inzwischen auf der Seite der Regierung, und die trage schließlich das Vorgehen der Bauindustrie mit, vermutet sie.

Das Konzept des Bauunternehmens ist gängig in Erdoğans Türkei. Die Behörden vergeben eine Genehmigung für ein Hochhaus. Die eigentlichen Bewohner des Baugrunds bekommen kostenfreie Apartments in den unteren Stockwerken. Die oberen Stockwerke werden teuer verkauft. Eine lukrative Geldmaschine, solange das Bauunternehmen flüssig ist oder von der Bank ausreichend Kredit bekommt.

Im Oktober 2018 schwankt die Lira zwischen 6,2 und 7,1 pro Euro. Die Kursachterbahn macht der Branche zu schaffen. Insbesondere, wenn Unternehmen Stahl zu Devisenpreisen importieren müssen. Das Baugeschäft ist die Wachstums-Lokomotive des Landes. 2 Millionen Menschen sind im Hoch- und Tiefbau beschäftigt. 2017 generiert die Branche einen Großteil des türkischen Gesamtwachstums. Doch nun stünden 800.000 Wohnungen leer, sagen Insider, und immer mehr Unternehmen würden Insolvenz anmelden.

Düzgünoğlu sagt, sie gehe hier nicht weg, bis der Staat und das Pleiteunternehmen eine Lösung gefunden haben. Sie gehöre der Minderheit der alevitischen Kurden an und habe ihr ganzes Leben in der sunnitisch geprägten Türkei für ihre Rechte kämpfen müssen. Neben ihr sitzen zwei weitere ehemalige Hausbesitzer aus der Siedlung und stimmen ihr nickend zu. Bald pflanze sie neben dem Container Tomaten, scherzt sie. Auf die Frage, wo sie schlafe, zeigt Düzgünoğlu mit ernstem Gesicht auf den Container und sagt kurz darauf lachend, sie wohne derzeit abwechselnd bei ihrem Bruder und der Tochter. Auf Dauer sei das aber keine Lösung.

In der Regierung scheint man bis zur kommenden Wahl einfach die Luft anhalten zu wollen. Erdoğans Finanzpolitik wirkt vor allem auf die Wahl und den Machterhalt ausgerichtet. Er hat die Möglichkeit, in den Monaten vor dem Urnengang ein wirtschaftliches Strohfeuer zu entfachen, das Türkinnen und Türken vermittelt, es gehe wieder aufwärts. Unter Umständen sind Länder wie Russland, Saudi-Arabien, die Vereinigten Arabischen Emirate und Katar weiterhin bereit, den türkischen Präsidenten finanziell zu unterstützen. Gleichzeitig befürchten in der Türkei immer mehr Menschen, die Finanzpolitik der Regierung sei auf Kante genäht und führe irgendwann – möglicherweise kurz nach der Wahl – zu harten Konsequenzen. Eine orthodoxe Zinspolitik bringt das Risiko mit sich, das derzeit niedrige Wachstum völlig zu ersticken.

Erdoğan ist flexibel. Nach einer gewonnenen Wahl könnte er sich wieder stärker dem Westen zuwenden, rechtsstaatliche Reformen einführen und so ein besseres Investitionsklima schaffen.

Fikirtepe im Januar 2023, also viereinhalb Jahre später. Zeynep Düzgünoğlu findet die Baustelle nicht sofort. Zuletzt sei sie vor sechs Monaten hier gewesen, entschuldigt sie sich. Rund um die Grube, wo einst ihre Siedlung stand, sind jetzt dutzende weitere Baustellen. Keiner der Arbeiter kann ihr genau sagen, wie viele Hochhäuser hier gebaut werden sollen. Dreißig könnten es schon werden, schätzt einer der Männer mit gelbem Helm, den die inzwischen 65-Jährige bei seiner Zigarettenpause anspricht.

Trotz Inflation sprießen überall Rohbauten aus dem Boden. In einem Sushi-Restaurant erklärt die Kellnerin, es kämen nicht nur Türken, sondern Iraner, Russen und Ukrainer nach Fikirtepe, um Wohnungen zu kaufen. Deshalb habe man das Sushi-Restaurant eröffnet. Die essen lieber kalten Fisch als Köfte oder Kebap, ergänzt sie lächelnd. Schließlich findet Düzgünoğlu die Aklar-Moschee. Gegenüber liegt die Baustelle, auf der sie einst Mahnwache hielt. Das Grundstück ist umzäunt. Auf dem Gelände stehen bereits drei Rohbauten. Insgesamt sollen es sechs werden, sagt ein Arbeiter. Kipplader fahren mit viel Getöse die Straße an der Baustelle entlang. Aus den Rohbauten dröhnt Maschinenlärm. Der Bauherr heißt jetzt »Emlak Konut«, ein Immobilienunternehmen, das zur staatlichen Wohnungsbaubehörde TOKI gehört.

Vor sieben Jahren habe das Bauunternehmen »Pana« ihr eine Wohnung mit zwei Schlafzimmern, einem Wohnzimmer, Küche und Bad vertraglich versprochen, betont Düzgünoğlu. »Emlak Konut« habe versichert, was mit »Pana« vereinbart wurde, gelte weiter. Vor ein paar Monaten habe das Unternehmen sogar begonnen, im Monat 500 Lira Miethilfe zu bezahlen. Doch 500 Lira seien 25 Euro. Dafür könne man in der Türkei eine Wohnung in der Größe eines Schuhkartons mieten, ärgert sich die 65-Jährige.

Auf die Frage, ob sie denn hier wohnen wolle, wenn das Haus fertiggestellt sei und man ihr den Schlüssel übergebe, antwortet Düzgünoğlu, für einen Monat vielleicht, dann verkaufe sie die Wohnung. Das hier sei ein Beton-Dschungel und habe nichts mehr mit ihrer Siedlung zu tun. Früher gab es eine Nachbarschaft. Man habe zusammen gegessen, getrunken, gelacht. Selbst mit den Faschisten im Viertel sei sie gut ausgekommen, sagt sie mit einem Augenzwinkern. In den Hochhäusern wird alles anonym sein. So wolle sie ihren Lebensabend nicht verbringen.

KAPITEL 10: Der Präsident, die Kurden und die NATO

Erdoğans Verhältnis zur NATO ist seit geraumer Zeit ambivalent. Aufgrund militärischer Alleingänge, Waffengeschäften mit dem Feind und der ständigen Druckausübung auf Bündnispartner, wird die Türkei in der Allianz als das komplizierteste aller Länder wahrgenommen. Die geografische Lage der Türkei zwischen Russland, dem Nahen Osten und Nordafrika ist für die NATO wichtig. Auch deshalb gilt das Land als für das Bündnis unverzichtbar. Doch Erdoğan strapaziert das Verhältnis seit Jahren bis an die Grenzen des Erträglichen. Warum gibt es ständig Konflikte zwischen der Türkei und anderen NATO-Mitgliedern? Welchen Vorteil hat der türkische Präsident, wenn er innerhalb des Bündnisses als unberechenbar wahrgenommen wird?

»Wenn die Türkei irgendetwas unternimmt, was ich in meiner großartigen und unvergleichlichen Weisheit für tabu halte, werde ich die türkische Wirtschaft vollständig zerstören und auslöschen«, so Donald Trump am 9. Oktober 2019, dem Tag, als die türkische Militäroffensive »Friedensquelle« startet. Ex-US-Präsident Trump ist berüchtigt für markige Sprüche vor laufenden Kameras. Kurz nachdem er US-Truppen aus Nordsyrien abzieht und für Erdoğans Einmarsch den Weg freimacht, wird er auf einer Pressekonferenz in Washington gefragt, was er zu tun gedenke, wenn der türkische Machthaber die Kurden auslösche. Die mit dem Hinweis auf seine unvergleichliche Weisheit aufgeblasene Antwort war ein weiterer Höhepunkt Trumpscher Hybris. Erdoğan wusste jedoch, der US-Präsident macht nur große Sprüche. Er hatte bereits Trumps »Go« für die Offensive gegen die Kurdenmiliz »Yekîneyên Parastina Gel«, kurz YPG in Nordsyrien. Der Rest der NATO war außen vor.

Oktober 2019. Die türkische Grenzstadt Akçakale. Seit dem Vortag bombardiert Erdoğans Luftwaffe Stellungen der Kurdenmiliz

YPG. Vom Dach eines vierstöckigen Hotels, direkt neben der Grenzanlage, hat der Kameramann gute Sicht Richtung Syrien. Etwa 2 Kilometer hinter der Grenze liegt auf einem Hügel die Stadt Tall Abyad.
Dort wehen über mehreren Gebäuden Flaggen der Kurdenmiliz.
Außer ein paar vereinzelten Baumgruppen ist die Landschaft karg.
Das Militär hat Akçakale fast vollständig evakuiert. Nur noch wenige Bewohner, die ihre Häuser nicht allein lassen wollen, sind geblieben.

Am Nachmittag haben Mobiltelefone plötzlich keinen Empfang
mehr. Für ein paar Minuten scheint die Zeit still zu stehen. Journalisten auf dem Dach fragen sich, was der Grund für das zusammen-
gebrochene Mobilfunknetz sein könnte. Später ist klar, die türkische
Armee hat das radargestützte Koral-Störsystem eingeschaltet. Kurz
darauf beginnt das Heer, mit großkalibrigen Geschützen Granaten
auf Stellungen der Kurdenmiliz abzufeuern. Die »YPG« hat sich in
und um die Grenzstadt verschanzt.

Die Einschläge sind vom Hoteldach aus deutlich zu sehen und zu
hören. Schwarze Rauchsäulen steigen aus getroffenen Gebäuden auf.
Kurz darauf feuert die Kurdenmiliz Granaten auf Akçakale. Runter
vom Hoteldach. Alle suchen im Erdgeschoss Deckung. Nach einer
ersten Salve an Einschlägen auf beiden Seiten beruhigt sich der Beschuss. Über die Lautsprecher des Minaretts der zentralen Moschee
erklingt das Totengebet des Muezzins. Ob es Opfer gegeben hat, ist
noch unklar.

Wegen des Koral-Störsystems können keine Bilder per Internet
nach Deutschland überspielt und keine Live-Gespräche mit den
Nachrichtensendungen geführt werden. Die Ausrüstung zur Übertragung von Aufnahmen ist abhängig vom Mobilfunknetz. Es ist
Krieg, und man kann nicht berichten. Vielleicht steht irgendwo in
Akçakale ein Satellitenübertragungswagen einer türkischen Nachrichtenagentur? Diese sind vom Mobilfunknetz unabhängig, weil sie
per Satellit Bilder zu den Fernsehstudios schicken. Doch keiner weiß,
wo der Wagen stehen könnte. Um das herauszufinden, bleibt nichts
anderes übrig, als mit dem Auto so schnell wie möglich in die nächste größere Stadt Şanlıurfa zu fahren, in der Hoffnung, dass dort das

Mobilfunknetz funktioniert. 15 Kilometer hinter Akçakale hat das Handy immer noch keinen Empfang. Nach 30 Kilometern ist die Hälfte der Strecke bis Şanlıurfa geschafft, aber kein Signal auf dem Telefon. Erst nach weiteren 20 Kilometern steht die Verbindung. Nach mehreren Telefonaten ist der Standort des Satellitenübertragungswagens geklärt, die Redaktionen sind informiert und die Zeitfenster für Live-Schalten gebucht.

Rückkehr in die Stadt unter Beschuss. Die Kollegen suchen immer noch Schutz im Erdgeschoss des Hotels. In Akçakale sind in mehreren Hundert Metern Entfernung dumpfe Einschläge zu hören. Es sind noch fünfzehn Minuten bis zur Sendung, in der ein Livegespräch stattfinden soll.

Der Einmarsch in Nordsyrien kommt nicht überraschend. Die mit der Erdoğan-Partei AKP im Bündnis stehende nationalistische MHP forderte über Monate hinweg, man müsse Syriens Norden von der als Terrororganisation eingestuften Kurdenmiliz säubern und einen Sicherheitskorridor von 30 Kilometern Tiefe schaffen. Dieser soll vom türkischen Heer und dessen Verbündeten, der sogenannten »Freien Syrischen Armee«, kurz FSA, kontrolliert werden, so der Plan.

Die YPG steht mit der ebenfalls als Terrororganisation eingestuften kurdischen Arbeiterpartei PKK im Bündnis. Viele Beobachter sagen, YPG und PKK seien eins. Seit Jahrzehnten kämpft die PKK mit blutiger Waffengewalt für Autonomie in kurdisch geprägten Gebieten im Südosten des Landes. Etwa 20 Prozent der türkischen Bevölkerung sind Kurden. Der Kampf zwischen PKK und Staat kostete mehrere Zehntausend Menschen das Leben und führte dazu, dass die kurdische Arbeiterpartei nicht nur in der Türkei, sondern in der gesamten EU und den USA als Terrororganisation gelistet ist.

Vor der Bodenoffensive ziehen die türkischen Streitkräfte für die ganze Welt sichtbar im Grenzgebiet Soldaten und schweres Gerät zusammen. US-Truppen verlassen Nordsyrien Richtung Irak. Als die türkische Armee losschlägt, zeigen sich einige NATO-Partner überrascht. Der französische Präsident Macron äußert sich aufgrund der dysfunktionalen transatlantischen Abstimmungen verärgert und spricht vom Hirntod der Militärallianz. Offenbar halten sich zum Zeitpunkt des Angriffs Spezialkräfte der französischen Armee im Kampf gegen den sogenannten Islamischen Staat in der Region auf. Wie die US-Armee kooperiert auch Frankreichs Militär in Nordsyrien mit der YPG. Allerdings ist Paris auf die logistische und nachrichtendienstliche Zusammenarbeit mit den USA in der Region angewiesen. Da sich die US-Armee zurückgezogen hat, ist auch ein Abzug der Franzosen unvermeidlich. Was war geschehen?

Trump hatte den Wählerinnen und Wählern in den USA versprochen, zeitnah Soldaten aus Auslandseinsätzen in die Heimat zurückzuholen. Offenbar dachte er, ohne seinen Plan mit den sicherheits- und außenpolitischen Experten der US-Administration abzusprechen, wenn der NATO-Partner Türkei größere Teile Nordsyriens kontrolliere, entlaste dies die Streitkräfte. Also gibt er Erdoğan grünes Licht für den Einmarsch.

Über Jahre hinweg kämpfte die US-Armee in Nordsyrien zusammen mit der YPG gegen den sogenannten Islamischen Staat. Washingtons Soldaten und die Kurdenmiliz können gemeinsam IS-Kämpfer ausschalten oder vertreiben. Dass Trump mit der Entscheidung, Erdoğan das Feld zu überlassen, sowohl den Kurden als auch anderen in Nordsyrien operierenden NATO-Ländern in den Rücken fällt, nimmt der für seine eigensinnige, waghalsige Außenpolitik bekannte US-Präsident in Kauf. Vom westlichen Militärbündnis hält er sowieso nicht allzu viel, weil aus seiner Sicht die USA die meisten Kosten tragen, während sich andere NATO-Partner, wie beispielsweise Deutschland, aufgrund der Kampfkraft der US-Streitkräfte mit Investitionen in die eigenen Truppen zurückhalten. Offensichtlich hatten sich mit Trump und Erdoğan zwei gefunden, denen die Befindlichkeiten anderer Länder des NATO-Militärbündnisses nicht besonders wichtig waren.

Kurz nach dem Rückzug der US-Streitkräfte beginnt die türkische Armee die Bodenoffensive in den Städten Tall Abyad und Ras-al-Ain. Raketen mit größerer Reichweite schlagen in der nahe der irakischen Grenze gelegenen Stadt Haseke ein. Auch Qamishli, direkt an der syrisch-türkischen Grenze, ist unter Beschuss.

Der Satellitenübertragungswagen der Nachrichtenagentur IHA steht nordwestlich von Akçakale auf einem Hügel. Daneben haben weitere türkische Fernsehsender ihre technische Ausrüstung aufgebaut. Die YPG feuert sporadisch kleinere Granaten auf die Stadt. Dumpf klingende Einschläge fahren in die Knochen. Noch lauter ist das türkische Artilleriefeuer Richtung Syrien. Nur wenige Hundert Meter entfernt hat die Armee Haubitzen in Stellung gebracht. Während des Live-Gesprächs mit Deutschland ist für die Zuschauer leise im Hintergrund der Beschuss zu hören. Die Mitarbeiter der Nachrichtenagentur versichern, der Abstand zu den Waffen der Kurdenmiliz sei groß genug. Deren Munition könne uns nicht erreichen.

Einer der größeren türkischen Fernsehsender hat eine etwa 20 Meter lange mobile Bühne mit einem Sattelschlepper in die Grenzstadt gefahren. Zahlreiche Scheinwerfer beleuchten den Moderator und seine Talkgäste. Mehrere Kameras halten das Spektakel fest. Sind Detonationen zu hören, weist der Moderator Zuschauerinnen und Zuschauer darauf hin, wie nahe man dem Kampfgeschehen sei. Der Krieg gegen die Kurdenmiliz ist in der Türkei ein abendfüllendes Medienevent. Die aus Akçakale vom Kampf berichtenden Fernsehstationen gelten als regierungsnah. Aus umliegenden Dörfern kommen Schaulustige und beobachten das Treiben der Fernsehjournalisten. Kurz darauf bieten geschäftstüchtige Türken Wasserflaschen, Sandwiches und Schokoriegel an. Mehr und mehr Menschen verfolgen das bizarre Schauspiel auf dem Hügel. Die mediale Inszenierung der »Militäroperation Friedensquell« wird in den kommenden Tagen eindrucksvolle Blüten treiben.

Das Gebiet südlich der türkisch-syrischen Grenze zwischen Afrin im Westen und der irakischen Grenze im Osten wird bis auf die Städte Azaz und Jarablus von der Kurdenmiliz YPG kontrolliert. In dem Streifen Land gibt es aber auch einige arabisch geprägte Gebiete. Die Kurdenmiliz herrsche dort gegen den Willen der Bewohner, heißt es von türkischer Seite. Pro-kurdische Aktivisten werben hingegen für die von der YPG aufgebauten und aus Sicht der Aktivisten gut funktionierenden Strukturen. In Ankara befürchten vor allem Nationalisten, Kurden könnten, nachdem diese im Nordirak bereits ein großes Gebiet eigenständig kontrollieren, nun auch in Nordsyrien eine Art autonome Zone einrichten. Damit käme das Volk ohne Land seinem Ziel, eines Tages einen Staat Kurdistan zu gründen, etwas näher. Die Türkei befürchtet insbesondere nach dem Trauma des Zerfalls des Osmanischen Reichs, dass Kurden eine große Fläche ihres Territoriums für sich proklamieren und Ankara so Provinzen im Südosten verlieren könnte.

Bei Paraden der Kurdenmiliz tragen YPG-Kämpfer Flaggen mit dem Konterfei des in der Türkei inhaftierten PKK-Chefs Öcalan. US-General Raymond Thomas erzählt 2017 bei einer Sicherheitskonferenz des Aspen-Instituts in Colorado, er habe der YPG empfohlen, den »Firmennamen« zu ändern und keine PKK-Symbole zu verwenden. Daraufhin habe sich die Miliz »Syrische Demokratische Kräfte«, kurz SDF, genannt. Doch die Regierung in Ankara will sich nicht blenden lassen, hält am Kurs gegen die YPG fest und hat aufgrund der versuchten Finte sicherlich kein zusätzliches Vertrauen zu den USA gewonnen.

Mit aufgeregter Stimme und gespielt entsetztem Blick behauptet ein etwa 30-jähriger türkischer Journalistendarsteller mit Mikrofon in der Hand, er werde von der YPG beschossen. Er kauert hinter der Umfassungsmauer des Daches und tut so, als müsste er in Deckung gehen. Ein Kameramann filmt ihn während der Darbietung. Der mit Splitterschutzweste und Helm ausgerüstete Schauspieler arbeitet für den türkischen Kanal *A Haber*. Alle auf dem Dach beobachten irritiert seine Show, denn es wurde nicht geschossen.

Am zweiten Tag der Bodenoffensive setzt die türkische Armee das Mobilfunkstörsystem nicht mehr ein. Mehrere Fernsehteams sind zurück auf dem Hoteldach an der Grenze. Die Übertragung von Bildern zum Heimatsender ist wieder möglich. Kameramänner kommen auf das Dach, machen Aufnahmen der angegriffenen Stadt Tall Abyad und filmen Korrespondenten bei Livegesprächen. Während der *A Haber*-Mann immer noch erzählt, er müsse aufgrund des heftigen Beschusses in Deckung gehen, steht neben ihm ein Korrespondent des staatlichen türkischen Senders TRT und erklärt in aller Ruhe den Zuschauerinnen und Zuschauern die Lage. Sicherlich verfolgen Scharfschützen der Kurdenmiliz das Geschehen auf dem Hoteldach und könnten jederzeit die Fernsehteams treffen. Doch das Letzte, was die YPG im Wettbewerb um Sympathien braucht, ist die Nachricht eines von Kurden getöteten Journalisten.

Dennoch kommt es zu dem eindrucksvollen Spektakel des *A Haber*-Mitarbeiters. Später läuft die Szene in den Nachrichten des Senders. Dieser veröffentlicht in der Türkei seit Jahren regierungsnahe Propaganda. Kritiker werfen *A Haber* vor, Oppositionelle ständig als Terrorunterstützer zu verunglimpfen. Vom in Deckung gehenden Journalistendarsteller gehen in den sozialen Medien Bilder viral, auf denen der TRT-Kollege entspannt im Vordergrund berichtet, während der *A Haber* Reporter an der Umfassungsmauer klebt.

Drei Jahre zuvor. Christian von Stetten kommt im Freizeitlook und mit Sonnenbrille aus dem Flughafen Adana. Fahrt ins Hotel. Der Bundestagsabgeordnete der Partei CDU will Soldaten der deutschen Luftwaffe auf dem Militärflughafen Incirlik treffen. Das muss jedoch die türkische Regierung genehmigen, und die lässt sich Zeit. Von Stetten hat zwei Tage seines Sommerurlaubs für die Fahrt in den Südosten des Landes geopfert. Nun muss er Geduld haben.

Vor zwei Monaten wollte von Stettens Parteifreund Ralf Brauksiepe, parlamentarischer Staatssekretär im Bundesverteidigungsministerium, die Soldaten in Incirlik besuchen. Die deutsche Luftwaffe beteiligte sich am Kampf gegen den sogenannten Islamischen Staat mit Tornado-Flugzeugen, die Luftbilder von Syrien und vom Irak für die Anti-IS-Koalition aufnahmen. Die Tornados wurden Anfang 2016 aus Deutschland nach Incirlik verlegt. Doch Ankara verweigert Brauksiepe den Zugang. Bundesregierung und Bundestag sind vor den Kopf gestoßen. Der NATO-Partner Türkei verbietet deutschen Volksvertretern ein Treffen mit Soldaten im Einsatz. Ein inakzeptabler Vorgang, insbesondere, weil es sich bei der Bundeswehr um eine Parlamentsarmee handelt. Ein Generalleutnant erklärt den Abgeordneten im Verteidigungsausschuss, Erdoğan verweigere den Besuch, weil der Bundestag die sogenannte Armenien-Resolution verabschiedet habe.

Der Präsident ist sauer. Die Bundestagsresolution bezeichnet das Massaker an bis zu eineinhalb Millionen Armeniern zwischen 1915 und 1923 als Völkermord. Die Türkei hält den Begriff für eine Beleidigung. Den Antrag für die Resolution haben die Fraktionen von Union, SPD und den Grünen eingebracht. Mehrere Redner im Parlament betonen die Mitverantwortung des Deutschen Reiches. All das hilft nicht. Der Ton zwischen Berlin und Ankara wird rau. Die türkische Zeitung *Sözcü* titelt mit einem Foto der Bundeskanzlerin in SS-Uniform und mit Hitler-Bart. Den Grünen-Politiker und derzeitigen Bundeslandwirtschaftsminister Cem Özdemir nennt Erdoğan »kanı bozuk«, was charakterlos, aber auch von unreinem Blut bedeuten kann. Özdemir hat sich für die Resolution stark gemacht. Als Konsequenz erhalten er, aber auch andere türkeistämmige Abgeordnete, ernstzunehmende Morddrohungen.

Erdoğan geht noch weiter. Er fordert deutsch-türkische Abgeordnete, die für die Resolution stimmen, auf, ihr Blut untersuchen zu lassen, um zu überprüfen, ob sie türkischer Abstammung sind. Der damalige Bundestagspräsident Norbert Lammert reagiert entsetzt. »Dass ein demokratisch gewählter Staatspräsident im 21. Jahrhundert seine Kritik an Abgeordneten des Deutschen Bundestags mit Zweifeln an deren türkischer Abstammung verbindet, ihr Blut als verdorben bezeichnet, hätte ich nicht für möglich gehalten«, so Lammert.

Die Bundesregierung muss lernen, dass Erdoğan keine Skrupel hat, bei außenpolitischen Streitthemen Hebel zu nutzen, die mit der Sache selbst nichts zu tun haben. Aus offenbar innenpolitischen Erwägungen lässt er keine Gelegenheit aus, vermeintliche Angriffe des Westens für alle sichtbar mit harten Schlägen zu parieren. Für alle sichtbar ist deshalb wichtig, weil sich so seine Klientel dem Ausland gegenüber stark fühlen kann. Beobachter führen die Strategie auf das in nationalistischen Kreisen verbreitete Sèvres-Syndrom zurück.

1920 schloss das Osmanische Reich den Sèvres-Vertrag mit den Ländern Armenien, Frankreich, Griechenland, Großbritannien und Italien. Wäre der Vertrag langfristig umgesetzt worden, hätten die Osmanen einen Großteil ihres Gebietes verloren. Aufgrund des türkischen Befreiungskriegs und der Staatsgründung 1923 kam es nie dazu. Dennoch halten bis heute türkische Nationalisten an der fixen Idee fest, es gebe im Westen Mächte, die nichts anderes wollten, als die Türkei zu zerstückeln. Nur wer diesen Mächten die Stirn bietet, bekommt vom Souverän das Votum, das Land zu regieren.

Von Stetten blickt auf die Uhr. Immer noch kein Anruf, der seinen Besuch auf der Militärbasis bestätigt. Er könne nicht nachvollziehen, dass ein befreundetes NATO-Land einem anderen NATO-Land verweigert, seine Truppen, die dort stationiert sind, zu besuchen, sagt er im Interview. Es gehe ihm nicht um Selbstinszenierung, wie ihm vorgeworfen worden sei. Den Besuch im Rahmen seines Urlaubs habe er schon länger geplant.

Von einem Hügel aus kann von Stetten geparkte Militärflugzeuge beobachten. Ein Türke lädt ihm zum Tee ein. Auf persönlicher Ebene hätten Deutsche und Türken keine Probleme, sagt der CDU-Mann. Am späten Nachmittag wird seine Laune schlechter. Er droht, sollte die Türkei dauerhaft Bundestagsabgeordneten das Besuchsrecht verwehren, könne das Mandat des Tornadoeinsatzes nicht verlängert werden. Am folgenden Tag reist er unverrichteter Dinge wieder ab – trotz guter Kontakte.

Kurz darauf spricht Bundeskanzlerin Merkel auf dem G-20-Gipfel in China direkt mit Erdoğan. Dann heißt es, eine Delegation aus mehreren Abgeordneten dürfe Anfang Oktober nach Incirlik reisen. Am Tag vor dem Besuch des Militärflughafens treffen die deutschen Parlamentarier in Ankara den türkischen Verteidigungsausschuss. Dort belehrt sie Yusuf Beyazit, Abgeordneter der Erdoğan-Partei AKP, was der Grund der Besuchserlaubnis sei. Ausschlaggebend seien allein die Worte des deutschen Regierungssprechers Steffen Seibert gewesen. Dieser hat die Armenien-Resolution als nicht rechtsbindend bezeichnet. Am besten sollten die Abgeordneten auf eine Instrumentalisierung der »Ereignisse von 1915« in Zukunft verzichten, so Beyazit. Mit anderen Worten: Wollen Parlamentarier nochmals nach Incirlik reisen, müssen sie von der Bezeichnung Völkermord für den Massenmord an den Armeniern Abstand nehmen. Bei einer Pressekonferenz nach dem Incirlik-Besuch sagt Karl Lamers, CDU-

Politiker und Delegationsleiter, niemand nehme von der Resolution Abstand, weder Bundestag noch Regierung.

Wenige Monate später zeigt sich, Erdoğan will den Anti-IS-Einsatz des NATO-Partners noch einmal als Hebel benutzen. Im Mai 2017 kommt die nächste Absage auf eine Besuchsanfrage. Diesmal ist der Grund, Deutschland habe türkischen Soldaten Asyl gewährt. Diese sind nach dem Putschversuch im Juli 2016 und massenhaften Verhaftungen und Folter von Militärangehörigen entweder nach Deutschland geflüchtet oder waren bereits auf einem NATO-Stützpunkt in der EU und sind von dort in die Bundesrepublik eingereist.

In Berlin kommt man fraktionsübergreifend zum Entschluss, es reiche mit Erdoğans Muskelspielen. In der zweiten Junihälfte beschließt der Bundestag mit deutlicher Mehrheit die Verlegung von 250 Soldaten und sechs Tornados aus dem NATO-Land Türkei nach Jordanien. Ein bemerkenswerter Vorgang, denn die Verlässlichkeit des arabischen Landes Jordanien, das nicht zur NATO gehört, steht im Vergleich zur Türkei nicht infrage.

Links eine drei Meter hohe Wand, daneben die Straße und auf der gegenüberliegenden Straßenseite die erste Reihe Wohnhäuser der Stadt. Sollte es einen Beschuss geben, schlagen die Granaten entweder auf der Rückseite der Wand oder in der Häuserreihe ein. Wenn man direkt neben der Wand steht, ist man außer Gefahr, so die Überlegung. In zwei Minuten soll ein Live-Gespräch mit einer Nachrichtensendung stattfinden. Auf dem Hoteldach an der Grenze zwischen der türkischen Stadt Akçakale und der syrischen Stadt Tall Abyad ist es zu gefährlich. Vor einer halben Stunde feuerte die Kurdenmiliz YPG mehrere Granaten auf Akçakale ab. Bisher schlug keine im Hotel ein, doch verlassen kann man sich darauf nicht. Direkt neben der schützenden Wand sollte es gehen.

Die Granaten kommen von Süden. Die Durchschlagskraft ist zu gering, als dass sie die massive Betonmauer der Grenzanlage einreißen könnten. Auch der Kameramann und der Mediengestalter sehen es so. Hätte einer der beiden Einspruch eingelegt, hätte man das Live-Gespräch absagen müssen. Der Moderator grüßt und stellt die erste Frage: Wie ist die Lage in Akçakale? Drei Minuten dauert das Gespräch, bis die Sendung zum nächsten Thema übergeht. Für einen kurzen Augenblick Entspannung am Set. Plötzlich beginnt es zu pfeifen. Erst leise, dann immer lauter und schließlich endet der Pfiff mit einem lauten Knall in einer Entfernung von etwa 30 Metern. Granatensplitter verteilen sich. Rauch steigt auf. Wenige Sekunden später noch ein Einschlag und noch einer. Alle in Sichtweite. Dreißig bis 40 Meter entfernt. Wir bleiben in Deckung neben der Mauer. Einer der Kollegen hat das Handy aus der Tasche geholt und filmt den Beschuss. Fünf oder sechs Mal kracht es, bis schließlich eine gespenstische Ruhe über der Stadt liegt. Wir packen Stativ und Kamera ein und rennen zum Hotel. Keinem ist etwas passiert. Glück gehabt. Wären wir auf der anderen Seite in Syrien gewesen und großkalibrige Waffen der türkischen Streitkräfte hätten uns unter Beschuss genommen, wäre die Geschichte möglicherweise anders ausgegangen.

Sie rufen »Allah-u-Akbar« und zeigen den Wolfsgruß, das Erkennungszeichen nationalistischer Türken. Ein Konvoi, bestehend aus etwa 30 Kleinbussen und Geländewagen, fährt auf der Straße zwischen Akçakale und Ceylanpınar entlang der türkisch-syrischen Grenze. Mehrere Pick-Ups sind zu sogenannten »Technicals« umgebaut. Das bedeutet, auf die Ladefläche wurde ein Maschinengewehr montiert. Die in den Autos sitzenden Männer tragen teilweise lange Bärte, Camouflage-Kleidung und Kalaschnikow-Gewehre. Sie gehören zur »Freien Syrischen Armee« (FSA). Der Kameramann springt aus dem Auto und filmt den Konvoi. Die Milizen sind auf dem Weg nach Syrien, um auf der Seite der türkischen Armee gegen die YPG zu kämpfen. Sie winken enthusiastisch und siegesgewiss. Den Wolfsgruß haben sie vermutlich von nationalistischen türkischen Soldaten übernommen. Erdoğan selbst hat ihn auch schon bei Auftritten gezeigt. In Österreich ist der Wolfsgruß verboten.

Der Konvoi biegt in einen Feldweg Richtung Grenze ein. Den Kämpfern stehen harte Stunden bevor. Die Offensive »Friedensquell«

dauert inzwischen sechs Tage. Aus dem Hinterland der Stadt Ceylanpınar feuern Haubitzen auf die syrische Stadt Ras-al-Ain. Ceylanpınar und Ras-al-Ain waren vor Jahrzehnten, als die türkisch-syrische Grenze von den hiesigen Menschen kaum ernst genommen wurde, eine Stadt. Jetzt kontrolliert die Kurdenmiliz Ras-al-Ain. Es ist kein Durchmarsch für die türkischen Soldaten und ihre Verbündeten möglich. Die YPG habe Tunnel gegraben, in denen sie sich verschanze, heißt es in türkischen Medien. Die FSA muss die Kurdenmiliz im gefährlichen Häuserkampf stellen. Unterdessen steigt der Druck in Washington auf US-Präsident Trump, Erdoğan Einhalt zu gebieten. In der Türkei nimmt man das als Einmischung und Provokation wahr.

»Wenn irgendwo auf der Welt etwas passiert, haben die Amerikaner ihre Finger drin.« Im Istanbuler Stadtteil Eyüp macht ein Verkäufer eines Bekleidungsgeschäfts aus seinem Misstrauen gegenüber den USA im Interview keinen Hehl. »Wird ein Muslim unterdrückt, sind die USA dabei.« Wo man auch hinsehe, würden die Amerikaner alles machen, um Muslime auszubeuten, behauptet er. Den weltpolitischen Vortrag schließt er mit einer antisemitischen Verschwörungstheorie ab: »Hinter den Amerikanern stecken die Juden«, so der Mann.

Seit dem Putschversuch im Juli 2016 lebt der türkische Antiamerikanismus auf. In der Nacht versuchen Teile des türkischen Militärs die Erdoğan-Regierung zu stürzen. Diese geht davon aus, ein solches Unternehmen sei ohne Kenntnisse der CIA nicht möglich. Schon vorher sind große Teile der türkischen Bevölkerung den USA und dem Westen gegenüber skeptisch. Nach dem Putschversuch haben die Vorbehalte nochmals deutlich zugenommen. Der Meinungsforscher Can Selçuki hat durch repräsentative Umfragen festgestellt, 73 Prozent der türkischen Bevölkerung sähen die USA negativ. Türkischer Antiamerikanismus stünde im weltweiten Ranking auf Platz 1. Nach einer Umfrage des Instituts Optimar aus dem Jahr 2018 glauben 58 Prozent von 1.500 Befragten, die USA, Israel und die EU seien der Grund für das schnelle Erstarken des sogenannten Islamischen Staats im Irak und Syrien. Dabei differenzieren die Wenigsten zwischen der EU, den USA oder dem Militärbündnis NATO. Meist heißt es nur nebulös »der Westen«.

Vieles spricht dafür, dass sich Erdoğan nicht aus persönlichen Gründen mit NATO-Partnern anlegt. Er war bei Konflikten in der Vergangenheit im Zweifelsfall pragmatisch. Offenbar betreibt er aus innenpolitischem Kalkül das Kräftemessen mit westlichen Ländern, um dabei dem Bedürfnis vieler Bürger, sich als Nation stark zu fühlen, gerecht zu werden. Nationalismus gibt es in allen politischen Lagern.

Das türkisch-amerikanische Verhältnis ist also seit geraumer Zeit belastet. Durch den Kauf des russischen Raketenabwehrsystems S-400 treibt Erdoğan das Kräftemessen mit den USA auf die Spitze. Aus türkischer Sicht ist sein Handeln auf den ersten Blick nachvollziehbar. Jahrelang bemüht sich Ankara vergeblich um das Patriot-System. Washington hat mehreren NATO-Ländern Patriots verkauft, doch die Anfragen der Türkei stets ignoriert. Ankara will mit der Waffe die Südflanke an den Grenzen zu Iran, Irak und Syrien vor Angriffen schützen. Die US-Administration zeigt Erdoğan die kalte Schulter. Keine Patriot-Raketen, keine Auslieferung des Islampredigers Gülen, und stattdessen Kooperation mit den Kurdenmilizen in Nordsyrien. Aus türkischer Sicht hat Erdoğan gute Argumente, Washington zu brüskieren.

Doch auf den zweiten Blick bedeutet der Kauf des russischen Raketenabwehrsystems ein Sicherheitsrisiko für das US-Kampfflugzeugprojekt F-35, in das mehrere NATO-Länder, inklusive der Türkei, eingebunden sind. Die USA halten Ankara vor, bei einem gemeinsamen Einsatz des russischen S-400-Systems und des F-35-Kampfflugzeuges könnten sensible Daten nach Moskau fließen. Erdoğan hatte für die türkische Luftwaffe 136 der neu entwickelten Kampfjets bestellt und Verträge für ein milliardenschweres Zulieferungsprogramm abgeschlossen. Nachdem bekannt wird, dass Ankara ernsthaft den Kauf des russischen Systems erwägt, blockiert Trump im Sommer 2018 die Auslieferung der F-35 an die Türkei. Gleichzeitig zeigt der US-Präsident Verhandlungsbereitschaft für den Verkauf der Patriots.

Es gibt verschiedene Erklärungen, warum der Deal zwischen den USA und der Türkei nicht zustande kommt. Ein Grund könnte sein, dass die USA nicht bereit sind, im Zuge eines Verkaufs auch einem Technologie-Transfer oder gar einer Produktion des Systems auf türkischem Boden zuzustimmen. Ein weiterer Grund könnte sein, dass Russlands Präsident Putin S-400 für 2,5 Milliarden US-Dollar und damit für einen besseren Preis als die Amerikaner anbietet. Zusätzlich könnte Erdoğan den Wunsch gehabt haben, den USA zu zeigen, dass er unabhängig ist und es Alternativen zu deren Waffen gibt. Der Präsident nimmt die Eskalation hinsichtlich der F-35-Technologie in Kauf. Ein erratischer Schritt, denn das russische System kann in das integrierte Luftverteidigungssystem der NATO-Länder nicht eingebunden werden. Im Juli 2019 schmeißt Washington die Türkei endgültig aus dem F-35-Programm.

Anfang Dezember 2019 entscheidet der US-Kongress, wie zuvor bereits der Bundestag den massenhaften Mord an den Armeniern als Genozid anzuerkennen. Zeitgleich mehren sich Forderungen in Washington, die Türkei wegen des S-400-Kaufs zu sanktionieren. Zwischen Ankara und Washington herrscht Eiszeit. Erneut setzt Erdoğan den Incirlik-Hebel gegen einen NATO-Partner ein. Er droht den USA, den Militärflughafen für die US-Luftwaffe und die für die NATO wichtige Radarstation Kürecik im Falle von Sanktionen zu sperren. Die Drohung hat besondere Qualität. Die US-Streitkräfte haben Atomwaffen in Incirlik deponiert. Trump verzichtet auf harte Sanktionen und Erdoğan auf die Umsetzung seiner Drohung.

Zum nächsten Konflikt kommt es ein knappes Jahr später, kurz nachdem erste Tests mit dem russischen S-400-Raketensystem durchgeführt wurden. Aus Sicherheitskreisen heißt es, das System habe zu Übungszwecken einen F-16-Kampfjet der türkischen Luftwaffe ins Visier genommen. Dass ein NATO-Mitglied mit einer russischen Waffe, auch wenn es nur zu Übungszwecken ist, auf einen Kampfjet US-amerikanischer Bauart zielt, sorgt in Washington für Ärger. Das Verhältnis zwischen der Türkei und den USA beziehungsweise der gesamten NATO ist zerrüttet. Erdoğan stört das kaum. Vielmehr besteht der Eindruck, er koste den Konflikt mit dem westlichen Militärbündnis regelrecht aus, denn sämtliche Partnerländer zeigen sich immer wieder bemüht, die an einem geografisch so wichtigen Ort gelegene Türkei nicht zu verlieren.

Die Nähe zur arabischen Welt und dem Iran, die Meerenge Bosporus beziehungsweise die Dardanellen, die das Schwarze Meer und somit auch Russland mit dem Mittelmeer verbinden, die Nähe zum Kaukasus und zum Balkan sind allesamt bedeutende militärische Standortfaktoren. Würde sich die NATO von der Türkei oder die Türkei von der NATO abwenden, wäre es für die westlichen Länder und insbesondere für die USA ein herber Verlust, denn der geostrategische Einfluss in der Region ginge deutlich zurück. Doch die NATO ist auch eine Wertegemeinschaft, deren Mitglieder sich im Nordatlantikvertrag zu Frieden, Demokratie, Freiheit und der Herrschaft des Rechts bekennen. Erdoğans autoritäres Gebaren, der marode türkische Rechtsstaat, die vielen ohne juristische Grundlage inhaftierten Oppositionellen und Aktivisten, die Einschränkung von Frauenrechten, die Einschränkung der Rechte der LGBTQ-Gemeinschaft, die Einschränkung der Rechte von Minderheiten widersprechen der NATO-Wertegemeinschaft diametral. Dazu kommen Erdoğans Bedürfnisse nach Hegemonie und Unabhängigkeit. Wie lange kann der türkische Präsident das Verhältnis noch strapazieren?

Eine Rolle für das türkische Selbstbewusstsein spielt hier auch die türkische Rüstungsindustrie. Selçuk Bayraktar erklärt vor den Monitoren einer Kommandozentrale, eine TB2-Kampfdrohne sei unterwegs, um eine Rakete zu ihrem Ziel zu bringen und abzuwerfen. Er ist der Schwiegersohn des türkischen Präsidenten Erdoğan und technischer Direktor der Rüstungsschmiede Baykar. Der Ingenieur gilt als Vater der ersten türkischen Kampfdrohne »Bayraktar TB2«. Neben ihm sitzen Mitarbeiter des Unternehmens. Die Monitore zeigen aus verschiedenen Perspektiven eine fliegende Drohne. An deren Heck und an einem Flügel sind Kameras angebracht. Eine Rakete, auf deren Kopf eine kleine türkische Fahne gezeichnet ist, wird abgeworfen. Der Abwurf ist mehrfach, auch in Zeitlupe, zu sehen. Als die Rakete punktgenau ihr Ziel trifft, bricht Jubel aus.

Bayraktars Kampfdrohne ist der Verkaufsschlager unter den türkischen Rüstungsexportgütern. Anfang März 2022, kurz nach Beginn des russischen Überfalls auf die Ukraine, wird in dem angegriffenen Land innerhalb von kürzester Zeit ein Lied über die Drohne populär. Kiews Luftwaffe kann der russischen Armee mit der Technologie in den ersten Wochen des Krieges empfindliche Schläge versetzen. Auch die Armee des aserbaidschanischen Diktators Alijew setzt die Waffe erfolgreich im Krieg gegen Armenien ein. Neben der Ukraine und Aserbaidschan haben Albanien, Äthiopien, Katar, Marokko, Pakistan, Polen, Tunesien, Turkmenistan und Libyen die Kampfdrohne gekauft oder bestellt. Manche Quellen schreiben von Exportverträgen mit 24 Ländern. Ein Grund dürfte der günstige Preis der Waffe sein.

Die türkische Rüstungsindustrie hat unter Erdoğans Ägide eine erstaunliche Entwicklung vollzogen. In den vergangenen fünfzehn Jahren sind Exporte von 420 Millionen auf 4,3 Milliarden US-Dollar gestiegen. Wesentlicher Grund für das deutliche Wachstum ist Erdoğans Strategie, möglichst viele Waffen im eigenen Land zu entwickeln, zu produzieren und dann zu verkaufen. Ständige Militäroffensiven schaffen die idealen Voraussetzungen, die Waffen im Einsatz zu testen und bei Bedarf zu verbessern. Für die Vermarktung türkischer Rüstungstechnologie ist die Mitgliedschaft der Türkei in der NATO ein eindeutiger Vorteil. Erdoğan könne seine Waffen anderen Ländern mit dem Gütesiegel des NATO-Standards anpreisen, sagt ein in Istanbul stationierter hochrangiger Militär im Hintergrundgespräch. Das habe außerhalb des Bündnisses große Überzeugungskraft.

Das Interesse, möglichst viele Waffen »Made in Türkiye« zu entwickeln und zu produzieren, ist auch die Konsequenz wiederholter Sanktionen durch NATO-Partnerländer. Das politische Establishment in Ankara hat ein Embargotrauma seit dem Zypernkonflikt 1974. Damals stoppten die USA vorübergehend Rüstungsexporte in die Türkei. Auch auf die Einmärsche in Nordsyrien oder andere außenpolitische Querelen reagierten verschiedene NATO-Staaten, unter anderem Deutschland, mit Einschränkungen der Waffenlieferungen.

Ärgerlich für das zweigrößte Heer der NATO mit knapp 450.000 Soldaten und einem Budget von 2,8 Prozent des Bruttoinlandsproduktes im Jahr 2020, was etwa 17,5 Milliarden US-Dollar entsprach.

Probleme haben türkische Ingenieure bis heute mit dem Bau von Getrieben und Antrieben. Deshalb fliegt die neueste Entwicklung aus dem Hause Baykar mit einem Düsenantrieb aus ukrainischer Produktion. Am 14. Dezember 2022 veröffentlicht Selçuk Bayraktar ein martialisches Video auf Twitter. Er zeigt den Jungfernflug eines unbemannten Kampfjets, die Drohne der nächsten Generation. Technobeats hämmern, während das Fluggerät in dem kurzen Videoclip abhebt. Es soll fähig sein, Luft-Luft-Kämpfe ähnlich wie bemannte Düsenjäger zu führen und eine Nutzlast von 1.500 Kilogramm tragen können. Erdoğans Schwiegersohn hat dem Projekt einen Namen mit großer Symbolik gegeben. »Kızılelma« bedeutet roter beziehungsweise goldener Apfel. Dieser stand einst für die imperiale Herrschaft der Osmanen und das Ziel, Konstantinopel und später Rom zu erobern.

Gerade saß er noch mit Sonnenbrille und khakifarbenem Hemd, einem Erfrischungsgetränk in der einen und dem Mobiltelefon in der anderen Hand im aufklappbaren Campingstuhl. Im nächsten Moment öffnet er die Autotür, holt eine Splitterschutzweste vom Beifahrersitz und zieht sie an. Es ist kurz vor 16.00 Uhr am Nachmittag. Auf einer Anhöhe nördlich des türkischen Grenzortes Ceylanpınar verfolgen etwa 100 Journalisten, Kameramänner und andere technische Mitarbeiter die Angriffe der türkischen Armee auf die nordsyrische Kurdenmiliz. Schattenspendende Zeltpavillons wurden aufgebaut. Ein paar Technikkollegen kochen türkischen Kaffee. Immer kurz vor den vollen Stunden, wenn die Nachrichtensendungen beginnen, entsteht Unruhe. Kameramänner suchen sich die besten Positionen. In einem perfekten Bild steht der Korrespondent im Vordergrund. Im Hintergrund kann der Zuschauer das Kriegsgeschehen verfolgen. Von oben hat man einen weiträumigen Ausblick auf Ceylanpınar und die direkt dahinter liegende syrische Stadt Ras-al-Ain. Dort sind in unregelmäßigen Abständen erst Explosionen und dann hohe schwarze Rauchsäulen zu sehen. Die Splitterschutzweste hat der

Kollege nicht etwa angelegt, weil die Anhöhe, auf der wir stehen, beschossen wird. Bisher sei keine Granate der YPG hier eingeschlagen, heißt es. Der Grund ist vielmehr, auch er hat zur vollen Stunde ein Livegespräch mit seinem Sender. Mit der Weste soll der Auftritt offenbar authentischer wirken. Im Laufe der letzten Tage hat sich abgezeichnet, dass die türkische Armee technisch der YPG weit überlegen ist. Die Kurdenmiliz verfügt über keine Luftwaffe. Die Türkei hingegen setzt F-16-Kampfjets und Kampfdrohnen ein. Letztere aus eigener Produktion.

Im Oktober 2019 steuert die Offensive auf ihre Ende zu. Mehrere Tage lang laufen in Washington Senatoren und Abgeordnete aus Trumps Lager Sturm. Der Republikaner Marco Rubio schreibt auf Twitter, man habe die Kurden im Stich gelassen. Senator Mitch McConnell fordert den US-Präsidenten auf, »amerikanische Führung zu demonstrieren«. Lindsey Graham, ebenfalls Senator der Republikaner, droht der Türkei mit Sanktionen. Schließlich kündigt Trump Strafzölle für türkisches Stahl und eine Einstellung von Gesprächen über ein Handelsabkommen an. Erdoğan versteht, dass der Amtskollege es ernst meint. Schon einmal haben Sanktionsankündigungen der USA die türkische Währung stark unter Druck gesetzt.

Am 17. Oktober trifft US-Vizepräsident Mike Pence in Ankara ein und verkündet nach einem Gespräch mit Erdoğan eine Waffenruhe von 120 Stunden Dauer, damit sich die Kurdenmiliz YPG aus den umkämpften Gebieten zurückziehen kann. In den folgenden Tagen wird die Vereinbarung sporadisch gebrochen. Schließlich beruhigt sich die Lage in der Grenzregion. Von der Besetzung eines Korridors entlang der gesamten syrisch-türkischen Grenze ist der türkische Präsident noch ein gutes Stück entfernt.

Nach der Offensive 2019 hat Erdoğan die Idee einer sogenannten Schutzzone entlang der türkisch-syrischen Grenze nicht aufgegeben. Sein Ziel ist seit der »Schutzschild Euphrat« genannten Militäroffensive in Nordsyrien im Jahr 2016 die Eroberung und Besetzung eines mindestens 30 Kilometer tiefen und etwa 500 Kilometer langen Streifens von Afrin im Nordwesten Syriens bis nach Al-Yarubiyah an der irakischen Grenze. 2016 griff die türkische Armee zusammen mit FSA-Verbänden Stellungen des sogenannten Islamischen Staats an und konnte die IS-Milizen unter anderem aus den nordsyrischen Städten Azaz und Jarablus vertreiben. Die Offensive richtete sich aber auch gegen die Kurdenmiliz YPG. Bei den folgenden Offensiven »Operation Olivenzweig« im Jahr 2018 und »Operation Friedensquelle« im Jahr 2019 war nur noch die Vertreibung der YPG das Ziel. Für die Angriffe öffnete Russland den Luftraum über Nordsyrien.

Kritiker und Juristen bezeichnen alle drei Offensiven als völkerrechtswidrig und werfen der Türkei vor, Hintergrund des Vorgehens sei allein die Verhinderung eines autonomen kurdischen Gebiets in Nordsyrien. Die Türkei argumentiert mit dem Recht auf Selbstverteidigung. Für die Schutzzone führt Erdoğan zwei Argumente an. Zum einen könne sich die Kurdenmiliz in dem Gebiet nicht etablieren, um von dort Angriffe gegen die Türkei durchzuführen. Zum anderen könnten in der Türkei lebende syrische Flüchtlinge nach einer Befriedung in der Schutzzone angesiedelt werden.

Istanbul. Mitte November 2022. Gegen 16.30 Uhr klingelt das Telefon. Ein Bombenanschlag auf der Istiklal. Dort rennen dutzende Menschen in Panik wild durcheinander. Vielen steht die nackte Angst ins Gesicht geschrieben. Manche haben Tränen in den Augen. Ein Mann stützt eine ältere, sich vor Entsetzen die Hand vor den Mund haltende Frau. Sie muss Grauenhaftes gesehen haben. Auf die Frage, was geschehen sei, schreit sie, »Das sind Mörder«.

Gegen 16.20 Uhr riss eine Bombe in der belebten Fußgängerzone in Istanbul vier Menschen in den Tod. Es gibt viele Verletzte. Polizisten vertreiben mit hysterischen Rufen Passanten vom Anschlagsort. Die Sicherheitskräfte warnen vor einer möglichen zweiten Explosion. Schließlich sperrt die Polizei den Tatort großräumig ab. Vor einem quer über die Istiklalstraße gespannten Polizeiabsperrband stehen mindestens ein Dutzend Fernsehkameras. Türkische und internationale Journalisten versuchen, ihren Zuschauern zu erklären, was geschehen ist und welche Gruppierungen für den Anschlag verantwortlich gemacht werden könnten. Der türkische Präsident fliegt am späten Nachmittag zu einem Gipfel ins Ausland. Zuvor deutet er an, es könnte sich um einen Terroranschlag gehandelt haben. Am Abend erklärt Vizepräsident Fuat Oktay, eine Frau habe eine Tasche in der Einkaufsstraße abgestellt, die dann explodiert sei.

Auf der Istiklal sind Hunderte Überwachungskameras installiert. Schon kurz nach der Explosion beginnen türkische Ermittler, Bilder auszuwerten. Innenminister Süleyman Soylu verkündet am nächsten Morgen, das Attentat sei von der PKK begangen worden. Die Polizei stellt den Medien ein filmreifes Video von der Festnahme einer Frau zur Verfügung. Auf den Aufnahmen sind neben der am Boden liegenden gefesselten mutmaßlichen Täterin eine Pistole und Bargeld zu sehen. Alles wirkt wie nach einem Drehbuch inszeniert.

Ein Foto der Frau wird veröffentlicht. Sie trägt einen violetten Pullover, auf dem in großen Lettern New York steht. Soylu gibt den USA eine Mitschuld. Wie und auf welche Weise die Terrororganisation koordiniert werde, wisse man, so der Innenminister. Der Täter sei derjenige, der die syrische Kurdenmiliz und die PKK mit Informationen versorge, ergänzt er. Seine Schuldzuweisung zielt auf die Kooperation der USA und der Kurdenmiliz in Nordsyrien im Kampf gegen den IS. Offenbar will der Innenminister Druck auf die USA ausüben.

Seit Monaten gibt es Spekulationen, ob es vor den für Mai 2023 geplanten Wahlen zu Anschlägen kommen könnte. Terror verunsichert die Öffentlichkeit. Bomben führen im Herbst 2015 dazu, dass sich ein Großteil der türkischen Bevölkerung mit der Regierung solidarisiert und Erdoğan im folgenden November einen Wahlsieg erringen kann.

Sicherheitskräfte nehmen neben der Frau 45 weitere Personen fest. Irritierend ist, dass bis auf ein Ehepaar, das der Attentäterin eine Übernachtungsmöglichkeit angeboten haben soll, keiner der Festgenommenen kurdische Wurzeln hat. Die PKK und ihre syrische Schwestermiliz YPG sind jedoch kurdisch geprägte Organisationen. Diese bestreiten, für den Anschlag verantwortlich zu sein. Auch das ist ungewöhnlich, denn die Kurdenmilizen bekennen sich üblicherweise zu ihren Attentaten. Laut Polizeiangaben soll die syrische Frau jedoch kurz nach ihrer Festnahme ausgesagt haben, sie sei Mitglied der YPG und habe von der Organisation den Auftrag bekommen, die Bombe zu platzieren. Zwei weitere Opfer des Anschlags sterben an den Folgen ihrer Verletzungen.

Die Antwort auf das Attentat heißt »Militäroperation Klauenschwert« und beginnt am folgenden Wochenende. Erdoğans Sprecher Ibrahim Kalın schreibt auf Twitter, die Zeit für die Abrechnung aufgrund des Anschlags auf der Istiklalstraße sei gekommen. Die türkische Luftwaffe greift Stellungen der YPG an und tötet kurdische Kämpfer, aber auch Soldaten der syrischen Armee und Zivilisten. Bemerkenswert ist ein Video des staatlichen Fernsehsenders TRT von der türkisch-syrischen Grenze nahe der syrischen Grenzstadt Kobane. Der Livereporter kommentiert Einschläge rund um Kobane mit großem Enthusiasmus. Ob die Raketen Zivilisten getroffen haben könnten, ist kein Thema. Kann eine von den Medien begleitete Militäroperation wenige Monate vor der Wahl erneut ein nationalistisches Momentum schaffen, das Wählerinnen und Wähler mobilisiert?

Die Kurdenmiliz feuert als Antwort auf die Luftangriffe Raketen auf die Türkei ab und tötet Zivilisten. In der Vergangenheit waren Opfer auf der türkischen Seite das entscheidende Argument für Rache. Zwei Tage nach Beginn der Militäroperation kündigt Erdoğan eine Bodenoffensive an. Die Nachricht läuft auf allen Kanälen. Seit Juni heißt es regelmäßig aus Ankara, eine Bodenoffensive stünde kurz bevor. Weil so oft davon gesprochen wurde, ist im ganzen Land die Erwartung groß, dass tatsächlich Panzer rollen. Doch im Vergleich zum vergangenen Einmarsch im Herbst 2019 gibt es einen entscheidenden Unterschied. Damals bekam Erdoğan von US-Präsident Trump grünes Licht. Doch diesmal macht Washington dem türkischen Präsidenten mehrfach öffentlich deutlich, die Türkei solle sich zurückhalten. Auch Putin scheint kein Interesse an einer türkischen Bodenoffensive zu haben. Die Offensive Klauenschwert verpufft.

Der NATO-Partner USA steht dem türkischen Präsidenten eher im Weg, als seinen nächsten Kampf um die Macht zu unterstützen. Man darf davon ausgehen, dass sich Ankara hinter den Kulissen größte Mühe gegeben hat, um für einen Einmarsch grünes Licht zu bekommen. Der ehemalige türkische Diplomat Aydın Selcen spekuliert, Erdoğan könnte die Zustimmung für den NATO-Beitritt der Skandinavier als Faustpfand für einen Einmarsch einsetzen. Dies sei für den türkischen Präsidenten ein Ass im Ärmel bei der Frage, ob die USA einer Bodenoffensive in Syrien zustimmen. Aus Washington kommt jedoch kein Placet.

»Kommen Sie herein«, sagt Orhan Uğuroğlu freundlich. Der Zeitungsverleger und Besitzer einer Druckerei in Ankara mit seinem schlohweißen Haar und gemütlichem Lächeln ist bekannt für deutliche, offene Worte. Deshalb der Besuch und das Interview im September 2017.

Die Walzen in den Heidelberger Druckmaschinen rotieren. Berge von Papier stehen auf Holzpaletten. Seit Jahrzehnten ist Uğuroğlu im Zeitungsgeschäft tätig, auch als Journalist. Es heißt, er habe einen tiefen Einblick in die nationalistische Szene der Türkei. Damals sieht er Meral Akşener, Gründerin der İyi-Partei, als neuen Stern am türkischen Nationalistenhimmel und prophezeit, eines Tages werde sie Erdoğan viele Stimmen wegnehmen. Bei Umfragen im Januar 2023 liegt Akşener zwischen 12 Prozent und 19 Prozent. Die AKP und die Nationalisten der MHP haben hingegen dramatisch verloren. Ein Großteil der Stimmen konnte Akşener laut Meinungsforschungsinstituten Erdoğans nationalistisch-islamischem Bündnis abnehmen.

Vor fünf Jahren erklärte Uğuroğlu Erdoğans ständigen Konflikt mit dem Ausland folgendermaßen: »Um garantiert gewählt zu werden, sucht er mit Deutschland, Österreich, den Niederlanden, der EU, den USA Streit. Mit Syrien und Irak gab es sowieso schon dauernd Ärger. Dadurch schürt Erdoğan nationalistische Gefühle.« Nationalistische Gefühle schüren ist bis heute für Erdoğan eines der entscheidenden Elixiere der Macht. Es lohnt sich also, Uğuroğlus Texte und Analysen zu lesen. Offenbar hat er einen politischen Weitblick und versteht die Denkart des türkischen Präsidenten und seiner Wähler.

Anfang Februar 2023 schreibt der inzwischen 71-Jährige, er habe Informationen aus zuverlässigen Militärkreisen. Demnach habe Erdoğan die türkischen Streitkräfte angewiesen, sich auf grenzüberschreitende Operationen vorzubereiten. Das Ziel sei ein Einmarsch in der nordsyrischen Stadt Kobani und den nordsyrischen Regionen Tel Rifat und Manbidsch. Die Gebiete werden von der Kurdenmiliz YPG kontrolliert. Es sind dieselben Ziele, die türkische Journalisten nach dem Terroranschlag auf der Istiklal im November nennen. Die russische Luftwaffe kontrolliert den Himmel über der Region. Uğuroğlu schreibt, Putin wolle Erdoğan bei den Präsidentschafts- und Parlamentswahlen gewinnen sehen. Dass der russische Macht- haber Wahlen im Ausland manipuliere, sei bekannt. Seine Analyse klingt schlüssig. Kurz vor den Wahlen könnten erneut die Panzer rollen.

Ende Januar 2023. »Den Koran beleidigen, ist keine Meinungs- freiheit«, rufen sie. Und, »Oh Jude, erinnere dich an Khaybar, Mo- hammeds Armee wird zurückkehren«. Ein Hinweis auf den sieg- reichen Feldzug des Islamgründers gegen einen jüdischen Stamm im 6. Jahrhundert auf der arabischen Halbinsel.

Grüne Flaggen mit arabischer Schrift wehen über dem Platz gleich unterhalb der Einkaufsstraße Istiklal, zwischen dem schwedischen Konsulat und dem deutschen Gymnasium Istanbul. Hundertfünfzig strenggläubige türkische Muslime skandieren »Allah ist groß«. Eine mit einem schwarzen Niqab verschleierte Frau, das Gesicht bis auf einen Sehschlitz komplett verdeckt, hält in der rechten Hand den Koran und zeigt mit der Linken mit ausgestrecktem Zeigefinger zum Himmel. Das Zeichen verwenden vor allem Vertreter der ultrakon- servativen islamischen Strömung Salafismus. Ein bärtiger Mann trägt ein Schild mit der Aufschrift: »Stoppt den Westen und Islamophobie«. Am Vorabend versammelten sich bereits Demonstranten vor dem Konsulat und verbrannten die schwedische Flagge.

Die Polizei hat Barrieren errichtet. Sicherheitskräfte stehen mit Maschinenpistolen und großen Hartplastikschutzschilden in Forma- tion vor dem Eingang der diplomatischen Vertretung und neben den Demonstranten. Eine Stunde skandiert die Gruppe konservativer Muslime Parolen. Türkische Fernsehteams kommen und filmen den Protest. Schließlich packen die Teilnehmer die Banner wieder ein, unterhalten sich noch ein wenig und verschwinden im Eingang zur U-Bahn. Die Bereitschaftspolizisten holen Zigaretten aus den Taschen, setzen sich am Straßenrand auf eine Mauer und rauchen. 45 Minuten später kommt die nächste Cemaat, was auf Türkisch islamische Gemeinde bedeutet, mit ähnlichen Fahnen und Schildern. Erneut rufen sie »Allah ist groß« und ärgern sich zwar zu Recht, aber gleichzeitig sehr geordnet, über die Schändung des Koran.

Rasmus Paludan, ein schwedisch-dänischer Rechtsextremist, hat zwei Tage zuvor in Stockholm vor der türkischen Botschaft das Heilige Buch der Muslime verbrannt. Polizisten stehen daneben und schreiten nicht ein. Der schwedische Außenminister schreibt danach auf Twitter, sein Land habe ein weitreichendes Recht auf Meinungsfreiheit, was jedoch nicht bedeute, dass die schwedische Regierung oder er persönlich die Koranverbrennung unterstützen. Der Vorfall ist Öl in das seit Monaten brennende schwedisch-türkische Feuer. Was folgt, ist eine Verschärfung der bestehenden Krise zwischen Ankara und Stockholm mit direkten Konsequenzen für das Militärbündnis NATO. Vorübergehend versucht Erdoğan, Schweden und Finnland, die gemeinsam den Antrag für den NATO-Beitritt gestellt haben, auseinanderzudividieren. Helsinki bleibt jedoch vorerst an Stockholms Seite.

Ein kurzer Rückblick. Ende Februar 2022 überfällt Russland die Ukraine. Im Mai stellen Schweden und Finnland als Reaktion auf Putins Aggression den Antrag, der NATO beizutreten. Kaum jemand rechnet zu diesem Zeitpunkt damit, dass der türkische Präsident den Beitritt der beiden Länder blockieren könnte. Es kommt jedoch anders. Ende Juni 2022 sind auf zahlreichen Titelseiten türkischer Tageszeitungen Fotos von Terrorverdächtigen abgedruckt. Die Hürriyet zeigt im Stil von Steckbriefen Gesichter und Namen von dutzenden in Finnland und Schweden lebenden Türkinnen und Türken. Unter den Fotos stehen Kürzel wie »Fetö«, »PKK«, »TKP-ML« oder »THKP-C«. »Fetö« steht für die Mitgliedschaft in der Bewegung des Islampredigers Fethullah Gülen, »PKK« für die auch in Deutschland als Terrororganisation eingestufte kurdische Arbeiterpartei PKK. »TKP-ML«

steht für die türkische kommunistische, marxistisch-leninistische Partei und »THKP-C« für Volksbefreiungspartei-Front.

Der türkische Staat fordert von Finnland und Schweden die Auslieferung der abgebildeten Personen, bevor die Türkei einem Beitritt beider Länder zur NATO zustimmt. Erdoğan argumentiert, solle die Türkei Schweden und Finnland bei einem NATO-Bündnisfall schützen, müssten auch diese die Sicherheitsinteressen der Türkei ernst nehmen und einerseits die besagten türkischen Staatsbürger ausliefern, aber auch die benannten Organisationen vehementer verfolgen.

Im ersten Moment klingt das rational. Das Problem sei jedoch die unzureichende juristische Qualität der Auslieferungsanträge beziehungsweise der Anklageschriften, sagt ein Diplomat in Ankara. Diese halten so gut wie nie dem strengen Blick unabhängiger Richter in europäischen Rechtsstaaten stand.

Darin liegt eines der Kernprobleme des NATO-Landes Türkei. Zwar bekennt sich Ankara zur Wertegemeinschaft des Militärbündnisses. Doch die türkische Justiz setzt kaum noch westliche juristische Kriterien an, sobald es um Terrorismus, Terrorunterstützung oder Terrorpropaganda geht. In vielen Fällen handelt es sich um Vorwürfe, die in der EU keinerlei Straftatbestand erfüllen, weil die Beschuldigten eben nur ihre Meinung geäußert haben. Gleichzeitig will Erdoğan zumindest öffentlich nicht akzeptieren, dass andere Länder ihre rechtsstaatlichen Ansprüche für türkische Interessen nicht aufgeben können. Er stellt unerfüllbare Forderungen. Die Konsequenz ist ein anhaltender Konflikt auf offener Bühne, der unter anderem Erdoğans innenpolitischer Profilierung dient.

Für seine ablehnende Haltung gibt es bei türkischen Beobachtern zwei Erklärungen. Erstens: Der türkische Präsident verweigert den nordeuropäischen Ländern den Beitritt, um sich vor der eigenen Bevölkerung als ernsthafter Kämpfer gegen »Terrorismus« zu inszenieren. Zweitens, wofür es jedoch keinerlei Belege gibt: Erdoğan will dem russischen Machthaber Putin einen Gefallen tun. Aufgrund der Wirtschafts- und Finanzkrise benötigt die Türkei dringend finanzielle Unterstützung. Die gewährt der Kreml auf verschiedenen Ebenen und schafft sich so türkische Loyalität. Ob Erdoğan mit Putin eine

Vereinbarung über die Blockade der NATO-Beitrittsländer getroffen hat, ist bloße Spekulation. In jedem Fall dürfte dem russischen Machthaber eine gespaltene und damit schwächere Militärallianz wesentlich lieber sein als eine geeinte.

Wegen der Koranverbrennung in Stockholm versammeln sich den zweiten Tag in Folge religiöse Türkinnen und Türken vor dem schwedischen Konsulat in Istanbul. Die Choreografie bleibt die Gleiche. Etwa 100 Frauen, Kinder und Männer versammeln sich. Lautsprecherboxen werden aufgebaut, Reden gehalten und Parolen gerufen. So geht es etwa eine Stunde. Fernsehteams regierungsnaher Sender filmen die Aufführung. Teilnehmer geben Interviews und erklären, die Verbrennung des Koran sei keine Meinungsfreiheit, sondern Gotteslästerung.

Um die Ecke liegt das bei Touristen beliebte Viertel rund um den jahrhundertealten Galata-Turm. Die von dort kommenden Passanten laufen an der Demonstration vorbei und rätseln, um was es gehen könnte. Säkulare Türken haben kaum Interesse. Alles läuft diszipliniert und ohne Zwischenfälle ab. Der Protest ist alles andere als spontan oder emotional. Es wirkt, als habe jemand die Auftritte der Demonstranten von langer Hand organisiert.

Die meisten türkischen Fernsehkanäle starten am Abend die Nachrichtensendungen mit Bildern und Berichten über die Proteste. Stundenlang diskutieren zur besten Sendezeit Experten über Islamophobie in christlichen Ländern und den Hass auf den Islam. Mit dramatischer Musik werden die Aufnahmen des den Koran verbrennenden Rechtsextremisten in Stockholm gezeigt. Der türkische Präsident erklärt, »Schweden soll von der Türkei keine Unterstützung erwarten, wenn sie nicht die Religion der türkischen Republik oder Muslime respektieren. Wer eine derartige Schande vor der Botschaft unseres Landes ermöglicht hat, kann beim NATO-Beitrittswunsch mit keinem Wohlwollen rechnen«. Offensichtlich hat der türkische Präsident kein Interesse, den Konflikt diplomatisch zu lösen.

Dass die Aktion des Rechtsextremisten von einem Gleichgesinnten finanziert wurde, der nach Medienberichten zuvor beim Putin-

Propagandasender *Russia Today* gearbeitet haben soll, geht in der Türkei völlig unter. Letztendlich können Erdoğans scharfe Töne jedoch keine Massen aufwiegeln. Die Proteste vor dem Konsulat bleiben verhalten. Die türkische Mehrheitsgesellschaft hat andere Sorgen, so scheint es.

Madrid. Sommer 2022. Vier Flaggen stehen auf dem Podium. Die schwedische, die finnische, die Flagge der NATO und die der Türkei. Unruhe entsteht im Saal des Kongresszentrums in der spanischen Hauptstadt. Noch ist unklar, welchen Inhalt die folgende Aufführung haben wird. Uneinigkeit, Streit oder eine Lösung? Die Pressekonferenz am ersten Tag des NATO-Gipfels wurde kurzfristig angesetzt.

Dann treten Erdoğan, der Generalsekretär des Militärbündnisses, Jens Stoltenberg, und die Regierungschefs von Schweden und Finnland auf die Bühne. Der türkische Präsident blickt mit ernster Miene. Stoltenberg spricht ins Mikrofon. Er sei froh, dass man ein Abkommen habe, das den Weg für den NATO-Beitritt Finnlands und Schwedens freimache. Auch die Außenminister der Länder sind auf dem Podium und unterzeichnen ein Memorandum. Dieses enthält die von Schweden und Finnland zu erfüllenden Bedingungen, damit die Türkei dem Beitritt zustimmen kann. Stoltenberg sagt, in der NATO sei es so, dass man sich zusammensetze und Lösungen finde, und diese Lösung sei auch ein Signal an den Kreml, denn Putin habe eigentlich weniger NATO gewollt und bekomme jetzt mehr denn je.

Das klingt nach Aufbruch, Geschlossenheit und Stärke. Im Anschluss erzählen internationale Korrespondenten und Beobachter in Fernseh- oder Zeitungsberichten, Finnland und Schweden seien auf die Türkei zugegangen und hätten Ankara Waffenexporte und Auslieferungen von Terrorverdächtigen zugestanden. Die Kuh sei vom Eis, der Beitritt nur noch Formsache, so die Analyse. Türkische Medien werten Erdoğans Verhandlungsgeschick und das Einknicken der Schweden und Finnen als Erfolg. Das Präsidialamt verkündet, die Türkei habe bekommen, was sie wolle. Merkwürdig ist, dass die drei beteiligten Länder keine Pressekonferenz geben wollen. Offenbar gibt es Themen, die bei genauer Nachfrage noch deutliche Dissonanzen aufzeigen.

Die Tinte auf dem unterzeichneten Memorandum ist noch nicht getrocknet, da gießt der türkische Justizminister Bozdağ am nächsten Tag, während des laufenden NATO-Gipfels, von Ankara aus Wasser in den Wein und macht deutlich, welche konkreten Erwartungen die Türkei an Schweden und Finnland habe. Akten von insgesamt 33 »Fetö«- und »PKK«-Terroristen lägen in Helsinki und Stockholm, und nun müssten die beiden Länder liefern beziehungsweise ausliefern. Gerade dem türkischen Justizminister sollte bekannt sein, dass beiden Regierungen juristisch die Hände gebunden sind und keine Auslieferungen ohne die Zustimmung eines Richters anordnen können. Bozdağ weiß, was die Trennung von Exekutive und Judikative in Ländern mit einem funktionierenden Rechtsstaat bedeutet. Seine Forderung nach dem Unmöglichen kann folglich nur das Ziel einer Eskalation haben.

In der zweiten Augusthälfte legt der Justizminister nach und moniert, Schweden und Finnland hätten bisher keine einzige Auslieferung durchgeführt. Wenn es dabeibleibe, werde der Beitrittsprozess keine Fortschritte machen. Dabei ignoriert die türkische Regierung völlig, dass die NATO aufgrund des russischen Angriffskriegs auf die Ukraine zurzeit eine ihrer größten, wenn nicht sogar die größte Herausforderung seit ihrer Gründung zu bewältigen hat. Finnland grenzt direkt an Russland. Stockholm und St. Petersburg liegen nahezu auf demselben Breitengrad an der Ostsee in einer Entfernung von 690 Kilometern direkt gegenüber. Dazwischen liegt Helsinki. Beide nordeuropäischen Länder haben ein gut funktionierendes Militär und würden die Kampfkraft der NATO gegenüber Russland deutlich erhöhen. Doch Erdoğan scheint die geostrategische Herausforderung des Militärbündnisses in Anbetracht seiner innenpolitischen Lage kaum zu interessieren. Er sagt nein.

Mitte September wählt Schweden eine neue Regierung. Ein konservativ-rechtes Lager gewinnt die Mehrheit. Ulf Kristersson wird Regierungschef. Kurz darauf gibt das Kabinett grünes Licht für Waffenexporte in die Türkei. Das erste Mal seit dem Einmarsch der türkischen Armee in Nordsyrien im Herbst 2019.

Im November kommt Kristersson nach Ankara. Erdoğan vertröstet ihn. Man habe Zeit bis Juli 2023, sagt der türkische Präsident. Im Juni seien in der Türkei Wahlen. Zuvor müsse man entspannt vor das Volk treten können. Die Botschaft an die türkischen Wählerinnen und Wähler liegt auf der Hand: der Bittsteller kommt an den Hof des Machthabers und wird abgewiesen. Die Türkei ist stark und im Zweifelsfall stärker als die anderen. Erdoğan gibt Kristersson noch einen Namen mit auf den Weg. Bülent Keneş sei ein Terrorist, sagt der türkische Präsident, und es sei sehr wichtig, dass Schweden diesen an die Türkei ausliefere. Wird Schweden der Forderung nachkommen?

Serhat Güvenç, Professor für internationale Beziehungen an der Kadir Has Universität in Istanbul, führt Erdoğans Blockade allein auf die bevorstehende Wahl zurück. Dass dieser ein Land wie Schweden im Zusammenhang mit dem Kampf gegen Terrororganisationen auf die Knie zwinge, werde dem türkischen Präsidenten bei den Wahlen helfen, so der Professor. Außerdem sehe Erdoğan eine größere, schlagkräftigere NATO und ein gleichzeitig geschwächtes Russland eher kritisch. Aufgrund der aktuellen Arithmetik der Mächte kann er sich als ein auf die Weltpolitik Einfluss nehmender Regierungschef inszenieren. Werde Russland schwächer, so verliere auch der durch die Kooperation mit Russland kräftige Hebel gegenüber dem Westen seine Wirksamkeit.

Professor Güvenç nennt noch einen weiteren Grund, weshalb die Türken gerne zusähen, wie Erdoğan im Speziellen Schweden hinhalte. Bürger, die jahrzehntelang aus belanglosen Gründen auf den EU-Beitritt warten mussten und große Schwierigkeiten haben, Visa für die EU zu bekommen, würden sich über Erdoğans Blockadehaltung freuen, so Güvenç. Der türkische Präsident wisse, wie er die gekränkte Seele seines Volkes streicheln müsse, um Stimmen zu sammeln. Insbesondere bei Auftritten in der Diaspora bediente er wiederholt das Bedürfnis der Gastarbeitereltern und -kinder nach Anerkennung, die ihnen in der neuen Heimat von Deutschen, Niederländern und Franzosen sowie deren Regierungen verweigert wurde.

Darüber hinaus gehe es bei Erdoğans Poker mit der NATO auch um eine rüstungspolitische Frage, meint der Professor. Da die USA die Türkei aus dem F-35-Programm geworfen haben, wolle Ankara von Washington statt der F-35-Jets 40 neue F-16-Kampfflugzeuge kaufen und an die 80 F-16-Jets im Bestand der türkischen Luftwaffe von der zuständigen US-Waffenschmiede Lockheed Martin modernisieren lassen. Dafür sei das Placet des US-Kongresses nötig und der blockiere bisher, weil viele Abgeordnete Erdoğan nach dessen Eskapaden nicht mehr vertrauen.

Man kann davon ausgehen, dass die aktuelle US-Administration aufgrund des Krieges in der Ukraine großes Interesse an einem schnellen NATO-Beitritt von Schweden und Finnland hat. US-Präsident Biden zeigte sich bereits zuversichtlich hinsichtlich einer Zustimmung des Kongresses in Sachen F-16. Doch bisher hat Erdoğan bei diesem Machtkampf noch keinen Erfolg zu verzeichnen.

Anfang Dezember 2022 liefert Schweden tatsächlich einen in der Türkei wegen Mitgliedschaft in der PKK verurteilten Mann an Ankara aus. Dieser war 2015 nach Schweden geflohen. Ein schwedisches Gericht hatte einen Asylantrag bereits vor geraumer Zeit abgelehnt. Es handelt sich jedoch nicht um den von Erdoğan explizit genannten Bülent Keneş. Aus Stockholm heißt es, Festnahme und Auslieferung seien Entscheidungen von Gerichten und nicht eine Entscheidung der schwedischen Regierung. Nach der Auslieferung lobt der türkische Außenminister Çavuşoğlu die neue Regierung in Stockholm als entschlossen. Zumindest entschlossener als die Vorgängerregierung. Eine Zustimmung der Türkei zum NATO-Beitritt gibt es dennoch nicht.

Kurz vor Weihnachten lehnt der oberste schwedische Gerichtshof eine Auslieferung des Journalisten Bülent Keneş ab. Dieser war Chefredakteur der in der Türkei inzwischen verbotenen englischsprachigen Zeitung *Today's Zaman*. Das Blatt gehörte zum Netzwerk des Islampredigers Gülen. Erdoğan bekommt nicht den vermeintlichen Terroristen, den er gefordert hat. Schweden und Finnland bekommen keine Zustimmung für den NATO-Beitritt. Die Krise kann in die nächste Runde gehen.

KAPITEL 11: Erdoğan und Putin – ein strategisches Bündnis

Die Demütigung scheint von langer Hand geplant. Staatsgäste vorführen, das ist allgemein bekannt, daran hat Präsident Putin seine helle Freude. Die Bundeskanzlerin belästigt er 2007 mit einem großen schwarzen Hund, obwohl oder weil er genau weiß, dass sie Angst vor Hunden hat. Zahlreiche Regierungschefs lässt er bei verabredeten Treffen warten. Diesmal ist Erdoğan an der Reihe.

In einem Vorzimmer des Kremls ist die Kamera des russischen Fernsehens auf den türkischen Präsidenten und seine wichtigsten Mitarbeiter gerichtet. Die Delegation wurde kurz zuvor aufgefordert, in den Saal zu kommen, wo sich die Präsidenten begrüßen sollen. Doch auf halben Weg bittet ein Mitarbeiter des Kremls die Gäste aus der Türkei zu warten.

Unten links im Bild der russischen Nachrichtensendung ist eine Uhr zu sehen, die Sekunden zählt. Direkt hinter Erdoğan stehen Außenminister Çavuşoğlu, Finanzminister und Schwiegersohn Albayrak, Geheimdienstchef Fidan, Verteidigungsminister Akar und der außenpolitische Berater Kalın. Die Uhr läuft. Der Kommentator des Berichts weist die Zuschauer explizit auf diese hin. Nach 26 Sekunden blickt Çavuşoğlu ungeduldig auf sein Handgelenk. Nach 40 Sekunden wird Erdoğans gesamte Entourage unruhig. Die Fernsehkamera bleibt eingeschaltet und hat offenbar keine andere Aufgabe, als die Herren beim peinlichen Warten zu zeigen.

Laut der Internetzeitung *Duvar English* erklärt der den Bericht kommentierende Journalist währenddessen, was auf einem der Ölgemälde des Raumes zu sehen ist. Es handle sich um einen russischen General, der den Osmanen im 17. Jahrhundert empfindliche Niederlagen zugefügt habe, so die Stimme aus dem Off. Nach eineinhalb Minuten setzt sich Erdoğan, ein wenig erschöpft wirkend, auf einen Stuhl neben der Tür zum Saal, wo das Treffen mit Putin stattfinden soll.

Als fast zwei Minuten vorüber sind, wird die Tür endlich geöffnet. Putin empfängt Erdoğan mit einem Lächeln. Im Saal steht eine gigantische Statue der russischen Kaiserin Katharina die Große, die 1774 im Russisch-Türkischen Krieg dem Osmanischen Reich die Krim und Teile der Südukraine abrang.

Erdoğan kommentiert den Vorfall nach dem Besuch in Moskau gegenüber türkischen Journalisten mit den Worten, die türkisch-russische Beziehung könne aufgrund von Manipulationen durch Medien nicht geopfert werden. Außenminister Çavuşoğlu versucht, den Affront herunterzuspielen. Wenn Erdoğan warten musste, habe Putin auch warten müssen. Der feine Unterschied ist jedoch, dass Bilder von einem wartenden Putin nirgends gezeigt wurden.

Die Botschaft an die russischen Fernsehzuschauer ist, ihr Präsident hat die Macht, die türkische Führung warten zu lassen. Schwerwiegend ist der Vorgang insbesondere, weil wenige Tage zuvor mehr als 30 türkische Soldaten bei einem Luftangriff in der Provinz Idlib getötet wurden und einiges dafür spricht, dass die Russen die Finger im Spiel hatten.

Erdoğan vergisst nichts. Auch ihm ist die Bedeutung von Machtdemonstrationen wichtig. Er wartet auf den richtigen Augenblick für die Revanche. Im Juli vergangenen Jahres war dieser bei einem Gipfel in Teheran offenbar gekommen. Der türkische und der russische Präsident sind zum bilateralen Treffen verabredet. Putin kommt zuerst in den Raum, wo bereits die Kameras laufen. Er setzt sich nicht, sondern wartet im Stehen mit gefalteten Händen. Es sind keine zwei Minuten, aber immerhin 50 Sekunden, die nicht unbeachtet bleiben. Er sieht nicht so aus, als ob er sich in seiner Haut wohlfühlt. Vielmehr entsteht der Eindruck, er ahnt, dass ihn jemand bewusst warten lässt.

Erdoğan und Putin sind aus ähnlichem Holz geschnitzt. Sie sind beide autoritäre Regierungschefs, deren Anhänger Auftritte lieben, die andere kleiner und schwächer wirken lassen. Wer Putin oder Erdoğan wählt, der gibt ihnen nicht nur seine Stimme, weil sie für ein Mindestmaß an wirtschaftlicher Stabilität im Land sorgen. Beiden ist es wichtig, ihren Anhängern bei bilateralen Treffen mit politischen

Führern anderer Länder oder bei internationalen Gipfeln zu vermitteln, dass sie mindestens auf Augenhöhe agieren. Sie inszenieren sich zur Begeisterung ihrer Klientel als Regierungschefs, die keinem Konflikt aus dem Weg gehen und auf internationaler Bühne Amtskollegen die Stirn bieten. Oppositionelle werden mit großer Härte bekämpft. Der Justizapparat hat dabei eine zentrale Aufgabe. Putin unterscheidet sich von Erdoğan insofern, dass der russische Machthaber selbst vor politischen Morden nicht zurückschreckt. Erdoğan und Putin leben archaische Werte vor, die bisher in ihren Ländern von Mehrheiten unterstützt werden.

Das Verhältnis der beiden Spitzenpolitiker ist seit Jahren ambivalent. Die russisch-türkische Geschichte war geprägt von wiederholtem kriegerischem Kräftemessen. Die Mehrheit der Menschen in der Türkei sehen die Beziehung zum russischen Machthaber positiver als die zum NATO-Partner USA. Mit Blick auf die nächsten Präsidentschaftswahlen sucht Erdoğan auch aus finanziellen Gründen die Nähe des russischen Amtskollegen und hat dabei Erfolg. Welche Konsequenzen diese Allianz langfristig mit sich bringt, ist noch nicht absehbar. Westliche Verbündete der Türkei verfolgen Erdoğans Russland-Politik mit zunehmender Skepsis.

Vom Flughafen der syrischen Hafenstadt Latakia starten am 24. November 2015 zwei russische Su-24-Kampfflugzeuge und fliegen auf die nur 25 Kilometer entfernte türkische Grenze zu. Nach russischen Angaben hatten die Piloten den Befehl, Stellungen der Terrororganisation Islamischer Staat anzugreifen. In den Wochen zuvor gab es laut Ankara mehrfach für kurze Zeiträume Verletzungen des türkischen Luftraums durch russische Kampfflugzeuge. Der türkische Ministerpräsident Davutoğlu droht deshalb im Oktober 2015, man werde gegebenenfalls die entsprechende Antwort geben.

An dem besagten Novembertag feuert eine türkische F-16 eine Luft-Luft-Rakete auf eines der russischen Flugzeuge, nachdem dieses für etwa 30 Sekunden in den türkischen Luftraum eingedrungen sein soll. Die Rakete trifft. Pilot und Waffensystemoffizier benutzen den Schleudersitz. Turkmenische Rebellen schießen während der Landung

mit dem Fallschirm auf den Piloten und töten ihn. Ankaras Luftwaffe will die Russen mehrfach gewarnt und zum Rückzug aufgefordert haben. Der überlebende Offizier sagt, es habe keine Warnung
gegeben. Moskau dementiert, dass die Flugzeuge in den türkischen
Luftraum eingedrungen sein sollen.

Der Vorfall löst eine schwere diplomatische Krise zwischen Russland und der Türkei aus, die mehrere Monate anhält. Putin setzt die
Visumfreiheit für Türken aus, lässt eine Reisewarnung für die Türkei
veröffentlichen, stoppt Charterflüge und damit russischen Tourismus
in der Türkei. Im Schnitt kommen 4 Millionen russische Urlauber
pro Jahr ins Land. Russisch ist neben Deutsch und Englisch die meist-
gesprochene Fremdsprache an der Türkischen Riviera. Der Kreml
beziffert den Schaden durch die ausbleibenden Touristen laut *Frankfurter Allgemeine Zeitung* im ersten Halbjahr 2016 mit 840 Millionen
Dollar.

Weiterhin verbietet der russische Präsident den Import landwirt-
schaftlicher Güter aus der Türkei. Auf einer von Moskau im Dezember nach dem Abschuss veröffentlichten Verbotsliste stehen Tomaten,
Hühnerfleisch, Orangen und weitere Produkte. Selbst die Gaspipeline
»Turkstream« von Russland in die Türkei steht auf der Kippe.

Die ersten zwei Quartale des Jahres 2016 sind für die Türkei nicht
nur aufgrund der russischen Sanktionen eine ökonomische Herausforderung. Dazu kommen diverse Bombenattentate in Istanbul und
Ankara. Touristen aus Russland bleiben aus. Deutsche, Niederländer
und andere Nationen stornieren ihre für den Sommer geplanten
Reisen nach Istanbul, an die Ägäis und die türkische Riviera. Putin
lässt Erdoğan die Abhängigkeit von Russland spüren. Der Machthaber im Kreml muss aufgrund seiner aggressiven Außenpolitik
keine innenpolitischen Konsequenzen fürchten. Er hat Russland
wesentlicher fester im Griff als Erdoğan die Türkei.

Ende Juni 2016 meldet der Kreml, der türkische Präsident habe
sich am russischen Nationalfeiertag in Form eines Briefes für den
Abschuss des Kampfflugzeuges entschuldigt. Deutsche Medien
schreiben von einer türkischen Niederlage im Machtkampf zwischen

Putin und Erdoğan. Letzterer habe in dem Brief sein Bedauern für den Abschuss ausgedrückt. Auch den Angehörigen des Piloten habe er kondoliert. Erdoğan soll wortwörtlich »um Verzeihung« gebeten haben. Ein Sprecher in Ankara bestätigt das Schreiben und erklärt, die Türkei wolle ihre Beziehung zu Russland verbessern. Es ist der pragmatische Kotau, der das belastete Verhältnis der beiden Präsidenten langfristig entspannt.

Ein Gespräch mit Stefan Meister, Russland-Experte der Deutschen Gesellschaft für Auswärtige Politik, macht deutlich, welche Relevanz die Lösung der Krise für die strategische Partnerschaft der beiden Männer hat. Da habe sich etwas persönlich entwickelt, so Meister. Putin traue grundsätzlich sehr wenigen Menschen. Er und Erdoğan kennen sich seit vielen Jahren. Der russische Präsident habe mit Erdoğan ein »Konflikt-und-Kooperations-Verhältnis« aufgebaut. Es bestünde ein Vertrauen unter autoritären Männern, sagt der Putin seit vielen Jahren beobachtende Politikwissenschaftler.

»Mein Ziel ist, dass mein Vater so schnell wie möglich aus der Haft entlassen wird«, sagt Dilara Yılmaz. »Er ist kein Spion oder Terrorist.«

Die Juristin, Mitte dreißig, sitzt im Restaurant Kitchenette am Taksim-Platz im Zentrum Istanbuls und spricht Deutsch in klaren, schnellen Sätzen mit leichtem Akzent. Sie hat wache Augen hinter einer rahmenlosen Brille. Haar und Hals sind bedeckt von einem schwarzen Kopftuch. Dilara ist religiös. Neben der Juristin sitzt Onur Altaylı, Dilaras Mutter. Er sei in jedem Fall unschuldig, untermauert sie die Aussage der Tochter. Onur Altaylıs Erscheinungsbild steht in deutlichem Kontrast zu dem der religiösen Dilara. Die Mutter ist Mitte sechzig, elegant gekleidet, geschminkt, säkular.

Der 73-jährige Vater und Ehemann, Enver Altaylı, ist seit Herbst 2017 wegen Mitgliedschaft in der Gülen-Sekte in Untersuchungshaft. Laut Staatsanwaltschaft soll er versucht haben, nach dem Putschversuch im Jahr 2016 einem Mitarbeiter des türkischen Geheimdienstes zur Flucht aus der Türkei zu helfen. Dem Geheimdienstmitarbeiter wird ebenfalls die Mitgliedschaft in der Gülen-Sekte vorgeworfen.

Altaylı ist kein unbeschriebenes Blatt. Er arbeitet von 1967 bis 1972 selbst für den türkischen Geheimdienst MIT, schreibt dann für eine nationalistische Zeitung und geht nach dem Militärputsch Anfang der 1980er-Jahre ins Exil nach Deutschland. Dort bekommen er und seine Familie die deutsche Staatsbürgerschaft. Er engagiert sich beim deutschen Ableger der nationalistischen Partei MHP. In den 1990er-Jahren kehrt er in die Türkei zurück und arbeitet als Diplomat für den ehemaligen Präsidenten Süleyman Demirel. Später schreibt Altaylı Sachbücher. Das alles sei aber kein Grund, ihn zu inhaftieren, sagt seine Frau Onur.

Von der MHP habe sich ihr Mann inzwischen losgesagt. Altaylı hat für seine Tochter schriftlich dargelegt, warum er aus seiner Sicht in Haft sei. Bereits Anfang der 1990er-Jahre habe er sich für die Unabhängigkeit der Turkstaaten Aserbaidschan und Kasachstan von Russland eingesetzt und Solidaritätsbesuche des türkischen Präsidenten Özal und des türkischen Ministerpräsidenten Demirel in diesen Ländern vorbereitet und begleitet. Russische Nationalisten und der russische Geheimdienst würden ihm dies bis heute verübeln. Später habe er sich für eine Gas-Pipeline von Aserbaidschan in die Türkei stark gemacht. Moskau wollte die Pipeline verhindern und selbst Gas in die Türkei verkaufen. Aus seiner Sicht habe der Kreml von Ankara gefordert, ihn dingfest zu machen und man sei dem Wunsch nachgekommen.

Die Familie sucht aufgrund der Situation des Vaters die Öffentlichkeit. Eine weitere Tochter lebt in Deutschland und setzt sich dort in Fernsehsendungen für dessen Freilassung ein. Der Fall schlägt Wellen.

Herbst 2018. Das Bundeskanzleramt in Berlin. Erdoğan ist in der deutschen Hauptstadt zum Staatsbesuch.

2016 und 2017 waren komplizierte Jahre für das deutsch-türkische Verhältnis. Mehrere deutsche Staatsbürger saßen in der Türkei in Haft, wurden aber inzwischen freigelassen. Doch es gibt weitere Fälle.

Nach einem Treffen treten Merkel und Erdoğan gemeinsam vor die Kameras. Bei der Pressekonferenz wird nach dem in der Türkei inhaftierten deutschen Staatsbürger Altaylı gefragt. Merkel sagt, sie habe sich mit Erdoğan über den Mann ausgetauscht. Es sei einer der Fälle, die das Verhältnis zwischen Ankara und Berlin »beschweren« würden. Während seiner vielen Jahre in Deutschland hatte Altaylı gute Verbindungen zur CDU und insbesondere zum im März 2023 verstorbenen ehemaligen rheinland-pfälzischen Innenminister Heinz Schwarz, der auf Nachfrage bei einem Telefongespräch nicht glauben wollte, dass Altaylı Mitglied der Gülen-Sekte sei. Erdoğan verweist in der Pressekonferenz auf die unabhängige Justiz seines Landes. Niemand habe das Recht, diese zu kritisieren. Er stellt die Gegenfrage, ob man Altaylı tatsächlich kennen würde und ob man wüsste, was er als Mitarbeiter des Geheimdienstes alles angestellt habe.

Nach der Pressekonferenz berichten regierungsnahe türkische Medien intensiv über den Fall und dessen mutmaßliche Verbindungen zur Gülen-Sekte beziehungsweise zum US-Geheimdienst. In Talkshows erklären Kommentatoren, Altaylı habe Kontakte zur CIA. Schon vor dem Putschversuch 2016, aber insbesondere danach, ist der US-Geheimdienst für das Gros der Türken ein rotes Tuch. Viele gehen davon aus, Washington und dessen Agenten hätten in Zusammenarbeit mit der Gülen-Sekte den Plan verfolgt, Erdoğan zu stürzen und das Land zu übernehmen. Dass Altaylı Kontakt zu Vertretern der Gülen-Sekte hatte, bestreitet seine Tochter nicht. Er habe mit vielen Menschen Kontakt gepflegt.

Martin Erdmann, ehemaliger deutscher Botschafter in Ankara, hat ihn mehrfach im Hochsicherheitsgefängnis Sincan in Ankara besucht. In der Anklageschrift heißt es, die Gespräche seien abgehört und die Aufnahmen dem türkischen Geheimdienst übergeben worden. Die Familie des 1944 geborenen Mannes macht sich zunehmend Sorgen um dessen Gesundheit. Er sitzt in Einzelhaft, hat kaum Ansprache. Ehefrau Onur macht in Interviews wiederholt deutlich, sie habe Angst, ihr Mann könne im Gefängnis sterben. Die Tochter spricht von Folter aufgrund einer andauernden Isolationshaft.

Putin scheint die türkische Seele besser zu verstehen als westliche Amtskollegen. Kurz nach dem Putschversuch ruft er Erdoğan an, drückt sein Beileid für die Opfer aus und bezeichnet den gescheiterten Staatsstreich als verfassungswidrig und unzulässig. Drei Wochen später besucht Erdoğan Putin in St. Petersburg. Er sagt, dessen Anruf sei ein großes Glück für das türkische Volk gewesen. Der russische Präsident macht Erdoğan im Gegensatz zu Regierungen im Westen keine Vorwürfe mit erhobenem Zeigefinger wegen massenhafter Festnahmen. Menschenrechte und Rechtsstaat spielen für Putin seit jeher keine Rolle. Er hat verstanden, dass dies die Chance ist, das NATO-Mitglied Türkei stärker an Russland zu binden.

Russland und das Osmanische Reich lieferten sich in den vergangenen 500 Jahren mehr als zehn Kriege. Zwischen beiden Völkern ist viel Blut geflossen. In Friedenszeiten gab es hingegen diplomatische und wirtschaftliche Beziehungen. Osmanisches Reich und Russland hatten innerhalb und außerhalb ihrer Grenzen Emissäre, Botschafter und Spione. Das heutige russische Konsulat in Istanbul, der ehemaligen Hauptstadt des Osmanischen Reichs, war einst die Botschaft. Das Gebäude an der Einkaufsstraße Istiklal im europäischen Zentrum der Metropole ist gewaltig. Aufgrund des Ausmaßes lässt sich erahnen, welche Bedeutung die Präsenz am Bosporus für Moskau hatte.

Von Washington und den Spitzen der EU-Länder ist Erdoğan enttäuscht. Regierungsnahe Medien veröffentlichen seit Wochen Berichte, die keinen Zweifel daran lassen, dass die USA und der in Pennsylvania im Exil lebende Islamprediger Gülen unter einer Decke stecken. Ermahnungen westlicher Politiker ärgern nicht nur das politische Establishment in Ankara, sondern das gesamte Volk. Selbst die Opposition ist überzeugt, die Gülen-Bewegung stecke hinter dem Putschversuch.

In der türkischen Kultur ist es üblich, dass sich Fremde gegenseitig die Ehre erweisen und die Gastfreundschaft des anderen lobpreisen. Kritik oder unpassende Fragen werden als verletzender Affront wahrgenommen. Ein NATO-Militär, der anonym bleiben will, erzählt, er habe erleben können, wie russische Offiziere türkischen Offizieren zu Beginn einer Konferenz Komplimente machen und diesen »Honig ums Maul schmieren«. Vor dem Besuch in St. Petersburg lässt die türkische Staatsanwaltschaft den für den Abschuss des russischen Kampfflugzeugs Su-24 verantwortlichen Piloten wegen Beteiligung am Putschversuch festnehmen, und Erdoğan nennt den außenpolitisch expansionistischen Putin, der seine Truppen in Tschetschenien, im Südkaukasus und auf der Krim hat wüten lassen, seinen »Freund Wladimir«. Weitere Pluspunkte auf dem Weg zur neuen Allianz. Eine Symbiose, die Erdoğan dem Westen gegenüber Optionen und Beinfreiheit verschafft. Jemand wie Enver Altaylı, der die Partnerschaft mit Moskau infrage stellt, stört da nur.

2020 sitzt Altaylı seit drei Jahren in Untersuchungshaft. Endlich legt die Staatsanwaltschaft die Anklageschrift vor. Der türkische Journalist Mahmut Övür gibt ein Interview in der Küstenstadt Bodrum. Dort verbringen reiche Türken in Ferienhäusern mit Meerblick den Sommer. Vor der Stadt liegt ein mondäner Yachthafen. Övür schreibt für die Tageszeitung *Sabah*, die zum AKP-nahen Unternehmen Çalık Holding gehört. Erdoğans Schwiegersohn Berat Albayrak war CEO der Çalık Holding, bevor er Finanzminister wurde.

Der Journalist Övür ist gut vernetzt und berichtet aus der Anklageschrift, noch bevor Altaylıs Rechtsanwälte Einblick haben. Er wiederholt den Vorwurf, Altaylı habe versucht, einem Geheimdienstmitarbeiter zur Flucht zu verhelfen und behauptet, der Deutschtürke habe Kontakte zum Bundesnachrichtendienst. Altaylıs Tochter widerspricht entschieden. Der Geheimdienstmitarbeiter habe inzwischen seine Aussage gegen ihren Vater revidiert und die Polizisten, die ihn verhört haben, schwer belastet. Diese hätten ihn durch Folter zur Aussage genötigt, so Dilara Yılmaz. Vor Gericht fordert die Staatsanwaltschaft 42 Jahre Haft. Der Istanbuler Menschenrechtsanwalt Veysel Ok liest die Anklageschrift und sagt, es sei eindeutig ein politischer Prozess.

Zu Altaylıs Akte gehört ein brisantes Dokument aus dem Jahr 2015. Es handelt sich laut Anklageschrift um ein Schreiben des stellvertretenden Chefs des russischen Geheimdienstes FSB. Der auf kyrillisch verfasste Text wurde bei Altaylıs Festnahme im Sommer 2017 auf dessen Mobiltelefon sichergestellt. Dilara Yılmaz sagt, Altaylı habe die Quelle des Dokuments nie preisgegeben, weil er sonst die Sicherheit der Person, die ihm das Dokument gegeben hat, gefährden würde.

Die Akte enthält eine türkische Übersetzung des Dokuments. Dieses liest sich wie ein Fahrplan zum Umsturz in der Türkei. Der FSB-Vize schlägt dem Direktor des Geheimdienstes vor, russische Kampfjets in den türkischen Luftraum eindringen zu lassen, um die türkische Luftwaffe zu Reaktionen zu provozieren. Weiterhin sollte Russland dessen Verbindungsmänner beim sogenannten Islamischen Staat auffordern, Vertreter der türkischen Regierung, des türkischen Militärs und des türkischen Geheimdienstes unter Druck zu setzen. Der IS sollte von der Türkei finanzielle Unterstützung fordern. Wenn diese nicht bezahlt werde, solle mit Terroranschlägen gedroht werden.

Befehlshaber des IS und der PKK sollten verleitet werden, die Türkei anzugreifen, so der FSB-Vize. Außerdem sollten die im türkischen Geheimdienst MIT infiltrierten russischen Agenten aktiviert werden, um die türkische Geheimdienstführung falsch über die Lage an der syrischen Grenze zu informieren.

In einem weiteren Schreiben fordert der FSB-Vize, man solle die negative Haltung der türkischen Bevölkerung und den Hass im Land anstacheln, damit gegen die Partei des türkischen Präsidenten Erdoğan protestiert werde. Außerdem sollte man die Tochter des Präsidenten stärker beobachten, weil sie in der Türkei Krankenhäuser besitze, in denen IS-Kämpfer behandelt werden. Darüber müsse man mehr Informationen sammeln. Und schließlich solle der Krieg vom syrischen Boden aus in den Südosten der Türkei getragen werden, um das Land politisch und militärisch zu destabilisieren.

All das klingt wie aus einem schlechten Agententhriller, und die Authentizität des Dokuments bleibt unklar. Dem russischen Geheimdienst FSB sei die Konzeption einer solchen Handlungsanweisung jedoch zuzutrauen, sagen Beobachter von Nachrichtendiensten. Altaylı verteidigt sich in seinem Plädoyer vor Gericht, er habe das Dokument 2015 über Umwege dem damaligen türkischen Ministerpräsidenten Ahmet Davutoğlu und Geheimdienstchef Hakan Fidan zukommen lassen.

Der Leser des mutmaßlichen Drehbuchs zur Chaosstiftung könnte im Rückblick auf die Ereignisse im Jahr 2016 den Eindruck bekommen, Moskau hätte seine Finger in der Türkei im Spiel gehabt. In Ankara und Istanbul explodieren mehrere Bomben, für die PKK und IS die Verantwortung übernehmen. Da die Authentizität des Papiers nicht nachprüfbar ist, könnte dieses jedoch auch nach den Anschlägen im ersten Halbjahr 2016 von einem westlichen Geheimdienst fingiert und mit dem Datum 2015 versehen worden sein, um Russland zu diskreditieren. Solange die Authentizität im Dunkeln liegt, sind lediglich Spekulationen möglich.

Im November 2021 verurteilt das Gericht Altaylı wegen Spionage und Mitgliedschaft in der als Terrororganisation eingestuften Gülen-Sekte zu 23 Jahren Haft.

Der Deutschtürke hat offensichtlich Feinde im Regierungs- und Geheimdienstapparat. Ein Mitarbeiter der AKP-nahen SETA-Stiftung sagt, der Mann habe in der Vergangenheit schlimme Dinge getan. Auf Nachfrage, was konkret das gewesen sein soll, gibt es keine Antwort. Weiß Altaylı zu viel? Ist auch er eine Geisel? In den folgenden Jahren gibt es keine Anzeichen dafür, dass sich Berlin weiter intensiv um die Freilassung des inzwischen 78-Jährigen bemüht hat.

Jetzt soll ihr Vater auch noch in den Mord an Necip Hablemitoğlu im Jahr 2002 verwickelt gewesen sein, erzählt Dilara Yılmaz Anfang des Jahres 2023. Vergangenen Sommer sei er plötzlich wegen des Falls verhört worden. Dann habe sein früherer Chauffeur ausgesagt, er habe einem Gespräch zwischen ihrem Vater und einem Imam der Gülen-Sekte zugehört. Dabei sei es um Hablemitoğlu gegangen. Ende 2022 liegt eine neue Anklageschrift gegen Altaylı vor. Kurz bevor der Mord an Hablemitoğlu verjährt gewesen wäre, wird er beschuldigt, diesen geplant zu haben. Das vom Chauffeur mitgehörte Gespräch soll Altaylıs Schuld beweisen.

Seine Tochter vermutet, man habe versucht, schnell ein neues Verfahren gegen ihren Vater zu kreieren, damit dieser in keinem Fall aus der Haft komme. Altaylıs Anwälte hatten gegen das Urteil wegen Spionage und Mitgliedschaft in einer Terrororganisation Revision eingelegt, und die beim obersten türkischen Gericht angesiedelte Generalstaatsanwaltschaft empfahl im April bei einer Zwischeneinschätzung zu dem Urteil die Aufhebung. Nun droht dem Deutschtürken eine Anklage wegen Mordes. Solange Erdoğan Präsident ist, wird ihr Vater Enver von der Freiheit nur träumen können, befürchtet Dilara Yılmaz.

Drei Mobiltelefone kündigen zeitgleich durch den Alarm-Ton die Eilmeldung an. Als er die Nachricht gelesen hat, blickt der deutsche Generalkonsul fassungslos in die Gesichter seiner Gäste. Die Diskussion über die wirtschaftliche Lage in der Türkei wird unvermittelt unterbrochen.

Es ist Mitte Dezember 2016. Der deutsche Diplomat ist nachvollziehbar schockiert darüber, dass ein Kollege plötzlich in den Tod gerissen wurde. Ein türkischer Polizist hat am Abend den russischen Botschafter in Ankara erschossen. Die Kugeln aus der Pistole des Polizisten Mevlüt Mert Altıntaş treffen Andrej Karlow, als er die Besucher einer Fotoausstellung in der Hauptstadt Ankara begrüßt. Zur Aufzeichnung der Veranstaltung ist ein Fernsehteam vor Ort. Statt einer fröhlichen Vernissage mit Wein und Häppchen ganz im Sinne der türkisch-russischen Annäherung muss der Kameramann das heimtückische Attentat filmen.

Der 22-jährige Täter trägt einen schwarzen Anzug, Krawatte und kurze schwarze Haare. Während des Vortrags geht er hinter den 62-jährigen Botschafter, der in der Mitte eines großen hellen Raums an einem Pult steht und zu den Gästen spricht. An den Wänden hängen gerahmte Fotos mit verschiedenen Motiven. Die Ausstellung steht unter dem Motto, Russland, wie es von Türken gesehen wird. Mehrere Kugeln bohren sich in Karlows Rücken. Auch Ausstellungsgäste werden verletzt. Der Attentäter steht nach dem Mord neben dem am Boden liegenden Botschafter, hat in der einen Hand die Waffe, deutet mit dem Zeigefinger der anderen Hand nach oben und brüllt aggressiv auf Arabisch und Türkisch in Richtung Kamera, »Allah ist groß«, und man solle »Syrien und Aleppo nicht vergessen«. Zwischendurch zielt er mit der Pistole auf die sich im Raum befindenden verängstigten Menschen. Aufgrund seines Polizeiausweises habe er Zugang zur Veranstaltung bekommen, heißt es später. Sicherheitskräfte erschießen den Attentäter nach dem Anschlag. Ein Krankenwagen bringt den Botschafter schwer verletzt in ein Hospital, wo er den Schusswunden erliegt.

In den Tagen vor dem Attentat ist das syrische und russische Militär mit großer Härte gegen Rebellen in Nordsyrien vorgegangen. Deshalb haben Anhänger der Erdoğan-Partei AKP vor dem Konsulat in Istanbul, aber auch vor der Botschaft in Ankara lautstark gegen Russlands Offensive demonstriert. Plötzlich waren Beileidsbekundungen angesagt. Was bedeutet die Ermordung des russischen Botschafters in der immer noch hochsensiblen Annäherungsphase zwischen Moskau und Ankara? Zwar haben sich Erdoğan und Putin auf einen Versöhnungskurs geeinigt, doch in Syrien bleiben sie Rivalen. Erdoğan unterstützt dort die islamistischen Rebellen. Putin steht an der Seite des syrischen Diktators Assad. Beide müssen innen- und außenpolitische Interessen inklusive der komplizierten Gemengelage in Syrien im Gleichgewicht halten, und beide haben offenbar entschieden, ihre Partnerschaft dem Bürgerkrieg nicht opfern zu wollen.

Stefan Mayer, Bundestagsabgeordneter und damaliger Staatssekretär im Bundesinnenministerium, war einer der Gäste des deutschen Generalkonsuls. Er sagt nach der Tat, die Türkei befinde sich in einem Vielfrontenkrieg und die Bundesregierung müsse ein elementares Interesse daran haben, dass sich das Land wieder stabilisiere. Im Übrigen gehe er nicht davon aus, dass das Attentat eine Gefahr für das türkisch-russische Verhältnis darstelle.

Mayer sollte recht behalten. Sowohl Ankara als auch Moskau verurteilen die Ermordung des Botschafters als Terroranschlag. In türkischen Medien wird umgehend spekuliert, ob der Anschlag das Ziel hatte, das Verhältnis beider Länder zu beschädigen. Kurz nach der Tat beschuldigt die türkische Regierung die Gülen-Bewegung. Zwei Jahre später beginnt gegen die mutmaßlichen Drahtzieher des Anschlags, einer davon ist Islamprediger Fethullah Gülen, ein Prozess, der bis zum März 2021 andauert. In der Anklageschrift heißt es, der Mord an dem Botschafter habe das Ziel gehabt, die Beziehung zwischen der Türkei und Russland zu belasten. Fünf von 28 Angeklagten müssen lebenslang in verschärfte Haft. Acht weitere werden wegen der Mitgliedschaft in der Gülen-Organisation zu mehrjährigen Haftstrafen verurteilt. Sechs der Angeklagten kommen frei. Gegen die restlichen neun, zu denen der Islamprediger gehört, wird weiter ermittelt. Moskau zeigt sich mit dem Urteil zufrieden. Wohl auch, weil zwischen den Zeilen der Urteilsbegründung erneut Washington eine Mitschuld gegeben wird.

In den Jahren nach dem Putschversuch wird die Machtachse zwischen Ankara und Moskau trotz diverser Zwischenfälle immer stärker. Erdoğan versteht, dass er seine innenpolitischen Ziele mit einem Verbündeten Putin wesentlich einfacher umsetzen kann als mit den ständig die Einhaltung von Menschenrechten fordernden Ländern der EU oder den USA. Gleichzeitig wächst jedoch auch die Abhängigkeit von Moskau.

»Good«, sagt der neben Putin stehende türkische Präsident, nachdem er russisches Vanilleeis probieren durfte. Bei dieser Veranstaltung geht es um keine großen Reden oder inhaltliche Tiefe. Putin und Erdoğan wissen um die Macht der Bilder und können sich sicher sein, Aufnahmen des in Moskau bei einer Luftfahrtmesse Speiseeis genießenden türkischen Präsidenten erzeugen in Washington Stirnrunzeln. Noch irritierender wirkt es, als Putin und Erdoğan gemeinsam eine Treppe, die zum Cockpit des neuen russischen Kampfflugzeugs Suchoi Su-57 führt, hinaufsteigen. Kampfflugzeuge sind in Ankara in dieser Phase ein heikles Thema.

Es ist August 2019. Fünf Wochen zuvor hat Washington die Türkei aus dem F-35-Kampfjet-Programm geworfen. Putin nutzt die Chance und lädt Erdoğan für Gespräche über Syrien nach Moskau ein. Das Angebot, gleich auch noch die Messe zu besuchen und schöne Fernsehbilder zu produzieren, schlägt der von Washington enttäuschte türkische Präsident natürlich nicht aus. Die Botschaft: Wenn sich NATO-Partner abwenden, gibt es Alternativen.

Dass die Su-57 eigentlich keine Alternative ist, weil die Kampfflugzeuge des NATO-Lands Türkei aus den USA stammen und ein russisches Flugzeug mit der bestehenden türkischen Technologie nicht kompatibel wäre, spielt keine Rolle. Türkische Wählerinnen und Wähler verstehen die Bilder trotzdem sofort. Unser Präsident, so denken wohl viele, hat stets Alternativen zum überheblichen Westen.

Der russische Angriffskrieg auf die Ukraine führt im Westen zu einer deutlichen Solidarisierung mit Kiew. Die von einem sozialdemokratischen Bundeskanzler angeführte Regierung in Berlin benötigt etwas länger als die in der NATO den Ton angebenden und in militärischen Fragen selbstbewussteren Mächte. Dennoch ziehen außer Ungarn bei der Frage von Sanktionen gegen Russland alle zumindest symbolisch an einem Strang. Erdoğan will sich an Sanktionen gegen Moskau nicht beteiligen und versucht stattdessen, zwischen Russland und der Ukraine zu vermitteln. Da die Türkei auch in der Vergangenheit Sanktionen gegen Russland nicht unterstützt hat, war die Selenskyj-Regierung von der Entscheidung Ankaras, neutral zu bleiben, nicht überrascht. Eine türkische Diplomatin erklärt im Herbst 2022 bei einer Veranstaltung einer deutschen politischen Stiftung in Istanbul, die Türkei habe sich auch bisher immer nur an Sanktionen der Vereinten Nationen beteiligt.

Die türkische Außenpolitik ist historisch geprägt vom Osmanischen Reich und der geografischen Lage des Landes. Aufgrund zahlreicher See- und Landgrenzen waren die Osmanen ständig der Bedrohung eines Mehrfrontenkrieges ausgesetzt. Die Staatsführung vermied es jedoch, einen solchen zu führen, um die erforderliche Schlagkraft der Streitkräfte auf jeweils einen Kriegsschauplatz konzentrieren zu können, erklärt Josef Matuz in seinem Werk »Das Osmanische Reich«. Kriegerische Auseinandersetzungen, die sich über mehrere Jahre ohne Erfolg hinzogen, seien durch Friedensschlüsse beendet worden, um eine Kräftekonzentration an anderer Front zu ermöglichen.

Zwar ist Erdoğan mit keinem Krieg konfrontiert, doch im Spannungsfeld zwischen dem Westen, der NATO und Russland vermeidet er es, sich mit allen gleichzeitig anzulegen. Würde er sich gegen Putin positionieren, würde das sein Land schwächen und seine Optionen einschränken. Nach dem Abschuss des russischen Kampfflugzeuges über Syrien musste er schon einmal spüren, wie sehr russische Sanktionen der Türkei schaden können. Wendet er sich von Putin ab, hätte das erneut fatale Konsequenzen für die wirtschaftliche Lage der Türkei. Im russischen Angriffskrieg gegen die Ukraine sieht Erdoğan hingegen ein ökonomisches Potenzial, das seinem Land in wirtschaftlich schwierigen Zeiten zugutekommt, wenn er es schafft, die Balance zwischen der NATO, der Ukraine und Russland zu halten.

Zwei Wochen nach Beginn der Offensive schafft es Erdoğan, den ukrainischen und den russischen Außenminister beim jährlichen »Antalya Diplomacy Forum« zu Gesprächen an einen Tisch zu holen. Das Ergebnis ist ernüchternd, doch der türkische Präsident kann sich als friedensorientierter Staatsführer inszenieren und bekommt dafür internationalen Beifall. Ende März verhandeln Abgesandte aus Kiew und Moskau erneut ergebnislos in Istanbul. Im Sommer verständigen sich der ukrainische Präsident Selenskyj und der russische Präsident Putin aufgrund der Vermittlung durch Erdoğan und der Vereinten Nationen auf ein Abkommen. Ukrainisches Getreide und Sonnenblumenöl soll vom Schwarzmeerhafen Odessa auf dem Seeweg durch den Bosporus exportiert werden. Dass die Türkei Sanktionen gegen Russland ablehnt und den NATO-Beitritt der Schweden und Finnen blockiert, dürfte hingegen Putin Genugtuung verschaffen. Ärgerlich für den russischen Präsidenten ist die Sperrung des Bosporus für seine Kriegsschiffe, die Richtung Süden durch die Dardanellen ins Mittelmeer wollen. Ein Schachzug Erdoğans, der die Gemüter der NATO-Partner beruhigt hat.

In den Sommermonaten wächst die Zahl der in Istanbul flanierenden russischen Touristen deutlich. Auf der Haupteinkaufsstraße Istiklal ist Russisch neben Türkisch und Arabisch eine der meistgesprochenen Sprachen. Da fast alle EU-Länder im Zuge der Sanktionen die Lufträume für russische Fluggesellschaften sperren, sind Reisen in den europäischen Süden für Russen kompliziert und teuer geworden. Anstatt den Sommer in Spanien oder Italien zu verbringen, buchen sie vermehrt Flüge nach Istanbul und Antalya. Als Putin die Teilmobilmachung ankündigt, kaufen sich Tausende junge Männer umgehend Flugtickets in die Türkei, um nicht als Kanonenfutter an die Front in der Ukraine geschickt zu werden. Bis heute sind viele russische Staatsbürger im Land. Ein Teil von ihnen hat Wohnungen und Häuser gekauft, was lokal begrenzt zu einem deutlichen Anstieg der Immobilienpreise führte. In modernen Istanbuler Vierteln wie Cihangir kündigen türkische Immobilienbesitzer ihren Mietern Verträge, um Wohnungen wesentlich teurer vornehmlich russischen Touristen über die Webseite »Airbnb« anbieten zu können.

Vor der Küste der kleinen Stadt Göcek an der Ägäis bietet sich im Juni 2022 ein besonderes Schauspiel. Dort liegt die 162 Meter lange Motoryacht *Eclipse* des Multimilliardärs und Putin-Kumpanen Roman Abramowitsch. Westliche Länder haben Abramowitsch aufgrund des russischen Angriffskriegs sanktioniert. Andernorts beschlagnahmen Staatsanwälte und Polizei Yachten von russischen Oligarchen. In Göcek ist Abramowitschs *Eclipse* unter der Obhut des türkischen Präsidenten, und kein Ermittler kommt auf die Idee, das Schiff mit eigenem Hubschrauberlandeplatz sicherzustellen. Die Türkei will Geld verdienen und neutral bleiben. Russische Oligarchen und Multimilliardäre sind herzlich willkommen. Wenige Hundert Meter neben der *Eclipse* schaukeln die Luxusyachten *Flying Fox*, *Romea* und *Aurora* im ägäischen Meer. Auch sie sollen nach Medienangaben russischen Milliardären gehören.

Ein Immobilienmakler in der Küstenstadt Bodrum macht im Sommer 2022 das Geschäft seines Lebens. Soner Kahraman sagt im Interview für das Politikmagazin »Report München«, die Russen bevorzugen eher alleinstehende Häuser mit eigenem Zugang zum Meer. Der Preis kleiner Villen, die bisher 200.000 Euro gekostet haben, sei um das Dreifache gestiegen. Kostet die Immobilie 400.000 Euro oder mehr, kann der Käufer die türkische Staatsbürgerschaft beantragen und hat somit uneingeschränktes Bleiberecht. Die Türkei wird zum Eldorado für Putins Landsleute. Wichtig ist der ungehinderte Geldfluss aus Russland nach Istanbul oder Antalya. Da Mastercard und Visa ihre Kooperation mit russischen Banken eingeschränkt haben, können russische Touristen diese Kreditkarten im Ausland nicht benutzen. Doch auch dafür sucht die türkische Regierung umgehend nach einer Lösung.

»Sergej, mein Freund, wie geht es Dir?«. Mit diesen Worten begrüßt Außenminister Çavuşoğlu seinen russischen Amtskollegen Lawrow am 8. Juni in Ankara. Damit den Russen in der Türkei das Geld nicht ausgeht, finden die beiden Regierungen schnell eine Alternative zu US-Kreditkartensystemen. Lawrow sagt, man habe über das russische Zahlungssystem MIR gesprochen, das es sicherlich ermöglichen werde, die Touristenzahlen von vor der Pandemie zu erreichen. Kurz darauf werden vor allem an Geldautomaten staatlicher türkischer Banken Aufkleber mit den drei Buchstaben MIR angebracht. Russische Touristen können den Sommer über ungehindert in der Türkei die Seele baumeln lassen. Der Rubel kann wieder rollen. Erdoğans Pragmatismus spült seinem Land Devisen in die Kassen.

Westliche Regierungen drücken viele Monate beide Augen zu. Im September wollen EU und USA dem Treiben ein Ende setzen. Das Finanzministerium in Washington warnt Nicht-US-Banken vor Sanktionen aufgrund von Geldabwicklungen über das MIR-System. Auch die EU signalisiert Ankara, es gebe Grenzen und kündigt einen Besuch der EU-Finanzkommissarin Mairead McGuinness an, um mit der türkischen Regierung über Sanktionsumgehungen zu diskutieren.

Eigentlich sei er Patriot, sagt der 35-jährige Alexander, kurz nachdem er die Zollkontrolle des Flughafens Istanbul passiert hat. Er sei auch bereit, für seine Heimat zu kämpfen und Russland zu verteidigen. Aber er denke nicht, dass es derzeit einen Grund zur Verteidigung gebe.

Nachdem der russische Präsident Putin die Teilmobilmachung verkündet hatte, kauft sich Alexander ein Ticket nach Istanbul und lässt Frau und Kinder in Moskau zurück. Seinem Arbeitgeber habe er gesagt, er müsse geschäftlich an den Bosporus. Dass er aber nicht sofort zurückkommen wolle, habe er verschwiegen. Bei der Fahrt im Taxi vom Flughafen in die 16 Millionen-Metropole ist Alexander, der eigentlich einen anderen Namen hat, schweigsam. Für den Bericht im Fernsehen wird sein Gesicht unkenntlich gemacht. Er hat Angst vor der russischen Justiz. Deserteuren drohen hohe Haftstrafen.

Nachdem er sein Gepäck auf das Zimmer des Hotels gebracht hat, läuft er etwas verloren durch Beyoğlu, das zentrale Viertel auf der europäischen Seite der Meerenge Bosporus. Er geht über die Galatabrücke, ein Stück am goldenen Horn entlang, sieht den zwischen Europa und Asien pendelnden Fähren beim An- und Ablegen zu. Schließlich steht er vor einem Geldautomaten der staatlichen Ziraat-Bank. Am unteren Rand des Monitors klebt ein Sticker mit den drei Buchstaben MIR. Hier könne er Geld abheben, sagt er euphorisch, steckt die Karte in den Automaten, tippt den Code ein und wartet. Die Auszahlung wird abgelehnt. Alexander versucht es noch einmal. Wieder vergeblich. Er erklärt entschuldigend, er habe genug Geld auf dem Konto. Irgendetwas stimme nicht. Im Hotel werde er sich auf der Internetseite seiner Bank den Kontostand ansehen und versuchen herauszufinden, was da los sei. Inzwischen ist es dunkel geworden. Morgen wolle er erneut versuchen, Geld abzuheben.

Warnung an Ankara

Auf die Frage, ob das, was er nun erzählen wolle, zum Mitschreiben gedacht sei, nickt der Diplomat und Vertreter der Europäischen Union. Seine Identität soll jedoch nicht öffentlich werden. Das Thema ist heikel, und Ankara regiert empfindlich, wenn die EU den Zeigefinger erhebt.

Anfang August sitzen Putin und Erdoğan in der russischen Schwarzmeerstadt Sotschi breitbeinig vor ihren Landesflaggen und beschließen, in Zukunft solle die Währung für Geschäfte zwischen Russland und der Türkei der Rubel sein. Am Rande des Treffens lassen sie den türkischen Handelsminister und den stellvertretenden russischen Premierminister ein Abkommen unterschreiben. Dieses beinhaltet einen Fahrplan für den Ausbau der Wirtschaftsbeziehungen ihrer Länder. Seitdem sei die Führung der Europäischen Union alarmiert, denn Ankara wolle Brüssel nicht verraten, was das Abkommen konkret beinhaltet, so der Diplomat.

Nach der Rückkehr in die Türkei erklärt Erdoğan, er wolle das Handelsvolumen mit Russland auf 100 Milliarden US-Dollar ausweiten. Im Vergleich lag das Handelsvolumen zwischen der EU und der Türkei im Jahr 2020 bei 132,4 Milliarden Euro. Trotz des russischen Angriffskriegs gegen die Ukraine und trotz der westlichen Sanktionen gegen Putin und dessen Helfershelfer haben Erdoğan und sein russischer Amtskollege Großes vor. Dabei scheint der türkische Präsident völlig zu ignorieren, dass zwischen der Türkei und der EU eine Zollunion vereinbart ist.

Das Ergebnis der neuen russisch-türkischen Handelspartnerschaft lässt sich bereits sehen. Innerhalb weniger Monate seien 600 russische Firmen gegründet worden, so der Diplomat. Bei Immobilen-Käufen stünden Russen auf Platz eins. 600.000 von ihnen hätten sich in den vergangenen Monaten in der Türkei niedergelassen, Güterexporte und Importe von und nach Russland hätten sich seit August nahezu verdoppelt, Landtransporte über Georgien seien um bis zu 30 Prozent gestiegen. An der türkisch-georgischen Grenze seien die Kapazitäten der Zollbehörden so ausgereizt, dass Ankara dort ausbauen lasse. 80 Flüge gebe es täglich zwischen Russland und der Türkei. Lediglich Geldströme seien bisher nicht nachvollziehbar. Seit Kriegsbeginn seien zahlreiche türkische Wirtschaftsdelegationen nach Russland geflogen und haben offenbar alle möglichen Geschäfte angebahnt, zählt der EU-Diplomat auf.

Großen Bedarf hat Russland an Chips und Halbleitern, die Putin für moderne Waffen benötigt. Aufgrund der Sanktionen sei es zunehmend schwierig, solche Güter auf dem Weltmarkt zu kaufen, sagt der Beamte. Deshalb kaufe Russland aus Ländern, die sich an den Sanktionen nicht beteiligen, moderne Kühlschränke, Waschmaschinen oder gar Milchpumpen mit integrierten Chips. Die Rüstungsindustrie schlachte dann die Geräte aus. Bekannt sei beispielsweise eine Bestellung mehrerer 10.000 Milchpumpen aus der Türkei.

Besorgt sei man in Brüssel, dass in der Türkei die Wartung ziviler russischer Flugzeuge durchgeführt werde. Dort gebe es zahlreiche Flughäfen, auf denen Maschinen der russischen Fluggesellschaft Aeroflot landen könnten. Die Flugzeugparks der Unternehmen Turkish Airlines und Pegasus dürften ausreichend Ersatzteile im Lager haben. Das US-Finanzministerium hat im August türkische Unternehmen bereits schriftlich verwarnt, keine Geschäfte mit Russland durch die Hintertür zu machen. Nun wurde auch in das Anfang Oktober verabschiedete EU-Sanktionspaket Nr. 8 ein Paragraf eingefügt, der türkischen Unternehmern Kopfzerbrechen bereiten soll. Dort heißt es, Personen, Rechtsgebilde oder Organisationen, die Sanktionen umgehen, tragen zur Destabilisierung der Ukraine bei und können ebenfalls sanktioniert werden.

Man spüre bereits eine Verunsicherung in der türkischen Wirtschaft, so der Diplomat. Aber die Kommission wolle sich Warenströme von Produkten, die Chips und Halbleiter enthalten, nun noch genauer ansehen. Die Türkei müsse darauf achten, dass sie keine Drehscheibe für den Handel mit Russland werde, weil das zu einem schweren Reputationsschaden führen könnte, warnt der EU-Repräsentant. Ein Dilemma für Erdoğan, der sich bei der Frage, mit wem er Geschäfte macht, ungern auf der Nase herumtanzen lässt.

Seit vier Tagen ist er in der Stadt. Die meiste Zeit habe er gearbeitet, türkische Geschäftspartner getroffen. Gestern Abend sei er erneut von einem Geldautomaten zu nächsten gelaufen, erzählt Alexander ein wenig verzweifelt. Ohne Erfolg. Inzwischen weiß er, dass türkische Banken aufgrund von Sanktionsdrohungen aus Washington MIR gestoppt haben. Wenn er kein Geld aus Russland in die Türkei überweisen könne, werde es kompliziert. Dann müsse er zurück nach Moskau, und welche Konsequenzen das habe, sei ihm noch gar nicht klar. Vielleicht Haft. Es heißt, Fahnenflüchtige müssten für zehn Jahre in Russland ins Gefängnis. Eigentlich habe er mit seiner Frau vereinbart, dass er in Istanbul nach einer Bleibe für die ganze Familie suchen wolle, damit sie und die Kinder nachkommen können. Der Plan scheitere jetzt womöglich an der Frage, wie er sein Geld von einem russischen Konto nach Istanbul überweisen könne. In Moskau liege genug auf der Bank, um mindestens ein halbes Jahr in der Türkei als Familie leben zu können.

Beim ziellosen Umherirren trifft er Russen in seinem Alter. Anfangs ist er vorsichtig, weil er die politische Haltung der anderen nicht kennt. Nach einer Weile wird klar, die Landsleute haben das gleiche Problem wie Alexander, aber auch eine Lösung. Er könne sich über die türkische Postbank Geld aus Moskau schicken lassen. Alexander sucht die nächste Postfiliale. Als er endlich vor der Tür steht, ist es nach 18.00 Uhr. Die Postbank hat bereits geschlossen. »Das macht nichts«, sagt er. »Morgen hole ich mein Geld.«

Vier Monate später meldet sich Alexander über den Kurznachrichtendienst Telegram aus Moskau. Mehrere Wochen sei er in Istanbul gewesen und habe mit seinem Arbeitgeber verhandelt. Er wollte seine Vorgesetzten überzeugen, in Zukunft vom »Homeoffice« aus in Istanbul zu arbeiten. Sie hätten nicht zugestimmt. Hätte der Arbeitgeber das erlaubt, wäre er in jedem Fall in Istanbul geblieben und seine Familie nachgekommen. Auf die Frage, ob er wegen der Fahnenflucht Probleme bekommen habe, antwortet er, sein Glück sei gewesen, dass er im Zuge der Teilmobilmachung keinen Einberufungsbescheid bekommen habe. Deshalb gab es nach der Rückkehr nach Moskau auch keine Probleme.

Die zunehmende Orientierung des türkischen Präsidenten hin zu Russland ist mehreren Faktoren geschuldet. Erdoğan und Putin praktizieren einen ähnlichen autoritären Politikstil. Putin hat kein Problem mit der nationalistischen Ausrichtung der türkischen Regierung. Seine Verbindungen zur französischen Rechtsextremistin Marine le Pen, zum ungarischen Regierungschef Orban, die Unterstützung russischer Propaganda durch die AfD, deren Bundestagsfraktionschef Chrupalla Anfang 2023 mit dem russischen Botschafter einen Kranz zum Sieg der roten Armee an einer Gedenkstätte in Brandenburg niederlegt, zeigen, je nationalistischer, umso besser.

Die Wirtschaftsbeziehungen zwischen Ankara und Moskau werden enger. So hat Erdoğan mit Putin verschiedene Energieabkommen vereinbart. Öl kauft die Türkei aus Russland für 30 Prozent unter dem Marktpreis. Der Import der Energieressource habe sich seit Beginn des Angriffskrieges auf die Ukraine verdoppelt, meldet der Finanzdienstleister Refinitiv im Sommer 2022. Einen Teil des aus Russland importierten Gases bezahlt die Türkei in Rubel, die sie durch russische Touristen einnimmt. Gerüchten zufolge werden die Ausgaben für russisches Gas gestundet. Putin sieht gar die Türkei als zukünftiges Gas-Drehkreuz in die EU.

Geostrategisch kommen die Länder nicht aneinander vorbei. Im Schwarzen Meer haben sie gemeinsame Seegrenzen. Im Kaukasus liegt allein Georgien zwischen der Türkei und Russland. Aserbaidschan, ein Turkstaat, ist enger Verbündeter der Türkei und im ständigen Konflikt mit Armenien, das bisher unter dem Schutz Moskaus stand. Im Osten hat die Türkei eine lange Landesgrenze mit Iran, dessen Verbindungen zu Russland sich aufgrund innenpolitischer Unruhen, eines wenig aussichtsreichen internationalen Atomabkommens und der Lieferung billiger Kamikazedrohnen beziehungsweise Raketen an die russische Armee, stetig festigen.

Seit 2015 sind russische Truppen in Syrien stationiert und beschützen mit Kampfflugzeugen das Assad-Regime. Die Türkei unterstützt Rebellengruppen und führt Militäroperationen durch. Dort besteht ein fragiles Gleichgewicht. Eine langfristige Strategie der türkischen Regierung ist ein Ausbau der Kooperation mit den asiatischen Staaten Aserbaidschan, Kasachstan, Kirgistan und Usbekistan im Rahmen der Organisation der Turkstaaten. In einer gemeinsamen Absichtserklärung haben die Länder festgelegt, sich in den Bereichen Sicherheit und Wirtschaft zunehmend zu koordinieren und den freien Verkehr von Waren, Kapital, Dienstleistungen und Technologien zu befördern. Die zentralasiatischen Länder gehörten einst zur Sowjetunion und man kann davon ausgehen, dass nicht nur Moskau, sondern auch Peking die Kooperation genau beobachten und gegebenenfalls intervenieren.

Der Russland-Experte Stefan Meister sieht jedoch neben der wachsenden Abhängigkeit Erdoğans von Putin auch eine zunehmende Abhängigkeit des russischen Präsidenten vom türkischen Amtskollegen. Da Ankara keine Sanktionen gegen Russland erhoben habe, sei die Nord-Süd-Route über die Türkei zum wichtigsten Handelsweg für Russland geworden. Putin könne über die Türkei Sanktionen umgehen, so Meister. Im Übrigen habe der russische Präsident seinen türkischen Amtskollegen als »Fazilitator« beim erfolgreichen Getreidedeal oder bei den bisher weniger erfolgreichen Friedensverhandlungen mit der Ukraine anerkannt. Der russische Machthaber dürfte außerdem die Türkei perspektivisch als Chance für eine Spaltung des Militärbündnisses NATO wahrnehmen. Seit Beginn des Ukraine-Kriegs verschiebe sich folglich die Abhängigkeit zugunsten der Türkei.

Das Bündnis zwischen Ankara und Baku zum Nachteil der Armenier und die daraus resultierende militärische Zurückhaltung Moskaus, das eigentlich Schutzmacht der Armenier ist, zeige, dass Russland aufgrund des Ukrainekriegs militärisch schwächer werde. Ein Vorteil für Erdoğan also, ergänzt der Russland-Experte. Russlands Energieressourcen, die Bevölkerungszahl, die militärischen Kapazitäten und die geografische Lage sind Faktoren, die im Verhältnis zur Türkei schwer wiegen. Doch je größer die militärischen Verluste der Russen in der Ukraine sind, und je teurer der Krieg für Putin wird, umso abhängiger macht er sich von Erdoğan.

KAPITEL 12: Die Erde bebt – Ausblick auf die Wahl 2023

»Umut, Heyecan, Mucize«. Die Reporterin des Nachrichtensenders CNN Turk ist völlig ergriffen, wenn Bergungsteams des türkischen Katastrophenschutzes AFAD einen Verschütteten befreien können. Die Worte bedeuten Hoffnung, Begeisterung, Wunder. Fulya Öztürk steht in Kahramanmaraş in der Trabzonstraße vor einem Trümmerberg und erzählt mit dem Mikrofon in der Hand und Strahlen in den Augen, dass die 46-jährige Ayşe Gül soeben aus einem zusammengestürzten Haus gerettet worden sei. Es ist der vierte Tag nach den beiden kurz aufeinander folgenden apokalyptischen Erdbeben der Stärke 7,8 und 7,5 im Südosten der Türkei. Man habe Ayşe Gül mitsamt ihrer Katze befreien können, so die Reporterin. Öztürk hat Empathie und weiß Emotionen zu wecken. Gelegentlich überschlägt sich ihre Stimme. Etwa zehn Minuten lang erzählt sie, wie die Familie der 46-Jährigen neben dem Trümmerberg gewartet und dem Moment der Befreiung entgegengefiebert habe. Mehrere Tage berichtet sie aus der an vielen Stellen zerstörten Stadt, steht vor eingestürzten Häusern und ist dabei, wenn wieder ein »Wunder« geschieht. Die Zuschauer hängen an ihren Lippen. Jeder freut sich, wenn ein Menschenleben gerettet wird. In Interviews, die sie live vor Ort führt, erklären Mitglieder des Bergungsteams, wie nahe sie bereits an den Verschütteten sind. Bekommt die Reporterin das Signal, dass in den nächsten 30 Minuten die Bergung stattfinden könnte, berichtet sie live, bis das Rettungsteam das Erdbebenopfer auf einer Bahre aus dem zusammengefallenen Haus herausholt und zum Krankenwagen bringt. Verwandte haben Tränen in den Augen und können es kaum fassen, dass die Mutter, die Schwester, die Tochter oder die Tante doch noch am Leben sind und bald wieder in die Arme geschlossen werden können. Die im Fernsehen gezeigten Bergungsarbeiten sind wichtiger Teil der Nach-Erdbebenerzählung. Tatsächlich gibt jeder Geborgene Hoffnung. Der Gedanke, dass Tausende

Frauen, Männer und Kinder unter den Trümmern noch leben, nach Hilfe rufen, sich nicht befreien können und letztendlich verhungern, verdursten oder erfrieren, weil sie nicht gehört werden, ist kaum zu ertragen. Die Rettungen sind Balsam für die Seele einer durch das Jahrhunderterdbeben traumatisierten türkischen Gesellschaft. In der Woche nach der Katastrophe fällt der Schulunterricht aus. Viele Familien sitzen nur noch apathisch vor dem Fernseher und können das Ausmaß der Zerstörung kaum fassen. Die hohe Zahl zusammengestürzter Gebäude und vermisster Menschen lässt nur erahnen, wie schrecklich das Leid am Ende sein wird. Familien wurden in Sekundenschnelle ausgelöscht. Das ganze Land weint. Doch die meisten Kanäle zeigen lediglich einen Ausschnitt des gesamten Bildes. Es gibt Städte, Viertel und Dörfer, die lange auf Rettungsteams warten. Stimmen, die beklagen, dass der Staat nicht helfe, sind bei regierungsnahen Sendern kaum zu hören. Beim Sender *Habertürk* ist live zu sehen, was passiert, wenn es jemand wagt, fehlende Hilfe zu kritisieren. Eine Journalistin steht nachts vor einem zusammengebrochenen Haus, als eine junge Frau über Trümmer steigt, um der Fernsehjournalistin ein Interview zu geben. Völlig aufgelöst erzählt sie, Eltern und Bruder seien verschüttet, sie warte seit mehreren Tagen, aber keiner sei bisher gekommen, um diese zu befreien. Sie könne die Stimme ihres Bruders hören. »Befreie mich«, habe er gefleht, aber es komme keine Hilfe, beklagt sie sich. Die Journalistin wendet sich ab, entfernt sich schnell, sodass die Kamera wegschwenken muss und die klagende Frau nicht mehr im Bild zu sehen ist. Währenddessen wird den Zuschauern erklärt, die Bergungsteams würden Schritt für Schritt ihre Rettungsarbeiten durchführen. Jemand veröffentlicht die Szene als Video auf dem Kurznachrichtendienst Twitter und schreibt dazu, die Reporterin habe auf einen Schlag Menschlichkeit und Journalismus abgeschlachtet. Das türkischsprachige Programm des britischen Senders BBC zeigt eine andere Realität. In einer zehnminütigen Reportage kommen nur Betroffene der massiv zerstörten Stadt Hatay zu Wort. Ein Mann zählt mit wütender Stimme au: »Meine Schwester ist da drin, mein Onkel, dessen Enkel und dessen Sohn, meine Enkel, mein Sohn, meine Frau! Wo ist der Staat, wo ist

AFAD?« Es ist offensichtlich, die türkische Katastrophenschutzbehörde hat für ein Erdbeben dieses Ausmaßes viel zu wenig Maschinen und Personal. Die Kamera zeigt einen jungen Mann, der auf einem Berg von Geröll und Mauerresten in ein Loch hineinblickt, als ob er nach seinen Verwandten sucht. In der nächsten Einstellung sind Plünderungen eines Supermarktes zu sehen. Eine Frau sagt, »was sollen die Menschen auch sonst machen. Es kommt keine Hilfe«. Eine andere Frau beklagt sich, »wir haben Hunger, wir sind krank, wir können nirgends schlafen, wir sind nass vom Regen.« Hatay sieht aus, wie nach einer biblischen Heimsuchung. Die Todeszahlen klettern Minute für Minute nach oben und sind letztendlich nur noch ein abstrakter Versuch, die Katastrophe zu erfassen.

Für das Ausmaß an Leid und Entsetzen gibt es kaum Worte. Doch die Dimension entschuldigt keinesfalls menschliches Versagen. Der Oppositionsführer Kemal Kılıçdaroğlu besucht mit Ekrem İmamoğlu, Oberbürgermeister der Stadt Istanbul und Mansur Yavaş, Oberbürgermeister der Stadt Ankara, am dritten Tag nach dem Erdbeben die Region und verspricht in einem Video, das auf Twitter in kürzester Zeit knapp 7 Millionen Menschen gesehen haben, schnelle unbürokratische Hilfe durch die beiden Stadtverwaltungen. »Wenn jemand hauptverantwortlich für diesen Verlauf ist, dann ist es Erdoğan«, klagt er während seiner Ansprache an. Die Wut in der Region ist groß. Auch in Städten wie Kahramanmaraş, wo der Präsident bei den letzten Wahlen mit 74,2 Prozent bestätigt wurde, oder Adıyaman, wo er 67,4 Prozent erhielt. Nun fällt ihm eine im Jahr 2018 beschlossene Amnestie für nicht genehmigte Bauten auf die Füße. Nach dem Erdbeben gehen in sozialen Medien Videos viral, bei denen Erdoğan während seiner damaligen Reden in verschiedenen Städten erklärt, für wie viele Zehntausende Menschen aufgrund des Beschlusses nun Probleme gelöst seien. Die Amnestie war für bauliche Veränderungen, wie nachträglich angebrachte Balkone oder das Zusammenlegen von zwei Wohnungen gedacht. Was tatsächlich alles aufgrund der Maßnahme rückwirkend legalisiert wurde, ist schwer nachvollziehbar. Es waren Tausende Gebäude betroffen. Kılıçdaroğlu stellt fest, für viele Menschen der Region seien deren Häuser zum Grab geworden.

Das türkische Baugesetz lässt zumindest auf dem Papier, insbesondere seit dem großen Erdbeben 1999, bei dem auch schon 17.000 Menschen ums Leben kamen, keinen Spielraum. Das Problem dürfte folglich sowohl bei den zuständigen Behörden als auch bei den Bauunternehmen liegen. Entweder wurden Genehmigungen für Bauprojekte erteilt, die nicht den gesetzlichen Vorgaben entsprechend geplant wurden oder diese wurden nicht so gebaut, wie es die Projektpläne vorgaben. Was genau geschehen ist, müssten Staatsanwälte prüfen. Nach Medienberichten wird der Bauunternehmer Mehmet Yaşar Coşkun, kurz nach dem Erdbeben am Flughafen Istanbul festgenommen. Beim Verhör habe er ausgesagt, dass er auch nicht verstehe, warum das von seinem Unternehmen gebaute zwölfstöckige Luxuswohngebäude »Rönesans Residenz« in Hatay wie ein Brett umgekippt sei. Unter dessen Trümmern wurde der ghanaische Profifußballer Atsu Twasam begraben. Sämtliche Genehmigungen seien bei der Bauaufsichtsbehörde eingeholt worden. Diese habe entsprechende Proben genommen, entschuldigt sich der Unternehmer. Neben Coşkun seien weitere Personen festgenommen worden, die am Bau eingestürzter Gebäude beteiligt waren, steht in verschiedenen Zeitungen. Ein Faktor der Misere ist möglicherweise der Preis. Grundsätzlich freut sich das Volk über billige Wohnungen. Die Politik schafft mit der Branche die entsprechenden Rahmenbedingungen. Wer hat dann schon Lust zu prüfen, ob bei den aktuell hohen Stahl- und Betonpreisen, tatsächlich zu so günstigen Bedingungen gebaut werden kann? Neben der baurechtlichen Diskussion fragen die Menschen, was mit der sogenannten Erdbebensteuer geschehen ist, die seit 1999 erhoben wird. Der Gesamtbetrag entspricht beim heutigen Wechselkurs knapp 4,4 Milliarden Euro. Würde man die über die Jahre hinweg eingenommene Steuer jedoch zum Wechselkurs bei der Verabschiedung des entsprechenden Gesetzes, also vor der extremen Inflation der vergangenen Jahre, addieren, so käme man auf 30 Milliarden Euro, sagen Beobachter. Der türkische Präsident entschuldigt bei einem Besuch im Erdbebengebiet die Konsequenzen mit den Worten, es sei unmöglich auf solch eine Katastrophe vorbereitet zu sein.

Inzwischen kämpft die Regierung dafür, dass sich in der öffentlichen Meinung die Erzählung eines nicht verhinderbaren Ereignisses durchsetzt. Ein in sozialen Medien verbreitetes Video führt zu scharfen Vorwürfen gegen Erdoğans Umfeld. Einem Twitter-Account mit 70.000 Followern wird laut der Internetzeitung *Duvar English* der Titel »Asrın Felaketi«, auf Deutsch »Jahrhundertkatastrophe«, verpasst. Zu dumm nur, dass die zuständigen Kommunikationsgenies offenbar vergessen haben, Likes zu Kurznachrichten des vorherigen Accounts zu löschen. So kann jeder sehen, dass die 70.000 Follower nicht aufgrund eines besonders großen Interesses an besagtem Video zusammengekommen sind. Gezeigt wird eine Animation, die auf schwarzem Hintergrund im »Graphic-Novel« Design mit bedeutungsschwerer Stimme aus dem Off die Erdbeben als unvergleichbar bezeichnet und suggerieren will, dass bei einer Katastrophe eines solchen Ausmaßes, nichts zu machen ist. Klingt ganz nach Erdoğan. Die Reaktionen auf Account und Video sind fatal. Es hagelt Kritik. Schließlich wird beides gelöscht. Kılıçdaroğlu greift den Vorgang in einer Pressekonferenz auf und kritisiert, »als Menschen unter Trümmern liegen, veröffentlicht die Regierung ein Video mit Dokumentarfilm-Effekten. Möge Gott ihnen Weisheit schenken. Sie haben völlig den Verstand verloren.« Der »an Vitaminmangel leidende Goebbels«, laut *Duvar English* ist Informationsdirektor Fahrettin Altun gemeint, habe so etwas nicht zum ersten Mal gemacht, beschwert sich Kılıçdaroğlu.

Die prokurdische Oppositionspartei HDP veröffentlicht eine Pressemitteilung, in der sie die »AKP-MHP« Regierung beschuldigt, deren Hilfsgüter für Erdbebenopfer konfisziert zu haben. Vier Lkw seien auf der Fahrt in das Erdbebengebiet beschlagnahmt worden. Einer wurde auf halbem Weg zurückgeschickt. Die Katastrophenschutzbehörde »AFAD« habe Ladungen von Zelten, Kohle und Brennholz in ihr eigenes Lager verbracht. Außerdem habe der Gouverneur in Pazarcık einen Zwangsverwalter ernannt, um ein Krisenkoordinationszentrum der HDP im Ort Hasankoca zu übernehmen. Die dort arbeitenden Helfer haben unter Androhung der Festnahme den Ort verlassen müssen.

Unterdessen bemühen sich dutzende Länder weltweit die Not im Erdbebengebiet zu lindern. Es kommen Bergungsteams, Ärzte und Hilfsorganisationen in die Türkei. Deutsche und österreichische Freiwillige können mehrere Menschen aus den Trümmern retten. Als sich aufgrund von Plünderungen und bewaffneten Kämpfen Helfer aus Sicherheitsgründen vorübergehend in ihre Basisstationen zurückziehen, wirft der türkische Innenminister Soylu diesen Verleumdung vor. Selbst in größter Not bemüht sich der ultranationalistische Hardliner, Ausländern einen Vorwurf machen zu können, um offenbar vom eigenen Versagen abzulenken. Die Bergungsteams arbeiten weiter, nachdem der Staat für Sicherheit sorgt. Auf Nachfrage erklärt »Isar« später, man habe Soylus Äußerung gar nicht mitbekommen. Besser so. Die Irritation wäre groß gewesen.

»Wie weit geht er? Wo sind seine Grenzen?« Das seien Fragen, die ihr derzeit immer wieder durch den Kopf gingen, sagt die 76-jährige in Paris promovierte Linguistin Necmiye Alpay. Mit anderen Worten: Ist Erdoğan beim Kampf um die Macht bereit, die Verfassung zu missachten und demokratischen Boden zu verlassen? Alpay sitzt in einem Kaffee im Stadtteil Cihangir, unweit des zentralen Taksim-Platzes. Es ist Mitte Februar, eineinhalb Wochen nach dem schrecklichen Erdbeben im Südwesten der Türkei. Die Naturkatastrophe und die Folgen stünden symbolisch für Erdoğans Politik. Ein Trümmerhaufen. Dabei wolle er sich am 14. Mai zur Wahl stellen lassen. Freunde und Bekannte beschreiben Alpay als radikale Demokratin. Eine Demokratin, die jeglichen Versuch dem Volk die Macht zu nehmen, wortgewaltig hinterfragt. Ihr Element ist die Sprache. Ein Leben lang setzt sie sich für die Verbesserung der Qualität türkischer Texte ein. Sie publiziert in Zeitungen, schreibt Bücher über Linguistik und Literatur, trägt zu Werken bei, die sich für den Friedensprozess in der Türkei einsetzen und übersetzt Literatur anderer Länder ins Türkische. Ende der 1970er-Jahre unterrichtet sie kurzzeitig Politikwissenschaften an der Universität in Ankara. Dann sperrt sie das Militär nach dem Putsch 1980 für drei Jahre ins Gefängnis. »Ich weiß, was es heißt, in der Türkei in Haft zu sein«, sagt sie. Sie bittet die Bedienung um ein Glas schwarzen Tee und sagt mit schockierender Beiläufigkeit, man habe sie hinter Gittern gefoltert. Im Zuge der Inhaftierung verliert sie ihre Stelle als Hochschuldozentin. Das Angebot einen Kuchen zu essen, schlägt die großgewachsene, würdevolle, asketisch wirkende Frau aus. Alpay hat schmalgliedrige Hände, ein zartes, gütiges Gesicht und helles kurz geschnittenes Haar. Sie verzichtet auf viel Schminke. Das Gefängnis hätte sie brechen können. Doch ihr ganzes Wesen strahlt Hoffnung, Zufriedenheit und natürliche Eleganz aus. Das Interview findet auf Türkisch und Englisch statt. Spricht sie in ihrer Landessprache, so ist auch für einen das Türkische mäßig beherrschenden Ausländer jedes Wort gut zu verstehen. Ganz Linguistin wägt sie das Gesagte ab und versucht Gedankengänge maximal präzise wiederzugeben. Es gebe wenige im Land, die den überbordenden Nationalismus kritisch sähen, sagt Alpay. Die Ideologie bestimme die Türkei seit der Staatsgründung. Das erste der sechs kemalistischen Prinzipien sei der Nationalismus. Wer diesen hinterfrage, werde schnell als Volksverräter abgestempelt. Ausländer, die es wagten, die Ideologie zu kritisieren, seien wiederum Agenten fremder Mächte. Der Nationalismus sei in den vergangenen Jahren auf dem Vormarsch. Dabei sei der Präsident ursprünglich kein Nationalist gewesen. In den Jahren 2014 und 2015 habe er sich um eine Lösung mit den Kurden bemüht. Erdoğan sei Anhänger der Idee einer Umma, also einer transnationalen muslimischen Gemeinschaft. Er sei offenbar davon ausgegangen, dass die Kurden mit ihm im Sinne der Umma gemeinsame Sache machen. Er habe jedoch deren Bedürfnis nach einer eigenen Identität unterschätzt, so Alpay. Die PKK habe das Ziel eines Kurdenstaats und sei auf ihre Weise nationalistisch. Türkische und kurdische Nationalisten würden sich seit Jahrzehnten bekämpfen und aufgrund dieses Konfliktes auch ihr Dasein rechtfertigen. Es sei von vornherein schwierig gewesen, dass der türkische Staat mit radikalen Kurden eine Lösung hätte finden können, ohne diesen die aufgrund der Verfassung garantierten Rechte zuzugestehen. Erst nachdem dieses Unternehmen misslungen sei, habe sich Erdoğan vom Nationalismus vereinnahmen lassen. Die Linguistin glaubt, er habe Nationalisten eigentlich kritisch gesehen, schließlich hätten diese das türkische Militär kontrolliert, das eine Machtübernahme durch Islamisten verhindern wollte. Eine Umma aus Türken und Kurden habe Erdoğan jedoch letztendlich keine politische Mehrheit verschafft. Das Bindeglied der türkischen Gesellschaft sei der Nationalismus und Nationalisten seien die mächtigste Gruppe im Staat, so Alpay. Manche Beobachter bezeichneten diese als den sogenannten tiefen Staat. Sie hätten Erdoğans politische Experimente, wie etwa Verhandlungen mit den Kurden oder das Bündnis mit der Gülen-Bewegung als Gefahr für den Zusammenhalt der Türkei gesehen. Deshalb habe man nach dem Putschversuch im Jahr 2016 Devlet Bahçeli, Chef der ultranationalistischen MHP, geschickt, »um mit Erdoğan zusammenzuarbeiten und diesen so zu kontrollieren«. Auf den Einwand, das klinge nach Verschwörung, entgegnet Alpay, das sei türkische Politik. Im Jahr 2016 muss sie nach dem Putschversuch im Juli noch einmal ins Gefängnis. Weil sie sich, wie die Schriftstellerin Aslı Erdoğan, solidarisch dafür einsetzt, dass die Zeitung *Özgür Gündem* erscheinen darf, wirft ihr die Staatsanwaltschaft Propaganda für eine Terrororganisation vor. Necmiye Alpay und Aslı Erdoğan sitzen im selben Zellentrakt. Sie erzählt, die Schriftstellerin habe aufgrund der Inhaftierung psychisch und physisch gelitten. Jeden Morgen und jeden Abend habe Aslı Erdoğan sie gefragt, wann man sie beide endlich freilassen würde. Alpay habe ihr geantwortet, »sie können uns jederzeit freilassen, denn wir haben nichts verbrochen. Aber sie können uns auch lange in Haft behalten, denn es gibt keinen Rechtsstaat.«

Am ersten Tag des Prozesses, vier Monate sitzen die beiden bereits hinter Gittern, entscheidet der Richter, dass die Frauen das Gefängnis verlassen dürfen. Während Aslı Erdoğan etwa ein halbes Jahr später, nach Aufhebung der Ausreisesperre, der Türkei den Rücken kehrt, will Alpay in der Heimat bleiben. Natürlich habe sie Angst vor einer neuen Inhaftierung, aber sie wolle nicht wieder ins Ausland. Sie habe in den Siebzigern acht Jahre lang in Frankreich gelebt. Das reiche ihr. Zurück zur Frage, wie weit Präsident Erdoğan gehen könnte. Die Türken, so Necmiye Alpay, sähen den Staat wie einen

Vater, der sie betreut, beschützt, für sie sorgt. Erdoğan habe als Staatsoberhaupt für viele die Vaterrolle erfüllt. Er strahle Stärke und Strenge aus. Das Erdbeben könnte eine entscheidende Rolle spielen. Schafft es Erdoğan sich als Retter in der Not zu inszenieren und den Menschen Hoffnung zu geben oder verliert er aufgrund eines mangelhaften Krisenmanagements endgültig das Vertrauen? Sollte er dieses verlieren und in Umfragen sehr weit zurückfallen, könnte er verfassungswidrig die Wahl verschieben lassen. Dieser Gedanke beunruhigt Necmiye Alpay zutiefst. Es ist die Angst vor einem autoritären Präsidenten, der nur noch wählen lässt, wenn er auch gewinnt. Grenzenlose Macht. Dies sei der Grund, warum sie an das Bündnis einer demokratischen Opposition glaube.

»Es wird Vorwürfe und Beleidigungen geben. Vielleicht nennen sie mich Verräter oder Agent. Vielleicht greift mich die PKK an«. Enes Seydanlıoğlu wirkt besorgt. Hat er die richtige Entscheidung gefällt? Vor 19 Jahren kommt der türkische Kurde für ein Studium der Ingenieurwissenschaften aus dem Südosten seiner Heimat ins schwäbische Bietigheim-Bissingen. Dort wohnt er bei seinem Onkel. »Ich habe das nie bereut«, sagt Seydanlıoğlu. »Deutsch zu lernen, war nicht einfach. Aber Deutschland hat mir viel gegeben.« Er schließt mit einem Bachelor ab, verliebt sich in eine in Deutschland geborene und aufgewachsene Türkin und heiratet sie. Das Paar bekommt Kinder. Sie bauen ein Haus in Asperg bei Ludwigsburg, wo er als Ingenieur bei Bosch einen Vertrag bekommt. Sein Auftreten ist bescheiden und höflich. Er interessiert sich für Philosophie, liest Heidegger und trägt eine Brille. Sein nahezu fehlerfreies Deutsch spricht er mit weichen schwäbischen Vokalen. Anzüge und Hemden lässt er sich in Istanbul maßschneidern. Seydanlıoğlu ist weniger der sportliche, eher ein intellektueller Typ. Würde Thomas Strobl, CDU-Mann und Innenminister von Baden-Württemberg, Seydanlıoğlu kennen, bekäme dieser sicherlich als Positivbeispiel für gelungene Integration regelmäßig Einladungen zu Empfängen. Vor Kurzem wechselt er zu Porsche. Noch ein paar Monate, dann stünde ihm aufgrund seiner Gehaltsklasse ein Firmenwagen zur Verfügung. Eigenheim, Familie, gutes Gehalt, Porsche.

Was könnte ihm mit seinen 39 Jahren zum Glücklichsein noch fehlen? Jahrelang gibt es für den Sohn aus konservativ-religiösem Haus keinen Grund in die Türkei zurückzukehren. Er sei kein PKK-Anhänger, sagt der aus der weit im Osten liegenden Stadt Mus stammende Seydanlıoğlu. Seine Familie habe immer den türkischen Staat unterstützt. In Deutschland engagiert er sich bei der Erdoğan-Lobbyorganisation »Union of European Turkish Democrats«, kurz UETD, und bei der vom Verfassungsschutz beobachteten islamistischen Organisation Milli Görüş, was Innenminister Strobl wiederum nicht so ansprechend finden dürfte. Auch Erdoğan war in der Milli Görüş aktiv. Die Religion ist für Seydanlıoğlu Bindeglied zwischen Kurden und Türken. Er glaubt, der türkische Präsident sehe das ähnlich. Im Jahr 2017 setzt er sich für Erdoğans Referendum zur Einführung eines Präsidialsystems ein. In Deutschland lebende türkische Staatsbürger können in türkischen Konsulaten am Urnengang teilnehmen. Die Hohe Wahlkommission entscheidet, der Präsident habe knapp gewonnen. Erdoğan kann dem damals 35-Jährigen dankbar sein. Der Familienvater opfert seine Freizeit für dessen politische Ziele, kämpft um jeden Wähler. Die Stimmen aus Deutschland tragen zum Sieg des Präsidenten bei. Es spricht sich bis in den Palast in Ankara herum, dass es in Baden-Württemberg einen gibt, der fleißig, intelligent und islamisch-konservativ ist. 2018 macht ihn die Erdoğan-Partei zum stellvertretenden Kampagnenleiter im europäischen Ausland für die Parlaments- und Präsidentschaftswahl Ende Juni. Wenige Wochen vor dem Votum sitzt Seydanlıoğlu in einem Kaffee in Istanbul und wirkt sehr zufrieden. Aus der AKP heißt es, er habe das Zeug Mitglied des türkischen Parlaments zu werden. Einer seiner damaligen Begleiter spricht ihn bereits als Herr Abgeordneter an. Doch Seydanlıoğlu hat nicht mit den nationalistischen Hardlinern der Partei gerechnet. Diese setzen sich gegen seine Kandidatur ein. Er glaubt nicht, dass es an seiner kurdischen Herkunft liegt. Es kommt ihm zu Ohren, er sei Deutschland gegenüber zu moderat, zu soft. Man hat sich von ihm offenbar schärfere Töne zu deutscher Islamophobie und Rassismus gewünscht. Im Rückblick sagt er, er habe keine Lust auf ständige sinnlose Konflikte zwischen Ankara und Berlin gehabt. Man müsse sich für ein diplomatisches Miteinander einsetzen, von dem beide Völker profitieren. Deutschland und die Türkei verbinde viel zu viel, als dass man ständig streiten könnte. Das entspricht nicht Erdoğans Wahlkampfstrategie. Das Beschwören von Krisen mit dem Ausland gehört zum Kampagneneinmaleins, um nationalistische Wählerinnen und Wähler zu mobilisieren. Nach dem Urnengang zieht sich Seydanlıoğlu aus der Politik zurück, konzentriert sich auf seine Arbeit, plant einen Anbau an seinem Haus, um Wohnungen zu vermieten. Dass er aus der Erdoğan-Partei Angriffe erleben musste, hat seine große Loyalität dem Präsidenten gegenüber strapaziert. Dessen Einfluss auf die Zentralbank, die Tatsache, dass stets die gleichen Unternehmen große Staatsaufträge bekommen, dass deutsche Politiker mit türkischen Wurzeln, die jahrelang Milli Görüş kritisiert haben, plötzlich im diplomatischen Dienst der Türkei beschäftigt sind, all das beginnt er zu hinterfragen. Es gebe keine Aufrichtigkeit in der AKP, moniert er. Dazu komme der seit Jahren wachsende Einfluss der MHP. Im Rückblick sei die Unterstützung für die Einführung des Präsidialsystems ein Fehler gewesen, sagt er. Damals habe er das nicht erkannt. Jetzt sehe er, dass die Konsequenz des Referendums im Jahr 2017 und der Wahl im Jahr 2018 ein Ein-Mann-System ist. Das Interesse an Politik verliert er deshalb aber nicht. Er schreibt Essays für regierungsnahe türkische Zeitungen und hält Kontakt zu Politikern in der Türkei. Im Herbst vergangenen Jahres klingelt unerwartet das Telefon.

Rückblick. Etwa zwei Monate vor dem Erdbeben stehen Tausende Istanbuler vor dem Rathaus der Stadt. Es ist 18.30 Uhr. Scheinwerfer erhellen die Tribüne, auf der Ekrem İmamoğlu spricht. »Sie haben das Gericht die Entscheidung fällen lassen, den von Euch gewählten Bürgermeister abzusetzen und einzusperren.« Am Tag nach seiner Verurteilung im Dezember 2022 findet der CHP-Mann gegenüber seinen Anhängern deutliche Worte. Mit »sie« meint er den türkischen Präsidenten und dessen Regierung. Diese hätten ihn von der Justiz kaltstellen lassen, so İmamoğlu. Weil der erste mit seinem Fall betraute Richter nicht das von ihnen gewünschte Urteil gefällt habe, sei dieser verbannt und ein anderer Richter beauftragt worden, ruft er der Menge entgegen. Viele haben türkische Fahnen in der Hand. Kemal Kılıçdaroğlu, Chef der größten türkischen Oppositionspartei CHP, Meral Akşener Vorsitzende der İyi-Partei und ehemalige türkische Innenministerin, Ali Babacan, Vorsitzender der Deva-Partei und ehemaliger türkischer Wirtschaftsminister, Ahmet Davutoğlu, Vorsitzender der Gelecek-Partei und ehemaliger türkischer Ministerpräsident, und Vorsitzende zweier weiterer Parteien sind zu İmamoğlus Unterstützung gekommen. Sechs Parteien haben sich zusammengeschlossen, um Erdoğan bei den kommenden Wahlen abzulösen. İmamoğlu gilt, seitdem ihn die Istanbuler im Jahr 2019 zum Oberbürgermeister gewählt haben, als aussichtsreicher Kandidat der CHP, um Erdoğan in die Knie zu zwingen. Doch am Tag vor dem Auftritt am Rathaus wird er zu einer Gefängnisstrafe von zwei Jahren und sieben Monaten und Politikverbot in erster Instanz verurteilt. In der Urteilsbegründung heißt es, er habe Amtsträger beleidigt. Demnach hat İmamoğlu die Mitglieder der Hohen Wahlkommission nach der Annullierung der ersten Istanbuler Kommunalwahl vor vier Jahren als Idioten bezeichnet. Ein für die nicht gerade als zimperlich geltende türkische Politikszene eine eher harmlose Beschimpfung. Im Parlament kommt es regelmäßig zu handfesten Auseinandersetzungen. Aber bei der Suche nach einem Vorwand, um İmamoğlus Kandidatur verhindern zu können, kommt diese eine Aussage offenbar wie gerufen. Auf den Vorwurf, es handle sich um ein politisches Urteil, sagt Erdoğan, die türkische Justiz sei unabhängig und niemand habe das Recht, Richter zu beleidigen. Human Rights Watch kritisiert das Urteil als unrechtmäßigen und politisch kalkulierten Angriff auf die türkische Opposition im Vorfeld der Wahlen 2023. Die Gerichtsentscheidung sei eine politische Farce, die zeige, dass die türkische Regierung mit der näher rückenden Stimmabgabe bereit sei, Gerichte zu benutzen, um Schlüsselfiguren der Opposition kaltzustellen beziehungsweise zum Schweigen zu bringen, so Tom Porteous von Human Rights Watch.

Erdoğan erklärt bereits 2022, er wolle noch ein letztes Mal als Kandidat für die Präsidentschaft in den Ring steigen. Ursprünglich sollte der Urnengang Ende Juni stattfinden, doch dann könnte er sich laut Verfassung nicht mehr zur Wahl stellen, weil nach türkischem Recht ein Präsident nur zwei Amtszeiten hintereinander regieren darf. Wird die Wahl vorgezogen, hat er jedoch die Möglichkeit nochmals anzutreten. Auflösen muss sich das Parlament allerdings selbst. Erdoğan kann eine vorgezogene Wahl nicht bestimmen. Seine AKP und die nationalistische MHP stehen freilich hinter ihm. Monatelang arbeitet das Oppositionsbündnis aus sechs Parteien an einem Strategieplan, um Erdoğan abzulösen. Doch wer wird der Spitzenkandidat?

Die Istanbulwahl 2019 war für Erdoğan eine krachende Niederlage. Seitdem dürfte er befürchten, dass der moderat religiöse İmamoğlu bei einer Präsidentschaftswahl Stimmen der kurdischen Minderheit, aber auch sunnitisch, konservativer Türken einsammeln und damit ihn entthronen könnte. Das Urteil gegen İmamoğlu ist nicht rechtskräftig und seine Anwälte haben Widerspruch eingelegt. Üblicherweise vergehen in der Türkei ein bis zwei Jahre, bis die nächste Instanz, also das Kassationsgericht, ein endgültiges Urteil fällt. Doch die Vergangenheit zeigt, ein Fall kann auch vorgezogen werden. Das Risiko, dass kurz vor der Wahl das Urteil bestätigt und ein möglicher Präsidentschaftskandidat İmamoğlu aufgrund des Politikverbots plötzlich nicht mehr gewählt werden kann, ist hoch – seine Chance ins Rennen geschickt zu werden, dementsprechend gering.

Mansur Yavaş, Oberbürgermeister der Stadt Ankara und ebenfalls CHP-Mann, gilt als fleißig und erfolgreich. Der Anwalt und Militärstaatsanwalt ist wie İmamoğlu sunnitischer Türke. Im Jahr 1999 wählen ihn die Bewohner der etwa 100 Kilometer von Ankara entfernten Stadt Beypazarı zum Bürgermeister. 2009 tritt er als Mitglied der nationalistischen MHP für die Wahl zum Oberbürgermeister der türkischen Hauptstadt Ankara an und erreicht hinter dem AKP- und dem CHP-Kandidaten stattliche 27 Prozent. Danach beklagt er sich, seine Partei habe ihn nicht ausreichend unterstützt. Yavaş zieht die Konsequenzen, wird CHP-Mitglied und verliert als deren Kandidat die folgende Ankara-Wahl gegen den AKP-Wettbewerber um 1 Prozentpunkt. Im Jahr 2019 gewinnt er die Wahl. Auch Yavaş gilt als einer, der gegen Erdoğan antreten und aufgrund von Umfragen gewinnen könnte. Aus dem linken Flügel der CHP heißt es jedoch, seine nationalistische Herkunft und seine Mitgliedschaft in der Bewegung der rechtsextremen Organisation der Grauen Wölfe, sei ein Hindernis, um von Kurden ausreichend Stimmen zu bekommen. Dass er dem Nationalismus nicht abgeschworen hat, kann man bei Auftritten während des Wahlkampfes 2019 beobachten, als er und seine Anhänger in Ankara den Wolfsgruß zeigen. Diesen nehmen viele Kurden als feindliche Geste wahr. Meinungsforscher glauben, der Oberbürgermeister der türkischen Hauptstadt Ankara könnte aufgrund seiner nationalistischen Prägung in einer Präsidentschaftswahl im konservativen Lager Punkte machen. Doch wenn ihm deshalb Kurden ihr Votum verweigern, dürfte es für eine Mehrheit schwierig werden.

Dritte Option ist der insbesondere von sich selbst überzeugte 74-jährige CHP-Parteichef Kemal Kılıçdaroğlu. Zweimal scheitert er beim Versuch, türkischer Ministerpräsident zu werden. Unter seinem Vorsitz verliert die Opposition das Referendum im Jahr 2017 und die Parlaments- beziehungsweise Präsidentschaftswahlen im folgenden Jahr. Der zur muslimischen Glaubensrichtung der Aleviten gehörende Kılıçdaroğlu denkt offenbar, seinen Chancen stünden diesmal besser. 2013 vergleicht er sich mit Obama, der als erster Schwarzer in den USA Präsident wurde. Ist die Zeit für einen alevitischen Präsidenten der Türkei gekommen? Seine Herkunft sei ein Manko, sagen nicht nur religiöse sunnitische Türken. Auch säkulare Landsleute befürchten, dass Kılıçdaroğlu Alevit ist, könne ein Negativfaktor bei Präsidentschaftswahlen sein. Für ihn spricht, dass er es in seiner 13-jährigen Laufbahn als Parteichef geschafft hat, die in der Vergangenheit nationalistisch ausgerichtete CHP zusammenzuhalten und für kurdische Belange zu öffnen. In der prokurdischen Oppositionspartei HDP erfährt Kılıçdaroğlu so viel Zustimmung, dass die Führung erwägt, unter Umständen auf einen eigenen Kandidaten verzichtet. Das brächte ihm nach aktuellen Umfragen 10 Prozent zusätzlicher Stimmen. Eine Sternstunde in Kılıçdaroğlus politischem Wirken war sein Gerechtigkeits-Marsch von Ankara nach Istanbul, um für die Freilassung eines aus politischen Gründen inhaftierten CHP-Parlamentariers und für den Rechtsstaat zu demonstrieren. Auf der Gesamtstrecke über mehrere Hundert Kilometer begleiteten ihn viele Anhänger. Der Parlamentarier wird später freigelassen. Aufgrund des Marsches, seines Aussehens und seines unprätentiösen Auftretens hat er den Spitznamen »türkischer Gandhi«. Man sagt ihm nach, er sei der Einzige, der im Falle einer Wahl zum Staatsoberhaupt bereit sei, das Präsidialsystem wieder zu einem demokratischeren Parlamentssystem umzuwandeln und dafür selbst auf Macht zu verzichten. Doch ist Kılıçdaroğlu ein Mann, den die Mehrheit der Türken als politischen Führer akzeptiert? Selbst Beobachter, die es gut mit ihm meinen, sagen, die meisten Wählerinnen und Wähler wünschen sich einen starken Führer, der wie Erdoğan keinem Konflikt aus dem Weg geht und insbesondere ausländischen Mächten die Stirn bietet. Erdoğan selbst scheint den CHP-Chef als Wettbewerber weniger ernst zu nehmen als beispielsweise einen İmamoğlu. Kılıçdaroğlu hat den türkischen Präsidenten immer wieder hart kritisiert. Politikverbot droht dem 74-Jährigen jedoch nicht. Er wäre von den drei genannten Optionen wahrscheinlich die kleinste Herausforderung für den eloquenten und erfahrenen Erdoğan. Doch die apokalyptische Naturkatastrophe im Südosten der Türkei könnte die Karten neu gemischt haben.

Die CHP muss sich mit den anderen fünf Parteien des sogenannten Sechser-Tisches abstimmen, damit der Kandidat auf einen großen Kreis an Unterstützern bauen kann. Die von Meral Akşener angeführte laizistisch-nationalistische İyi-Partei hat das Potenzial bei der Parlamentswahl Stimmen ehemaliger AKP-Wähler zu gewinnen. Aus ihrem Umfeld heißt es, Akşener würde Mansur Yavaş als Präsidentschaftskandidaten bevorzugen, weil sie diesen offenbar aus ideologischen Gründen für den Geeigneteren hält und dessen Chancen in Umfragen besser stehen als die von Kılıçdaroğlu. Ein öffentlich ausgetragener Disput zwischen ranghohen Funktionären der CHP und der İyi-Partei macht deutlich, dass es deshalb im Oppositionsblock echte Differenzen gibt. So hat nach Medienberichten İyi-

Parteivize Ümit Özlale deutlich gemacht, wenn das Sechser-Bündnis nur gebildet wurde, damit alle Beteiligten Kılıçdaroğlu als Präsidentschaftskandidaten bestätigen, stünde die İyi-Partei nicht zur Verfügung.

Der Anruf überrascht Enes Seydanlıoğlu. Meral Akşener lässt ihr Vorzimmer bei ihm anfragen, ob man sich in nächster Zeit treffen könnte. Viele Kurden sehen ihre Partei deshalb als faschistisch und fremdenfeindlich. »Was kann sie von einem wie mir wollen«, fragt sich Seydanlıoğlu im fernen Schwabenland. Beim wenige Wochen später stattfindenden Gespräch wird klar, Akşener wolle die Partei breiter machen und dafür seien »andere Farben«, also Vertreter türkischer Minderheiten willkommen. Vor Kurzem sei sie in Diyarbakır gewesen und habe dort bei einer Rede gesagt, die Türkei sei von Türken, Zazas und Kurden gegründet worden. Radikale Nationalisten würden so nicht sprechen, argumentiert der 39-Jährige. Momentan liegt die İyi in Umfragen bei um die 14 Prozent. Seit Jahren wandern kontinuierlich enttäuschte Wählerinnen und Wähler von der AKP und der MHP zur İyi ab. Akşener habe verstanden, dass mit der bei Türken nachlassenden Begeisterung für Erdoğan das Potenzial für die »İyi« gewachsen sei, zu einer konservativen Volkspartei zu werden, analysiert Seydanlıoğlu. Sie habe ihn gefragt, ob er sie unterstützen wolle. Er habe um Bedenkzeit gebeten. »Ich musste das mit meiner Familie, meinem Vater und meinem Bruder besprechen.« Schließlich gehe es nicht nur darum, in die İyi-Partei einzutreten, sondern er stelle sich mit dem Schritt gegen Erdoğan und die AKP. Das könne für die ganze Familie negative Folgen haben, befürchtet er. Die Trolle in den sozialen Medien würden ihn zerreißen, malt er sich aus. Zu Akşeners Bitte um Unterstützung kommt ihr Angebot unter Umständen für die Partei Abgeordneter zu werden. Weil sie selbst den Vorschlag macht, habe es ernsthafter geklungen als vor fünf Jahren bei der AKP. Sie habe ihn ein zweites Mal eingeladen. Er sollte Frau und Kinder zu einem Abendessen mitbringen. Die Parteichefin sei charmant gewesen. Natürlich ist es auch ein Schachzug beim Kampf um die Macht, wenn eine nationalistische Partei einen

Kurden in ihre Reihen aufnimmt. Das ist ihm bewusst. Ein paar Nächte schläft er schlecht. Seine Frau sagt ihm, er solle aufpassen. Politik wird in der Türkei mit harten Bandagen betrieben. Die Regierung lässt Oppositionelle wegsperren. Wenige Monate zuvor hat er den Vertrag bei Porsche unterschrieben. Geplant war ein Leben ohne Risiko. Das stärkste Argument für den Schritt sei die Überlegung gewesen, dass er als Abgeordneter etwas für sein Land tun könne. Es gibt aber auch Gegenargumente. Nachdem er mit der Verwandtschaft gesprochen hat, habe er zum Telefon gegriffen und Akşener angerufen.

Aufgrund schlechter Umfragewerte des Bündnisses aus AKP und MHP besteht die Möglichkeit, dass die Opposition bei der Wahl im Parlament die Mehrheit gewinnt, aber Erdoğan als Präsident bestätigt wird. Eine für den türkischen Staat schwierige Konstellation, denn dann ist mit einem andauernden Machtkampf zwischen Palast und Großer Nationalversammlung zu rechnen. Ohne Mehrheit im Parlament ist es Erdoğan kaum möglich, Gesetze zu verabschieden. In diesem Fall könnte die İyi-Partei für den Präsidenten eine Chance darstellen. Er könnte Akşener anbieten, in ihr Lager zu wechseln, so dass ein Durchregieren erneut möglich wäre. Die ehemalige Innenministerin gilt als pragmatische Frau. Sie dürfte kein Interesse an einer anhaltenden Staatskrise haben, in der sich Präsident und Parlament gegenseitig blockieren. Man kann davon ausgehen, dass sie Erdoğan einen teuren Preis für eine solche Koalition bezahlen lassen würde. Sie hätte im Anschluss sicherlich ein deutliches Mitspracherecht in der türkischen Regierung. Aus ihrem Umfeld heißt es, diesen Schachzug habe sie bereits mit ihren nächsten Beratern erörtert.

»Ich bin dabei«, sagt Seydanlıoğlu zur Chefin der İyi-Partei. Ende Januar kommt er nach Istanbul, um öffentlich zu machen, dass er sie unterstützen will. Seydanlıoğlus Bruder lebt am Bosporus. Es sind drei Tage bis zu Fraktionssitzung der İyi-Partei im Parlament in Ankara, wo er seinen Beitritt erklären wird. Auf die Frage, warum er das mache, antwortet er vorsichtig. Sein Lebensstandard verbessere sich sicherlich nicht, glaubt er. Er wolle mit dem in Deutschland erworbenen Wissen etwas zur wirtschaftlichen Entwicklung in der

Türkei beitragen. Die Digitalisierung des Landes müsse vorangetrieben werden. Universitäten müssten näher mit Unternehmen zusammenarbeiten. Er wolle sich gegen eine Diskriminierung von Kurden in der Türkei und für Türken im Ausland einsetzen. Es dürfe keine thematischen Tabus geben. Unter Erdoğan funktioniere vieles nicht, deshalb müsse es an der Spitze eine Veränderung geben. Es sei zu viel Macht in den Händen des Präsidenten. Seitdem er sich nach den Wahlen 2018 zurückgezogen habe, sei er in einer Komfortzone gewesen. Das ändere sich jetzt. Wenn er nach dem Parteieintritt etwas sage oder in den sozialen Medien teile, mache man ihn zur Zielscheibe. Das sei kein einfaches Gefühl. Man spürt, Seydanlıoğlu hat großen Respekt vor dem Farbebekennen. Es ist die tiefe Spaltung in der türkischen Politik, die dazu führt, dass sich politische Wettbewerber bis zum Äußersten bekämpfen. Meral Akşener ist als Parteichefin immer wieder bedrohlichen Situationen ausgesetzt. Politische Gegner demonstrieren vor ihrem Haus. Bei Städte-Touren hat sie stets eine Mauer von Unterstützern und Leibwächtern um sich herum, die mögliche Angreifer aufhalten sollen. Fäuste sind wiederholt geflogen. Das sei kein einfaches Gefühl, sagt der 39-jährige Ingenieur. Auch er werde Vorwürfe und Beleidigungen erleben. Vielleicht schon kommenden Mittwoch.

Vor der versammelten Fraktion heftet die 66-jährige İyi-Chefin Seydanlıoğlu das Abzeichen der Partei ans Reverse. Es hat etwas Mütterliches. Sie tritt mit ihm ans Rednerpult, ergreift seine Hand und reckt sie nach oben. Außer den 37 Abgeordneten sind viele Parteianhänger im Saal. Einige von ihnen dürften in der Vergangenheit zu den gefürchteten Grauen Wölfen gehört haben. Eine rechtsextreme Jugendbewegung, die bisher die MHP unterstützte und brutal gegen Kurden vorgegangen ist. Neben diesen stehen Seydanlıoğlus kurdische Verwandte. Nationalisten und Kurden Seite an Seite. Ein ungewöhnliches Bild. Wie sich die İyi-Partei tatsächlich kurdischen Themen öffnet, muss sich erst noch zeigen. Am Vorabend hat sich der Ingenieur viele Gedanken gemacht. Ist die Entscheidung richtig? Will er den Posten bei Porsche tatsächlich für ein politisches Abenteuer aufgeben? Er hat eine Rede vorbereitet. Beim Ablesen wirkt er leicht nervös, erzählt von seiner Herkunft, seinen Jahren in Deutschland, seinem Beruf. Der aus seiner Sicht wichtigste Satz kommt am Schluss. Seydanlıoğlu zitiert seine im Alter von 103 Jahren verstorbene Großmutter, die ihn großgezogen hat. Sie habe nur kurdisch gesprochen, betont er. Eine Sprache, die phasenweise in der Türkei verboten war. Diese Großmutter habe seinen Geschwistern und ihm mit auf den Weg gegeben, dass sie eine Verantwortung für die Türkei haben und zur Entwicklung des Landes beitragen müssten. Diese Aussage sei von vielen Abgeordneten positiv aufgenommen worden, sagt er im Rückblick. Der Saal applaudiert. Nach der Fraktionssitzung Händeschütteln und Schulterklopfen. Der Eintritt in die Partei wird in der Öffentlichkeit bemerkt. Ein Shitstorm in den sozialen Medien bleibt aus. Zumindest diesmal. Geht der Wahlkampf richtig los, werden die Samthandschuhe ausgezogen.

Seydanlıoğlus Entfremdung von Erdoğan und der AKP steht exemplarisch für viele Türkinnen und Türken, die sich von ihrem einstigen Idol und Anführer abwenden. Das Haus bröckelt an allen Ecken. Die Milli Görüş-Bewegung galt stets als sichere Bank für Erdoğans Sache. Wenn selbst dort Zweifel aufkommen, ob der politische Kompass des »Reis« noch den richtigen Weg anzeigt, könnte es schwierig werden, mit demokratischen Mitteln an der Macht zu bleiben.

Erdoğans Villa im Stadtteil Kisikli ist im osmanischen Baustil erreichtet. Die Fenster haben Rundbögen. Der Haupteingang ist rechts und links von zwei großen Erkern umrahmt. Das gesamte Gebäude ist mit weißem Holz verkleidet und in erstklassigem Zustand. Ein aus Eisen geschmiedeter Zaun schützt das Anwesen vor Eindringlingen. Die Villa liegt unterhalb der Çamlıca-Moschee, deren Bau von Erdoğan in Auftrag gegeben und die 2019 eröffnet wurde. Die Moschee mit sechs Minaretten thront auf einem Hügel der asiatischen Seite des Bosporus. Insbesondere Bewohner der säkular geprägten Stadtteile Beşiktaş und Beyoğlu, die von ihren Wohnungen auf der gegenüberliegenden Seite gute Sicht auf die Meerenge haben, dürfen sich am Anblick der sehr groß geratenen Moschee erfreuen. Etwa 60.000 Gläubige haben Platz in dem Gotteshaus. Links neben dem Haupteingang der Präsidenten-Villa steht ein Tor, durch das der Konvoi des ersten Mannes im Staat hinein- oder hinausfahren kann. Anfang März stehen Journalisten regierungsnaher Fernsehsender wie bestellt vor der Villa. Erdoğans Limousine verlässt das Gelände der Villa, hält an, das Fenster neben ihm öffnet sich. Der Präsident steigt nicht aus. Aus dem Auto gibt er ein knapp fünfminütiges Interview. Er wirkt entspannt. Man könnte fast den Eindruck haben, das Thema bereite ihm eine gewisse Genugtuung. »Während wir uns um das Wohl der Menschen kümmern, streiten sie sich um Macht«, spottet der Präsident. Im Übrigen habe er es vorausgesehen, dass sich seine politischen Gegner am Ende nicht einigen würden. Siegesgewissheit liegt in seinen Worten. Gute zwei Monate vor der Wahl verbessere ein Streit in der Opposition seine Chance auf ein erneutes Erringen der Macht, dürfte ihm durch den Kopf gehen.

Einen Tag zuvor verlässt Meral Akşener, Chefin der İyi-Partei das Bündnis des Sechsertischs. Ein Fiasko für den CHP-Chef Kılıçdaroğlu, der sich seit mehr als einem Jahr darum bemüht, die Opposition zusammenzubringen, um gemeinsam Erdoğan vom Thron zu stürzen. Akşener stellt sich gegen die Idee, Kılıçdaroğlu zum Präsidentschaftskandidaten zu küren und erklärt, man sei nicht mehr in der Lage, »in seinen Entscheidungen den Willen des Volkes wiederzugeben«. Der Journalist Candaş Tolga Işık schreibt auf seinem Twitteraccount, er habe kurz nach Akşeners Schritt mit dieser gesprochen. Sie habe ihm gesagt, die anderen Parteichefs des Bündnisses hätten sich über Kılıçdaroğlus Kandidatur ausgetauscht. Sie sei jedoch außen vor geblieben. Als sich alle für den CHP-Chef entschieden haben, habe sie vorgeschlagen eine Meinungsumfrage in Auftrag zu geben, um herauszufinden, ob die Wählerinnen und Wähler ihn oder einen der Oberbürgermeister der Städte Ankara oder Istanbul als Kandidaten vorzögen. Kılıçdaroğlu sei deshalb sauer geworden und habe gefordert, seine Kandidatur schriftlich noch am selben Tag bekannt zu geben. Sie habe erwidert, sie müsse erst ihre Partei fragen. Schließlich habe Kılıçdaroğlu entgegnet, die fünf anderen Parteichefs würden die Entscheidung auch ohne sie unterschreiben. Dann habe sie beschlossen aufzustehen und das Bündnis zu verlassen.

Ein Streit, gute zehn Wochen vor der Wahl, ist Gift für einen Erfolg. Wie sollen die Menschen Vertrauen zu den Oppositionspolitikern finden, wenn sich diese untereinander bekämpfen, anstatt gemeinsam gegen Erdoğan in die Schlacht zu ziehen?

Bei einer dem Bruch folgenden Pressekonferenz wählt Akşener harte Worte. Man habe sie zwingen wollen, zwischen Tod und Malaria zu entscheiden. Mit Tod sei Erdoğan, mit Malaria Kılıçdaroğlu gemeint, so Beobachter. Letztgenannter stelle persönliche Ambitionen über das Wohl des Landes. Dem werde man sich nicht beugen. Außerdem fordert sie Ekrem İmamoğlu und Mansur Yavaş auf, gegen den eigenen Parteichef zu meutern und sich zu Präsidentschaftskandidaten zu erklären. Kılıçdaroğlu unterstellt Akşener, ohne sie beim Namen zu nennen, »Erdoğans Sprache« sowie seine »politischen Spielchen und Unhöflichkeit angenommen zu haben. Das Tischtuch scheint, zur sicherlich hellen Freude im Präsidentenpalast, zerrissen. Erdbeben oder Wirtschaftskrise sind schwere Bürden für den seit mehr als 20 Jahren regierenden Erdoğan. Ein erneuter Wahlsieg gilt lange Zeit als nicht sicher. Doch der Streit in der Opposition und der Anschein, Kılıçdaroğlu bekomme diesen nicht in den Griff, erhöhen Erdoğans Chancen. Bei den sechs Parteien der Opposition liegen unterdessen die Nerven blank. In den beiden Nächten nach Akşeners Austritt finden bis in die frühen Morgenstunden Strategiegespräche statt. Kılıçdaroğlu habe nachts gegen 1.30 Uhr mit dem Chef der Deva-Partei Babacan gesprochen, heißt es aus dessen Umfeld. Dieser habe morgens bis nach 4.00 Uhr mit seinen Beratern konferiert. Vier Nächte hintereinander machen die Betroffenen kaum ein Auge zu. Akşener bekommt harsche Kritik aus den eigenen Reihen zu hören. Mitglieder hätten reihenweise ihre Austritte erklärt, wird spekuliert. Offenbar sucht sie händeringend nach einer Idee, wie sie die Scherben wieder aneinander kitten kann. Ein Abgeordneter des türkischen Parlaments, der anonym bleiben will, geht davon aus, dass die Parteichefin die Reaktion aus den eigenen Reihen falsch eingeschätzt habe. Viele İyi-Parteigänger sehen Akşeners Taktieren als Risiko. Ein paar Prozentpunkte dürfte sie verloren haben, so der Abgeordnete.

Schließlich bittet sie um ein Treffen mit Mansur Yavaş und Ekrem İmamoğlu, den beiden Oberbürgermeister aus Ankara und Istanbul. Ein 15 Minuten Gespräch mit diesen reicht, um die Entscheidung zu fällen, zum Bündnis zurückzukehren. Sie kommt mit der Idee im Gepäck, Yavaş und İmamoğlu sollten im Falle eines Wahlsiegs Kılıçdaroğlus neben den fünf weiteren Parteichefs des Bündnisses ebenfalls stellvertretende Präsidenten werden. Mansur Yavaş gilt als grauer Wolf und hat deshalb viele Unterstützer in der İyi-Partei. İmamoğlu ist religiös, konservativ und, wie Erdoğan, Schwarzmeertürke. Die beiden sollen aufgrund ihrer politischen Herkunft offenbar ein Gegengewicht zum alevitisch-kurdischen Kılıçdaroğlu schaffen und Kritiker bei der İyi-Partei besänftigen.

Nach ihrer Rückkehr ist die Stimmung im Bündnis anfangs miserabel. Es sei erneut zu Diskussionen gekommen, so zwei unterschiedliche Quellen, die anonym bleiben wollen Dreimal habe Akşener gedroht, sie verlasse erneut die Gruppe. Einmal sei sie aufgestanden und habe gehen wollen. Ahmet Davutoğlu habe sie zur Einsicht bewegen können. Zwei Gründe habe es für den Frust gegeben. Erstens seien die fünf Parteichefs enttäuscht über Akşeners harte Worte am Vortag bei der Pressekonferenz gewesen. Zweitens habe der frühere Wirtschaftsminister Ali Babacan Akşeners Forderung infrage gestellt, dass Ekrem İmamoğlu und Mansur Yavaş, die Oberbürgermeister von Istanbul und Ankara, Kandidaten für die Ämter der stellvertretenden Staatspräsidenten werden sollen. Babacan sei es nicht um persönliche Aversionen gegen die beiden Männer gegangen. Er habe viel mehr verfassungsrechtliche Bedenken angemeldet, denn stellvertretende Staatspräsidenten sind in der Türkei gegenüber Gouverneuren weisungsbefugt. Der Staat entsendet in jede Provinz einen Gouverneur, der exekutive Rechte hat und die Bürgermeister kontrolliert. Bekleiden İmamoğlu und Yavaş gleichzeitig die Ämter eines Oberbürgermeisters und eines stellvertretenden Staatspräsidenten, sei das eine ungute Mischung und ein Bruch der Verfassung. Aber Akşener beharrt auf der Idee und verweist auf deren bessere Umfragewerte. Sie habe die Forderung schriftlich fixieren lassen wollen. Als Babacan gemerkt habe, dass nur er das Ansinnen infrage stellt, habe er eingelenkt. Am 5. März treten die sechs Parteichefs mit Kılıçdaroğlu an der Spitze vor ein großes Publikum. Akşener hat sich eingereiht. Kılıçdaroğlu wurde zum Kandidaten gekürt. Er liest eine Rede vom Blatt ab und erklärt, sie wollten die Türkei im Konsens regieren und von Erdoğans Präsidialsystem zu einem parlamentarischen System zurückkehren.

Hat der Streit Kılıçdaroğlu und dem Bündnis geschadet? Für den Präsidentschaftskandidaten sei Akşeners Aus- und Wiedereintritt kein Nachteil, so der Abgeordnete. Kılıçdaroğlu sei eigentlich davon ausgegangen, dass die Chefin der nationalistischen İyi-Partei nicht mehr an den Tisch der Opposition zurückkehrt. Akşener sei jedoch »angekrochen gekommen«. Ihre Forderung, die beiden Oberbürgermeister sollten im Fall eines Wahlsiegs stellvertretende Präsidenten werden, wird in ein Zwölf-Punkte-Papier als letzter Punkt aufgenommen. Ansonsten habe sie vor allem verloren. Ihr früheres Ziel nach einem Wahlsieg der Opposition sämtliche Exekutivrechte an sich zu reißen, habe sie nun endgültig aufgeben müssen, so der Abgeordnete. Die Frage, ob er damit rechne, dass Akşener nochmals Probleme mache, verneint er. Ginge sie einen erneuten Konflikt ein, müsste sie das Oppositionsbündnis endgültig verlassen. Dann käme die İyi-Partei unter Umständen nicht einmal über die Sieben-Prozent-Hürde und wäre nicht im Parlament. Dieses Risiko könne sie nicht eingehen. Kılıçdaroğlu habe hingegen deutlich gewonnen. Eine Zeit lang habe er dessen Kandidatur skeptisch gesehen. Jetzt stünde dessen Chance, die Wahl zu gewinnen, sehr gut.

Am 10. März unterschreibt Erdoğan einen Erlass, der den Wahltermin für den 14. Mai festlegt. In den Wochen zuvor gibt es Spekulationen, ob er den Urnengang aufgrund des Erdbebens, und der heftigen Kritik an seinem Management, verschieben lässt. Doch offenbar glaubt er, seine Chancen seien erneut so gut, dass er eine Mehrheit der Türkinnen und Türken von seiner Politik überzeugen kann. Zentrales Wahlkampfthema werde der Wiederaufbau der durch die Erdbeben zerstörten Städte sein. Die schöne Villa in Kisikli ist kein Eigentum des türkischen Staates, sondern Erdoğans Privatbesitz. Könnte es sein, dass er in Zukunft mehr Zeit dort verbringen muss, weil es die Opposition am 14. Mai schafft, ihm die Schlüssel für den Palast in Ankara nach mehr als 20 Jahren Herrschaft als Minister-präsident und später Staatspräsident abzunehmen? Die Möglichkeit besteht.

Das deutsche Bergungsteam Isar ist schnell vor Ort. Schon am Tag nach der Katastrophe steht auf deren Twitter-Account, »unser Team hat in Kırıkhan in der türkischen Provinz Hatay eine Frau aus einem eingestürzten Gebäude retten können.« Besonders dramatisch verläuft die 50 Stunden andauernde Bergung der 40-jährigen Zey-nep B. Die Helfer von Isar arbeiten sich langsam zu ihr vor und können währenddessen über ein Loch die Verschüttete mit Wasser versorgen und mit ihr Kontakt halten. Auf einem in sozialen Medien geteilten Video ist zu sehen, wie einer von ihnen der Frau auf Türkisch Mut zuspricht. »Korkma«, »hab keine Angst«, sind seine Worte. »Isar« schafft es, Zeynep B. mehr als 100 Stunden nach dem Erdbeben aus den Trümmern zu bergen. Schock und Trauer sind groß, als sie spä-ter aufgrund von Verletzungen und Erschöpfung im Krankenhaus stirbt. Aus vielen Ländern kommt Hilfe. Auch aus Israel, Griechen-land, Schweden, also Nationen, mit deren Regierungen der türkische Präsident in den vergangenen Jahren oder Monaten heftige außen-politische Konflikte ausgefochten hat. Die Journalistin Barçın Yınanç fragt in einem Artikel für das türkische Online-Nachrichtenportal T24 vier Tage nach der Katastrophe, ob die Tatsache, dass westliche Länder sofort Hilfskräfte geschickt haben, Erdoğans Wahlkampf-strategie untergraben haben könnte, und ob es der Präsident noch vor der Wahl schaffen könnte, »die Agenda zu ändern« und »den Westen erneut zu konfrontieren«. Sie schreibt, das Erdbeben habe gezeigt, wie wichtig es sei, gute außenpolitische Kontakte zu pflegen.

Innerhalb kürzester Zeit seien aus 20 Ländern Teams mit 72 Hunden gekommen, um nach Verschütteten zu suchen. Die internationale Hilfe macht offensichtlich, wie wertlos das von türkischen Nationalisten ständig wiederholte Narrativ eines starken, autarken Landes unter Umständen sein kann. Warum fragt Yinanç dennoch, ob Erdoğan die Erzählung von den feindlichen Mächten vor der Wahl nicht erneut bedienen will? Die Antwort liegt auf der Hand. So hat er es in den vergangenen Jahren immer wieder geschafft, Stimmabgaben zu gewinnen. Der Mechanismus, durch eine Krise mit dem Ausland nationalistische Wähler zu mobilisieren, scheint einfach zu verlockend.

Anfang Februar veröffentlicht der »Economist« den weltweiten Demokratieindex. Die Türkei liegt auf Platz 103 von 167 untersuchten Ländern. Der Bericht nennt das Land ein »hybrides Regierungssystem«. »Die Demokratie« sei »erheblich eingeschränkt«. Wahlen seien meist nicht fair und frei, die Medien einer Zensur ausgesetzt, die Rechtsstaatlichkeit sei schwach und Korruption weitverbreitet. Im vergangenen Jahrzehnt sei die Türkei unter Präsident Erdoğan bei der Bewertung steil nach unten gefallen. Dies reflektiere den zunehmend autokratischen Führungsstil des Präsidenten. Das türkische Volk zeigt sein Bedürfnis nach Demokratie bei Urnengängen durch eine hohe Wahlbeteiligung. Bei den vergangenen Parlamentswahlen gingen immer zwischen 80 Prozent und 90 Prozent der Wahlberechtigten zur Stimmabgabe. Der Wunsch an politischer Teilhabe ist groß. So wird es auch bei den kommenden Wahlen sein. Dem muss Erdoğan gerecht werden, will er weiterhin als politischer Führer gelten, der seine Macht vom Souverän verliehen bekommt.

Trotz des Erdbebens und der Diskussion um die politische Verantwortung für Zehntausende Opfer und den immensen Schaden darf man nicht davon ausgehen, dass Erdoğan allzu früh die Segel streicht. Als erfahrener Wahlkämpfer könnte er es erneut versuchen, sämtliche Register ziehen, um Unterstützung für sein Regiment zu bekommen. In der Vergangenheit hatte er stets ein Ass im Ärmel und schaffte es wiederholt, die Stimmung in der Bevölkerung zu seinen

Gunsten zu drehen. Kollateralschäden beim Verhältnis zum Ausland dürfte er für den Wahlsieg und den Machterhalt erneut in Kauf nehmen. Die Wahl könnte jedoch auch vor dem 14. Mai plötzlich verschoben werden. Ein bewaffneter Konflikt beziehungsweise ein Krieg oder ein Ausnahme kämen als Argument infrage. Manche Beobachter argwöhnen, Erdoğan könne das Zepter keinesfalls aus der Hand geben, denn die Opposition würde sich umgehend an ihm rächen wollen. Er und sein Umfeld müssten sich dann unzähligen Strafverfahren stellen. Ob ein demokratischer Wechsel nach einer Niederlage problemlos vollzogen wird, sei ebenfalls fraglich. Es müsse sich erst noch zeigen, ob eine Opposition im Falle eines Wahlsieges von Erdoğan bei dem Einfluss, den er auf die relevanten Institutionen des Staates besitzt, überhaupt in der Lage ist, diesen aus dem Palast zu drängen. Vielleicht ist der türkische Präsident bereits tatsächlich allmächtig?

ZUM SCHLUSS

Keiner sollte das türkische Volk unterschätzen. Es ist multiethnisch, politisch heterogen, hat ein großes Bedürfnis nach demokratischer Teilhabe und einen ausgeprägten Sinn für Gerechtigkeit, wie man beispielsweise bei der Wiederholung der Wahl in Istanbul sehen konnte, als Hunderttausende Türken Erdoğan die rote Karte zeigten. In der 100-jährigen Geschichte des Landes haben von einer autoritären Kultur geprägte politische Führer oder das bisweilen brutal vorgehende Militär wiederholt versucht, Türkinnen und Türken zu gehorsamen Untertanen zu machen und sind regelmäßig gescheitert. Mutige Bürger gründen trotz harter Repressionen und Verbote immer wieder neue zivilgesellschaftliche Organisationen, um sich für Menschenrechte einzusetzen, wie die seit mehr als zwanzig Jahren in Istanbul lebende *Tagesspiegel*-Korrespondentin Susanne Güsten vor einigen Jahren bei einem Gespräch in größerer Runde eindrucksvoll berichtet hat. Die vom einzigartigen Romancier Yaşar Kemal beschriebene Figur des Robin Hood gleichen İnce Memed, der die Obrigkeit herausfordert, ist nicht nur ein fiktiver Held, sondern Teil des unbeugsamen türkischen Wesens.

Dass sich Regierungen über Einmischungen von außen ärgern und diese kritisieren, ist ein bekanntes Phänomen. In den Wochen vor der Wahl am 14. Mai macht ein Video vom Dezember 2019 die Runde, in dem der heutige US-Präsident Joe Biden sich dafür ausspricht, dass die USA die türkische Opposition unterstützen und Erdoğan in der Region isolieren sollten. Eine gewagte Forderung, die zu scharfen Reaktionen des Erdoğan-Lagers führte. Bemerkenswert ist, dass auch oppositionelle Türken solche Sprüche aus dem Ausland für anmaßend halten. Das Land legt größten Wert darauf, politisch unabhängig und selbstbestimmt zu sein. Der Westen tut gut daran, keine herablassenden Ratschläge zu geben.

Im Volk ist die Meinung weit verbreitet, die Türkei habe auf internationalem Parkett viel zu lange nicht die Rolle gespielt, die dem

Land aufgrund seiner Historie und seiner geografischen Größe und Lage zustehe. Insbesondere EU-Länder und die USA hätten die Türkei stets als Vasallenstaat behandelt, glauben viele Türkinnen und Türken. Erdoğan hat das durch seine konfrontative Außenpolitik geändert. In der EU kennt jeder seinen Namen. Einige Spitzenpolitiker sind genervt von seinen ständigen Querelen. Dennoch zwingt er sie, ihm zuzuhören und auf seine Bedürfnisse einzugehen. Ignorieren lässt sich der türkische Präsident nur ungern.

Diese Haltung gefällt den meisten Bürgern des Landes, ganz unabhängig davon, wer das wichtigste Amt im Staat bekleidet. Gelegentlich kann man in Gesprächen den Eindruck bekommen, Respekt sei mindestens so bedeutend, wenn nicht sogar bedeutender als ökonomischer Erfolg. Der Westen muss sich folglich darauf einstellen, dass das Verhältnis zur Türkei auch nach einem möglichen demokratischen Wandel kompliziert bleibt. Die Pläne des CHP-Chefs Kılıçdaroğlu zur Flüchtlingspolitik lassen erahnen, dass es weiterhin Differenzen geben könnte.

Dennoch sind die EU und im speziellen Deutschland aufgrund der vielschichtigen sozialen und wirtschaftlichen Verbindungen gefordert, dem türkischen Volk die Hand zu reichen und Perspektiven aufzuzeigen, damit es sich nicht gänzlich abwendet und seine Zukunft allein im Osten sucht. Der eingefrorene EU-Beitrittsprozess und die restriktive Visavergabe werden als Ablehnung wahrgenommen, die es radikalen Kräften in der Türkei leicht macht, antiwestliche Ressentiments zu schüren. Auch wenn es in Europa keine politischen Mehrheiten für eine Mitgliedschaft des Landes im Kreise des Staatenbundes gibt, sollte für Geschäftsleute und Unternehmer, Akademiker, aber insbesondere für junge Türkinnen und Türken über Schule und Universitäten eine Tür in den Westen weit offenbleiben.

Nach mehr als 20 Jahren Erdoğan an der Spitze gibt es eine politische Wechselstimmung in der Türkei. Und gleichzeitig hat der Präsident immer noch viele Anhänger. Eine Überraschung wäre es nicht, wenn er möglicherweise mit Kniffen und Tricks, aber auch mit einem großen Rückhalt aus der Bevölkerung erneut die Macht an sich reißen kann.

DIETZ & *DAS*

Der Podcast zu Politik, Gesellschaft und Geschichte aus dem Dietz-Verlag

Unsere Autor*innen stellen hier ihre neuen Bücher vor und diskutieren über politische und gesellschaftliche Themen – informativ, unterhaltsam, inspirierend!

Abrufbar auf Spotify, iTunes und allen Podcast-Plattformen sowie auf www.dietz-verlag.de

Deutschland – bittere Heimat?

Baha Güngör/Lale Akgün
HÜZÜN... DAS HEISST SEHNSUCHT
Wie wir Deutsche wurden
und Türken blieben

240 Seiten
Klappenbroschur
19,90 Euro
ISBN 978-3-8012-0540-9

Identität und Heimat, was bedeuten sie? Keiner schrieb so authentisch über diese Fragen wie Baha Güngör (1950–2018). 60 Jahre lang war er ein Grenzgänger zwischen den Kulturen. Der deutsche Journalist (und damals noch erste türkische Zeitungsvolontär der Bundesrepublik) erzählt mit viel Humor eine Integrationsgeschichte aus dem Herzen der ersten türkischen Gastarbeiter-Generation. Doch erklärt er auch, warum am Ende so viele Integrationsbemühungen zum Scheitern verurteilt waren und sich das Gefühl von Zugehörigkeit bis zum Schluss nicht einstellen mochte. Er starb, skeptischer geworden gegenüber seiner deutschen Heimat, bevor dieses Manuskript abgeschlossen werden konnte.

Lale Akgün, Dipl.-Psychologin, frühere Bundestagsabgeordnete und eine lebenslange Freundin von Baha Güngör, hat sein Buch einfühlsam vollendet. Auch sie kam als Kind aus Istanbul nach Deutschland. In einem spannenden fiktiven Gespräch stellt sie ihrem Freund Baha manch andere Ansicht gegenüber. Es zeigt sich: Integration ist nicht gleich Integration.

www.dietz-verlag.de